Diana Paris

Mandatos familiares,
Psicogenealogía y Epigenética

¿Qué personaje "te compraste"?
Cómo reconocerlo y superarlo

Paris, Diana
  Mandatos familiares : psicogenealogía y epigenética / Diana Paris. - 1a ed . 3a reimp. - Ciudad Autónoma de Buenos Aires : Del Nuevo Extremo, 2017.
  288 p. ; 23 x 15 cm.

  ISBN 978-987-609-646-1

  1. Psicología. I. Título.
  CDD 150

© Diana Paris 2016

© Editorial Del Nuevo Extremo S.A., 2016
A. J. Carranza 1852 (C1414COV) Buenos Aires, Argentina
Tel/Fax: (54-11) 4773-3228
e-mail: editorial@delnuevoextremo.com
www.delnuevoextremo.com

Imagen editorial: Marta Cánovas
Correcciones: Diana Gamarnik
Foto de solapa: Alejandro Gorojovsky
Ilustración de tapa: Charles Ricketts
Diseño de tapa: @WOLFCODE
Diseño interior: Marcela Rossi

ISBN: 978-987-609-646-1

1ª ed. 3ª reimp.: julio de 2017

Reservados todos los derechos. Ninguna parte de esta publicación puede ser reproducida, almacenada o transmitida por ningún medio sin permiso del editor.
Hecho el depósito que marca la ley 11.723

Para R. *In memoriam*

Partiste un 13 de mayo dejándome sumergida en el Misterio. Aún me falta alcanzar la revelación de tu enseñanza, pero sé que viniste un día a cumplir tu función sanadora, y te fuiste cuando fue necesario. No eras de este mundo.

Para Alejandro, como siempre

Porque me acompañás en la búsqueda sanadora de darle sentido al Misterio. Porque me hiciste ver una posibilidad: que R. se fue cuando su misión había sido cumplida. Y por la dicha de encontrarnos —y reelegirnos— cada día en este mundo.

Índice

Esa voz la conozco 7

I) PSICOGENEALOGÍA Y MANDATOS 15
¿Mandatos familiares escritos con sangre? Los verbos ocultos del árbol genealógico y cómo superar el deber-ser

II) PSICOGENEALOGÍA Y EPIGENÉTICA 57
El Proyecto Genoma Humano no alcanzó a cubrir tantas expectativas, ¿entonces? Revisar los paradigmas. El poder del entorno y cómo cambiar de película

III) PSICOGENEALOGÍA Y PERSONAJES 91
¿Qué personaje "te compraste"? Los cuentos que nos contaron. El poder de la palabra y la transformación de la realidad

    A) NIÑEZ. Linajes familiares y ritos de alimentación 119
       Hijas en foco: Caperucita, Gretel, Alicia
       La Curiosidad / Cargar la cesta
       La Justicia / Poner la casa (de dulce) en su lugar
       Soñar / Participar del té (de locos)

    B) ADOLESCENCIA. Rituales del amor:
    banquetes con (y sin) perdices 187
       Princesas en foco: Bella Durmiente, Blancanieves,
       Cenicienta, Del Guisante
       Espero, luego existo
       El Deseo / Mi vida por un zapato
       La Rebeldía / ¿Una semilla en mi cama?

C) MADRES Y ABUELAS 241
    Hadas, madrastras, reinas y brujas en foco:
    Baba Yaga y Sherezade
    Amores nutricios y madres devoradoras
    ¡Independízate o te como!
    Calderos para alimentar y sanar

Apéndice: esquema base del árbol genealógico 281

Acción de gracias 282

Bibliografía 283

Esa voz la conozco...

> *Método, método ¿qué pretendes de mí?*
> *¡Bien sabes que he comido del fruto del inconsciente!*
>
> Gastón Bachelard

¡Nene, quedate quieto!

En plazas, túneles del subterráneo, avenidas y callecitas de cada rincón del mundo se oye una misma sentencia: "¡Nene, quedate quieto!". Aclaración: lo que se oye es "la puesta en escena" de esa voz ancestral.

Las estatuas vivientes son verdaderas representaciones del mandato. Nada más quieto que una estatua: ser de piedra —¡de mármol y casi muerto!— y tapar las emociones tras el atuendo correspondiente. Esas manifestaciones artísticas callejeras exhiben una galería de personajes amplia y variada que nunca se agota en creatividad. Es un trabajo como otros, que exige oficio, arte, paciencia, concentración, materiales diversos y la inestabilidad de ganar el sustento según el paseante o vertiginoso caminante que pasa al lado de sus creaciones. Algunos dejan unas monedas y piden una foto, otros ni siquiera registran que ahí hay una persona...

Tomaré esa imagen tan popular en cada ciudad como una metáfora: parece oírse que esos sujetos alguna vez han escuchado de boca de sus mayores que se queden quietos, que no trepen árboles o que sosieguen el impulso vital del movimiento. Leo ese trabajo informal de hombres y mujeres de tantas partes del mundo como un metamensaje: todos escuchamos de nuestras familias alguno ("serás esto o aquello", "no hagas eso", "necesitamos que realices esta tarea", "es tu función continuar la misión de tu abuelo...").

Podemos aceptarlo sin hacer gala de ninguna libertad personal, podemos acatar sin oponernos, asumir el mandato como una responsabilidad que no deja lugar a la crítica. También podemos decir sí a medias, por ejemplo: hacer de eso de lo que quisiéramos una profesión —la música, por ejemplo—, un *hobby* de fin de semana, porque de lunes a viernes toca llevar adelante la fábrica que montó el patriarca del clan y continúa hasta mi papá... Franz Kafka es otro buen ejemplo: el autor de *La metamorfosis* se vio obligado por su padre a trabajar en su comercio y estudiar Leyes, cuando en realidad deseaba ser escritor.

A lo largo de la vida vivimos etapas de sumisión y docilidad, a veces hasta morir en el intento por complacer a los otros; o conseguimos la fuerza interior para decidir ser "autosustentables": palabra de moda para expresar que no es necesario someterse a la voluntad ajena para ser queridos. También podemos rebelarnos, dejar todo, partir del hogar y —muchas veces, como castigos por la desobediencia— pagar con el cuerpo, la frustración, la enfermedad o el exilio haber optado por una vida libre de ataduras.

Tiempo de una pregunta central: "¿Qué personaje te compraste?".

Tengo la teoría de que somos, hacemos, elegimos, trabajamos dentro de una estructura que se construye desde la voz ancestral: completando una tarea inacabada, reparando la acción de los antepasados, replicando una situación familiar, sanando un mandato, repitiendo un destino.

Cuando, al caminar por la propia ciudad o cualquier otra ciudad del mundo, nos topamos con las estatuas vivientes, podemos ver los mensajes del clan: personas congeladas que representan una expresión maquillada, que se transforman en argamasa moldeada con afán de verosimilitud usando telas o pinturas que imitan oro, plata, cobre, diversos colores sobre la piel, dando impresión de ser de madera, roca, metal, amasijo de trapos; que usan dispositivos mecánicos ocultos para dar la ilusoria idea de viento, de que el personaje está en el aire o de que se sostiene sobre un hilo...

Reyes, trapecistas, bailarinas, ajedrecistas, guerreros, robots: algo los iguala a pesar de sus trajes diferentes, sus actitudes inmóviles o sus logros estéticos. Todos son mudos. Son estatuas. Muestran su esencia de piedra. No tienen voz.

La metáfora que nos aporta este espectáculo callejero es riquísima: podemos escuchar los rumores (de los ancestros al borde de la cuna), voces que se han quedado acorraladas en la función que desempeñan estos artistas. Trabajadores como tantos otros: comerciantes, maestros, médicas o abogadas.

Mandatos familiares

En muchas vocaciones (recordemos que esta palabra deriva del verbo latino *vocare*, 'llamado') resuena esa voz-mandato que recibimos desde antes de nacer: en cada familia hay una expectativa reservada para los futuros miembros que se sumen a un árbol que ya está de pie hace décadas, siglos.

No hace falta ser tan audaz como esos artistas que salen cada mañana con cajas de betún, adminículos, accesorios y una plataforma donde instalar su estatua. No hace falta toda esa parafernalia: cuando nos "disfrazamos" de policías, psicólogas, deportistas, profesores, periodistas, enfermeros, arquitectas, parteras, carpinteros, diseñadoras o colectiveros, no siempre ejercemos labores impuestas, por suerte vamos redefiniendo en el camino qué ser, quién ser. Pero muchas veces respondemos ciegamente al mandato ancestral: creemos elegir qué hacer/ser y, sin embargo, estamos mudos, congelados como estatuas vivientes cumpliendo roles asignados para que la memoria del clan se siga sosteniendo.

Si hubo mucho dolor, necesitamos médicos. Si sufrimos falta de justicia, abogados. Si percibimos una falta de derechos básicos —educación, comida, techo—, designaremos maestros, cocineros, albañiles a lo largo de las generaciones... O nos instalaremos en el grupo como Quijote, Batman, Juana de Arco... O madre abnegada, niña caprichosa, macho donjuanesco, hermanita yo-no-puedo o hija mayor-puédelo-todo... Los roles son infinitos, pero en toda familia, a cada uno de sus miembros, se le asigna el que "toca" desempeñar.

Las estatuas vivientes funcionan como un formidable símbolo porque están ahí, a la vista, y nos brindan un espejo para *pensar-nos* en nuestra máscara (otra palabra interesante: del griego *prósopon*, quiere decir 'delante de la cara') para afrontar el mundo. Personaje es eso mismo, una mueca que se sobreimprime al verdadero rostro. Así, es paradójico que se asimile "persona" a "ser humano", pero entrar en estas profundidades daría para otras reflexiones...

Pensar-nos, revisar actitudes, vocaciones, modos de funcionar en la vida cotidiana, familiar, profesional es parte de esta propuesta. Tomar conciencia para decidir a conciencia. No es un juego de palabras: implica *des-programar* los mandatos que recibimos, aprender a reconocerlos, saber que nada está inscripto de una vez y para siempre, que tenemos la libertad de optar siguiendo el llamado de una voz superior a la de cualquier antepasado: la propia voz, que siempre debe ser más potente que la "voz de la sangre".

Invito a que transiten estas páginas con plasticidad neuronal: mente abierta, corazón decidido y capacidad de replanteo de esas conductas naturalizadas que en verdad funcionan como prótesis: podemos liberarnos de esas muletas. Esa actitud NO implica deslealtad al clan, traición a la herencia, ingratitud a todo lo recibido...

Des-programar es hacer aquello que nos da verdadera identidad, sin máscaras, sin mudez de estatua, sin congelamiento de piedra; sentir genuinamente, libremente, elegir sin culpas, aprender a reciclarnos y renacer tantas veces como sea necesario.

La propuesta que les acerco en estas páginas es conocer los alcances de esta línea del psicoanálisis, lo transgeneracional, que ya hemos transitado en otra obra anterior[1], retomar algunos conceptos fundamentales de la disciplina y profundizar en el vínculo entre inconsciente familiar e inconsciente colectivo, memoria arcaica y memoria más reciente.

Que así sea.

Las raíces de mi "árbol teórico"

Una sola espiga de trigo en un campo extenso sería tan extraña como un único mundo en el espacio infinito.

METRÓDORO DE QUÍOS (449 A. C - 350 A. C)

Con Freud, sabemos de la existencia del inconsciente. Con Jung, sumamos la idea de inconsciente colectivo. La psicogenealogía nos trae la noticia de que, además de un inconsciente individual y otro de la cultura, existe el inconsciente familiar.

Quiero ofrecerles el menú abierto de mis lecturas y apoyos: con base en el psicoanálisis y a la luz de las nuevas hipótesis de la epigenética, construyo un mapa teórico para explorar los mecanismos por los cuales asumimos "personajes" que nos gobiernan la vida, producto de mandatos, exigencias silenciadas ancestralmente y expectativas ajenas que por "fidelidad" al clan no sabemos sacarnos de encima.

---

1 Paris, 2014.

Mandatos familiares

Estimo que lo más novedoso no está en este repertorio de aportes teóricos, sino en los cruces que ofrezco para apropiarnos de ciertos saberes y revisar lo más cercano que tenemos: nosotros mismos como sujetos.

Sin duda, entre los postulados teórico-científicos, en el lugar del "padre", el nombre central lo ocupa Sigmund Freud. Considerando que la psicogenealogía abreva en las profundidades del inconsciente que se transmite de generación en generación (más allá de que sus miembros se conozcan o intercambien saberes), el descubrimiento freudiano por excelencia es, entonces, nuestro eje de lectura, análisis e investigación.

Freud pensó al sujeto como la imagen de un iceberg: vemos muy poco en la superficie, las dos terceras partes —que son la base y nos dirigen— están bajo el agua sin dejarse ver. Solo por medio del buceo en el inconsciente sumamos más espacio con sentido a nuestra existencia. Es en *Tótem y tabú* donde se refiere a la transmisión de generación en generación a través del inconsciente y plantea en los albores del siglo XX una disciplina de la cual hoy han derivado diferentes propuestas, una de ellas es la psicología transgeneracional o psicogenealogía.

Por tanto, no podemos dejar de apreciar el inmenso tesoro de abrirnos a la dimensión que ofrece el inconsciente. Distintas posiciones teóricas enriquecieron la obra de Freud. Entre ellas destaco los aportes de Carl Jung (con su concepto de arquetipo e inconsciente colectivo). Recuperemos una idea básica del discípulo de Freud: "Todo lo que no es reconocido vuelve bajo la forma de destino".

Con la nueva ciencia biológica —la epigenética—, sabemos que al nacer traemos un programa genético, ancestral: un programa que podemos TRANSFORMAR desde la decisión de cambiar las creencias, modificar los efectos de la genética si adoptamos otro medio ambiente, otro entorno, otro marco, otro "guion" para nuestro modo de funcionar/sentir/pensar.

Coincido con el biólogo celular Bruce Lipton —el creador de la biología de la creencia— cuando afirma que somos la expresión de los programas que nos transmiten nuestros mayores y que, si bien lo acumulado en las etapas periconcepcionales, fetales y la infancia hasta los primeros años nos modela las experiencias y reacciones que tendremos de adultos, cabe la posibilidad de transformar esos paradigmas encapsulados en determinadas visiones del mundo si modificamos el punto de vista... Si mutamos el disfraz y decidimos abandonar ese personaje que nos domina y que nos detiene el crecimiento.

No soy médica. No puedo afirmar si es bueno o malo tratarse con quimio, tomar antibióticos o vacunarse. Es una decisión personal de cada uno, de cada familia, según qué profesional lleve la historia clínica de cada paciente. En cambio, sí me animo a afirmar que modificar el punto de vista, variar la creencia sobre algo ("Solo con un título universitario se puede progresar", "Las mujeres manejan mal", "Las parejas gays no deben adoptar niños porque sería un peligro", etc.) o transformar el impacto que una emoción nos ha dejado pueden ser claves para que una situación dolorosa desaparezca, cambie de signo y nos sane.

Vaya mi agradecimiento a tantos nombres pioneros en estos enfoques: Françoise Dolto, Nicolás Abraham, Christopher Bollas, María Torok, Didier Dumas, Alice Miller, Christian Flèche, Salomón Sellam, Haydée Faimberg y, en especial, a la "madre" de la psicogenealogía y sus reveladores aportes en el libro *Ay, mis ancestros*.

La madre de la psicogenealogía

Anne Ancelin Schützenberger sostiene que hacer consciente un saber oculto doloroso, revelar secretos familiares que implicaron un trauma, nos libera de repetirlo en las siguientes generaciones.

A través del redescubrimiento de la historia familiar, accedemos a niveles desconocidos de nuestra propia historia. La información está ahí, disponible en nuestro inconsciente. Desde antes del nacimiento somos concebidos como sujetos pertenecientes a un linaje, con una posición en el grupo (el primogénito, el deseado, el hijo-reemplazo de uno muerto, el hijo-sorpresa, el adoptado, el que cuidará en la vejez a los padres, etc.) y llegamos con una carga de expectativas ajenas sin libertad para aceptarla o rechazarla: nos viene dada como nos dan el nombre, la sangre, la herencia, los rasgos físicos y los ideales en torno de nuestro nacimiento.

La psicogenealogía es una herramienta útil para estas indagaciones, para echar luz sobre los secretos, ver el árbol secreto en el bosque de mentiras o verdades maquilladas, lagunas en la información, enfermedades o traumas de guerra, exilios, incestos, deportaciones, estafas, abortos, violaciones o exclusión.

Mandatos familiares

Cuando un suceso trágico, una imposibilidad, una situación difícil no se supera, se instala en la primera generación, es ignorado por la segunda, pero luego se manifiesta en generaciones posteriores con obsesiones, búsquedas interminables, pesadillas, dolencias graves físicas y psíquicas, accidentes: es un descendiente y no otro (ya que no necesariamente formar parte de una misma familia nos hace compartir el mismo inconsciente familiar), es la manifestación de un saber no dicho, ancestral, es el destinatario para revelar lo que quedó sin resolver o se ocultó por vergüenza, deshonra, pudor o criminalidad.

La indagación en psicogenealogía permite acercarnos a la verdad sobre el proyecto de nuestros mayores al momento de concebirnos, y nos da instrumentos para acompañar al inconsciente en las "matemáticas de la lealtad": fechas clave (nacimiento, concepción, accidentes), aniversarios de muerte o nacimiento, cantidad de años entre uno y otro episodio con "cierto aire de familia" (como algunos prejuicios, nombres que se repiten, tradiciones o modos de relacionarse). Y así, al conocer esas trampas de viejos conflictos sin resolver, podremos superar las programaciones de nuestro modo de funcionar, desmantelar los mandatos que nos gobiernan.

Esto mismo es lo que desde otro ángulo analiza Christopher Bollas —integrante del Grupo Independiente de la Sociedad Psicoanalítica Británica— cuando trabaja sobre los mecanismos que el sujeto guarda de sus primeras experiencias y de sus huellas. Para él, los episodios que nos afectan, pero en los cuales no hemos pensado todavía, aquello que es sabido, pero que aún no ha sido procesado desde la conciencia, tienen la clave del sentido oculto por descubrir.

Christopher Bollas, profesor de Letras, editor y psicoanalista —con quien naturalmente me identifico por las elecciones profesionales—, nos alerta sobre ese enorme caudal de información que "conocemos": ahí reposan muchas instancias de nuestro clan "sin saber". Esa paradoja llamada "lo sabido-no pensado" nos ata a mandatos y creencias, nos enferma y nos roba autonomía. Los secretos nos aturden porque "lo sabido-no pensado" está siempre presente, hace ruido, vuelve y revuelve.

¡A saber, pues! ¡A pensar! Dos ejercicios para remover la tierra endurecida que rodea nuestro árbol genealógico y así, entonces, dar lugar a que florezcan nuevos frutos: sanos, libres, autónomos.

El propósito de este libro

Resumiendo, el propósito de este libro es profundizar en los mandatos familiares desde la psicogenealogía y ofrecer un conjunto de nuevos abordajes —epigenética, biología holística, inconsciente colectivo— a partir de ejemplos tanto con casos de pacientes como con biografías de la historia universal, así mismo abrevando en mi propia experiencia. También les propongo releer los cuentos tradicionales de la infancia en clave transgeneracional (porque pertenecen a "la infancia de la humanidad" es que tienen datos luminosos para todas las épocas).

Volveremos a lo largo de los capítulos a estas cuestiones —que entrelazan diferentes vertientes teóricas— para profundizar desde la perspectiva multidisciplinar un itinerario posible encaminado a tomar conciencia, despertar y renacer. Un nuevo nacimiento ya no como personajes congelados, sino como personas reales que asumen la tarea de liberarse de viejos mandatos.

Iremos examinando las metáforas ocultas en los personajes que "nos compramos" y que siempre funcionan como lastres e impedimentos para superar viejos paradigmas. Te estimularé con cada ejemplo y cada aporte teórico a escalar tu propio árbol genealógico. Con una postura que despierte el modo más abierto a la conciencia, para hacer posible que alcances aquellos secretos y mandatos que conviven en tu realidad. Y para que trepar ese conjunto de ramas añosas que forman tu árbol no sea traumático, seré lo más didáctica posible.

Pues bien, explicitado el "mapa", te invito a salir de la comodidad, a tomar la voz interior como GPS, a avanzar hacia la ruta del autoconocimiento y a comenzar el viaje hasta lo más profundo de las creencias: los mandatos familiares. ¡Te acompaño!

I
Psicogenealogía y mandatos

¿Mandatos familiares escritos con sangre?
Los verbos ocultos del árbol genealógico
Y cómo superar el deber-ser

*Todos tenemos un deber de amor que cumplir,
una historia que hacer
una meta que alcanzar.
No escogimos el momento para venir al mundo.*

GIOCONDA BELLI

En mi casa le decían "ropa vieja". Si sobraban fideos o quedaban algunos trozos de papas hervidas del puchero, medio choclo, una batata, algo de carne, y se le sumaban unas arvejas, más dos huevos batidos, ya casi se tenía una *comida nueva*, producto del popurrí. ¿Es un revuelto? ¿Y esos bocadillos de qué son? ¿Qué relleno tienen las empanaditas?
Creatividad de madre aprendida de su madre, y de su madre... para echar mano a lo que hay, en tiempo de vacas flacas... (Ahora le dicen "plato de autor", pero sospecho que en los *restó* de moda ese pomposo y egocéntrico nombre responde también a una *mezcla rara de Museta y de Mimí*).
Otros términos reúnen sobras y mencionan una comida escasa, producto del rejunte, de dudosa o poca calidad: se la llamaba "sopa de convento" o "bodrio", ambas usadas desde la Edad Media. En todas las épocas se cocieron habas...
Del abanico de expresiones prefiero la casera y más habitual: "ropa vieja" por la amplitud de connotaciones que sugiere... Porque alude a algo del orden del disfraz.
A ese pantalón roto se le suman unos bolsillos nuevos, o en los codos gastados del abrigo aparecen unos recortes de otra tela con los bordes en puntitas, o un dobladillo se alarga para prolongar la vida útil de un vestido. Ropa vieja actualizada. Pero ¿por qué esa metáfora se traslada al mundo de la cocina? Porque no solo un traje se arregla, también un plato se hace más presentable, un guiso se mejora, un caldo aguachento se estira y unos calamares se resucitan...
La paciente se llama F. El padre de F. había llegado tarde, pasada la hora de la comida, con intención de almorzar —y sin previo aviso de que llegaría con su jefe—. Eran más de las tres de la tarde cuando ambos hombres irrumpen en la placidez de la siesta. La madre de F. pone cara de circunstancias y va presta a la cocina. Nada por aquí, nada por allá. La comida se demora. El marido se impacienta. La niña (F. tiene 8 años) mira la escena con perplejidad: su madre recurre a la estrategia "ropa vieja *in extremis*": unos calamares sobrantes arrojados a la basura hacía unas horas son resca-

tados, escrutados, lavados, aderezados, sumergidos en una salsa improvisada, servidos primorosamente y engullidos sin resquemor alguno por ambos hombres. F. siente repulsión y abuso: sabe que es cómplice de un acto que no comparte. Se siente mal. Esa noche vomita. Sabe que otros se comieron el "pescado podrido", pero que por su sensibilidad fue ella quien pagó los "platos rotos".

F. tenía 22 años cuando vino a la consulta. Sufría de alergia a varios alimentos, permanentes malestares digestivos; había sido operada de apendicitis a los 9 años, se hizo todas las pruebas de alérgenos que los médicos le propusieron. Nada por aquí, nada por allá.

Cuando en una sesión hizo consciente este episodio (que había "olvidado" durante más de diez años), sintió primero asco actualizado, náuseas y luego una enorme liberación. Las crisis alérgicas han disminuido y —si bien aún prefiere no incluir mariscos en su dieta habitual— hace un año que ha empezado a ingerir los sabrosos frutos de mar en pequeñas dosis, sin consecuencias ni reacciones indeseadas.

¿Fuiste testigo involuntario/a de actos que tus ancestros te obligaron a presenciar? ¿Cuántas veces, cuando recordamos escenas de cocina y volvemos a ver a nuestros mayores preparando ese plato preferido, sentimos placer, miedo o alguna perturbación en la piel? ¿Esa evocación siempre nos permite saborear un plato feliz o también sentimos rechazo a unos u otros alimentos? ¿Comer como reyes y tener garantía de felicidad eterna equivale a servir perdices en la mesa? Y si decido ser vegetariano, ¿se esfuma la rima de "y fueron felices"?

Cuando la realidad no acompaña los sueños que tenemos, ¿"nos vendemos" como reyes ante una nueva cita amorosa, ante una propuesta laboral? ¿Cuántos sapos "nos tragamos" creyendo que son príncipes? ¿Somos conscientes del menjunje que nos bebemos cuando sumamos alcohol y dolor y angustia y negación y necesidad de tapar los sentimientos? ¿Con cuáles trapos viejos nos disfrazamos del personaje que no queremos ser, pero es obligación familiar que así sea?

Aceptamos a disgusto ciertos "trajes": un sombrero de ala ancha o unas lentejuelas y unos volados de colores, una espada a la cintura, algo de maquillaje y ya nos sentimos otros, otras. Pero cuando dan las 12 y el encantamiento se va, ¿nos animamos a

Mandatos familiares

regresar a ser quienes somos realmente? ¿O seguimos arrastrando sombrero ridículo, lentejuelas deslucidas, volados deshilachados, espadas fuera de moda y rímel desencajado en la cama, la oficina, la escuela, la cocina?
Comida y ropaje. Dos metáforas de aquello que nos dan y nos calzamos sin chistar. "No te gusta la sopa, entonces dos platos". De niños somos rehenes de la voluntad de nuestros mayores. Y de adultos... también. A menos que tomemos conciencia.
Aludiendo a la cocina de autor o alimentos reciclados, yo prefiero la denominación que circula ahora: "torres de chenoa". Tiene la gracia del argot tanguero que habla *al vesre*. Efectivamente, los "restos de anoche" constituyen el menú del presente: el ayer se está actualizando todo el tiempo cuando no ponemos cada ingrediente en su lugar, cuando las mezclas son incoherentes o el mal gusto se instala en el inconsciente... y dispara una alergia.

Disfraces y alimentos

Les propongo hacer con esta colección de etiquetas un viaje en la memoria familiar: ¿cómo te sentirías hoy dentro de la ropa (ahora vieja) que usabas de niño? ¿Todavía te gusta ese ropaje o ya te incomoda? ¿Con qué personajes te alimentaron? ¿A qué sabe la comida preferida de tu paladar? ¿Sabías que de la noche de los tiempos llegan los sabores que tus abuelos pusieron en su mesa? Los restos de anoche siguen poniendo sobre los manteles de tu familia las migas del pan repartido amorosamente o el vino derramado en la pelea.

En tu inconsciente familiar, ¿resuenan estos versos del tango "Qué vachaché", de Discépolo: *El verdadero amor se ahogó en la sopa: / la panza es reina y el dinero Dios*? ¿O en cambio estos otros: *Vos resultás —haciendo el moralista—, / un disfrazao... sin carnaval...*?

¿Cuál es la frase-muletilla de tu clan: "Para el hambre no hay pan duro", "De tal palo tal astilla", "De aquellos vientos, estos lodos"? ¿Te animarías a desafiar los mandatos de tus ancestros y convertirte en *otra astilla* diferente? En la Biblia leemos que "Los padres comen uvas verdes y los hijos sufren de denteras"... En tu familia, ¿pasa eso?, ¿cargan los más jóvenes con los desastres de quienes fundaron el linaje?

Sopa de mandatos que tomamos a sorbos o en altas cantidades nos convierten en disfrazados sin carnaval. Tal vez sea momento de tomar conciencia y decidir que ya no queremos ni ese disfraz —que lo sentíamos tan propio— ni este alimento —que nos dijeron que era tan nutritivo—. ¿Por qué no revisamos lo que entendemos como "la verdad" y asumimos que YA es hora de cambiar de menú y de probarnos otro traje?

Lo aprendido en la tribu

¿La foto que más te favorece es la del vengador anónimo? ¿Sos la cuidadora o la cuidada? ¿Te sale en automático la maestra o la madre, aunque la situación no requiera ni enseñar ni amamantar? En situaciones límites, ¿te ves como la Mujer Maravilla o como Robin Hood? ¿Te sentís siempre el/la más débil y te creés un "patito feo"? ¿Te compraste que sos "la enfermita" o "el loquito" de la familia para que todos estén pendientes de vos? ¿Todos te consideran en el grupo de amigos el villano o el héroe? ¿Sos el juez de tu familia, el que tiene la balanza en mano cuando surge un conflicto? ¿Te adjudican el rol de la vampiresa o de la princesita? ¿Te queda cómodo ser siempre un Peter Pan aunque hayas pasado los 30 años? ¿Cuál es tu personaje: la salvadora a tiempo completo, el guerrero siempre listo, la pobre Cenicienta o el depredador Lobo Feroz?

Los ancestros modelan los rasgos que vamos sumando como capas de hojaldre en nuestra personalidad: sus deseos insatisfechos, sus expectativas, los logros que quieren hacer que perduren, las funciones que venimos a cumplir se imprimen en los mandatos que asumimos como "las propias decisiones". Generación tras generación nos alimentan con cuentos: cada relato pone en acción a sus actores con sus correspondientes ropajes. En el repertorio de personajes no es casual cuál nos calzan: ajeno como un órgano trasplantado, un personaje se incrusta en nosotros, se superpone a la información genética y asume su rol. Esa máscara empieza a tatuarse en la piel con tal intensidad que —ya de adultos— sentimos que somos lo que nos dicen que somos o que debemos ser.

La narración que cada grupo "se construye" funciona como alimento. Y en el mercado y las ferias de todas las aldeas se intercambian —como monedas— esos otros recursos vitales para continuar la especie: los mandatos familiares.

Las abuelas lo sabían bien; sus madres les habían traspasado ese saber y a ellas las madres de sus abuelas... Había que saciar el hambre y dar identidad a cada miembro del clan. Y se hilvanaron las historias. En el origen de los tiempos y en el origen de cada familia, hay un relato fundante; un caldero y un fuego encendido.

La joven con los bolsillos del delantal tintineando de semillas, los cantos del labrador, las voces de los cortesanos refugiados lejos de la ciudad para protegerse de la peste: todos cuentan un suceso inaugural. Y antes, mucho antes, fueron los mitos que rondaron a sus diosas y dioses por santuarios y oráculos, que los renacieron en canciones y poemas hasta que se gastaron y se rehicieron de carne y hueso, humanos.

Y en la infancia de todos los tiempos, la sangre, la leche y la canción de cuna acompañaron con cuentos aquello que los mayores desearon para nosotros. ¿Cumplimos esas expectativas? ¿Aceptamos sin protestar el "traje" impuesto? ¿Nos dolieron las botas de siete leguas o los zapatitos de cristal y, sin embargo, los seguimos usando? ¿Nos "compramos" el personaje que nos ofrecieron?

Ahí estamos, congelados en un arquetipo. Sin cuestionar, sin desobedecer los mandatos, sin preguntarnos por qué volvemos a caer siempre en "el mismo cuento". Repetimos la historia. ¿Y si cambiamos el color del cristal para poder ver de nuevo lo viejo, sopesarlo, indagar sus efectos, revisar sus trampas, advertir las lealtades invisibles que nos atan a aquello a lo que ya no queremos responder?

Des-programar

Volver a empezar: el método es *des-programar*. Es desordenar el mazo que muy prolijamente nos entregaron para honrar el linaje: ser buenos hijos/hijas, estudiantes obedientes, castas doncellas, hermanos sacrificados, valerosos caballeros, sostenes de hogar, amorosas madres, triunfadores profesionales, esposas sumisas, hombres que no lloran, viejitas calladas...

Nos alimentaron con historias y seguimos creyendo que ser y hacer lo que somos y hacemos "es lo que toca". Sentimos miedo —pero seguimos adelante— ante el peligro de atravesar el bosque cuando nos cargan una cesta de tortas para la abuelita, o nos esforzamos por mantenernos siempre jóvenes y hermosas (para que el espejito nos diga lo que queremos oír, lo que ellos quieren ver...).

A veces, todavía no podemos creer que la espada vengadora de Robin Hood no funcione, nos autoculpamos cuando suponemos que algo malo habremos hecho para que nos abandonen en medio de la oscuridad como a Hansel y Gretel, decidimos permanecer dormidas por cien años a la espera de que algo suceda... o andamos cabizbajos por sentirnos incomprendidos patitos de corral.

Ya no más cuentitos. Desordenar las páginas —orales y escritas— con las que nos nutrieron, ver el revés de la trama y leer en el inconsciente, al otro lado del espejo; elegir quién queremos ser, descubrir nuestro costado menos deseado y soltarlo.

¿Cómo? Reconociendo, primero, qué personaje me vendieron y acepté comprar sin leer la letra chica del contrato. Ver si ese disfraz me resulta adecuado o ya caducó o ya no me divierte o ya no me identifica... O nunca lo sentí propio.

Des-programar y renacer. Animarnos a ser cisnes cuando nos creímos patos y, encima, feos. *Re-programar*, porque con el poeta de Dublin lo sabemos, "aprender no es llenar el cubo, sino encender el fuego"[2].

Pedagogía del reaprendizaje

¿Y si en lugar de "llenar el cubo", vaciamos la papelera? Me gusta la expresión "vaciar la papelera": desechar viejos moldes, advertir en qué imagen quedamos fascinados, frenados, congeladas, anestesiadas.

Hay veces en las que descreer de las creencias nos recrea, nos afirma. Discutir lo que afirmábamos nos reorienta. Sospechar de las verdades familiares nos amplía el criterio de "realidad". Destapar el arcón —donde atesoramos seguridades pequeñitas y miedos grandes— nos da fuerzas para rebelarnos, para afrontar condicionamientos, para explorar nuevas pasiones y para emancipar la conciencia domesticada... Y encender el fuego.

Con este libro me propongo algo así como una *pedagogía del reaprendizaje*. Eso significa revolver con un gran cucharón en los "archivos de la memoria", sin temores, con lucidez, a conciencia; desmontar los mitos familiares que "nos compramos" y hallar la verdad: analizarla a la luz diurna para luego someterla a los efectos del sueño.

---

2 W. B. Yeats.

Des-programar es aprender a vivir mejor. Eso no significa ser otra persona ni hacernos millonarios en una hora o viajar a la Luna. Vivir mejor es vivir *con-con-ciencia*, estar en *con-sonancia* con quien somos realmente, aprender a resonar con nuestro ritmo natural y no con el "patrón" que nos dijeron que debíamos cumplir para ser aceptados en ese árbol ancestral del que somos parte.

Cuando vemos en toda su amplitud nuestro árbol genealógico, es como comprender un sueño que regresa desde sus raíces para darnos un mensaje: tomar esa decisión postergada, advertir un peligro, sospechar sobre un estado de salud, escuchar la voz onírica, creer en *el centro del corazón*[3], animarse a dar un paso fundamental... ¡Y cambiar de personaje!

¿Quién soy?

Cada paradigma o molde que reviste "lo que somos" es una estructura inconsciente a la cual se la conoce por sus efectos. Jung llamaba a estas estructuras arquetípicas "órganos del alma". Efectivamente, cuando reaccionamos ante una crisis, nos enfermamos o nos vinculamos de una manera determinada con nuestros padres o compañeros de trabajo, estamos expresando un mensaje de ese "órgano" tan especial que es la memoria afectiva ancestral.

En 1914 Jung —el psiquiatra suizo que se inició al lado de Freud y luego abandonó su teoría de la libido para desarrollar su propia perspectiva— afirmaba que el inconsciente colectivo es independiente de las leyes del tiempo y de la causalidad; y desde ahí propuso un exhaustivo análisis de los símbolos que sostienen la memoria inconsciente universal. Los arquetipos son herramientas inmensamente sanadoras e inspiradoras.

Jung señaló determinados patrones de naturaleza universal dentro del inconsciente colectivo que recogen una sabiduría común a toda la humanidad. Esos "saberes" conforman experiencias comunes —más allá de las diferencias entre pueblos, épocas y culturas— que se organizan en arquetipos: madre-padre, niña-niño, educador-educadora, amante, guerrera-guerrero, sabio-sabia, entre otros.

---

[3] La expresión pertenece a mi Maestra, la licenciada Liz Alcalay. Recomiendo la lectura de su libro: *El regreso al Círculo Sagrado*, Galáctica, Buenos Aires, 2014.

Los arquetipos hablan desde el saber del inconsciente colectivo y se encarnan en forma de "personajes" tanto en los mitos como en los cuentos de hadas, en el arte, en el cine. Son universales y comunes, pero producen un impacto distinto en cada sujeto según sus patrones familiares. El inconsciente colectivo es algo así como una "reserva de datos" de todos los tiempos guardada por el "archivo de un clan", "memoria genética" de la gran biblioteca humana.

Hoy la ciencia nos permite ver niveles de integración que poco antes eran insospechados: desde considerar que todo lo pensado, hablado y actuado por nuestros antepasados está grabado de alguna forma en el código genético, hasta postular que el mundo material (medible, visible, cuantificable) pertenece al orden explícito, pero que detrás existe otro orden: el implícito, invisible —al que se llama *holomovimiento*— por su dinámica holográfica.

Desde la psicogenealogía —un programa alquímico de transformación que permite explorar la vida psíquica, las conductas y mandatos, las herencias transgeneracionales junto con las exigencias, miedos, deseos y proyectos a partir de los árboles genealógicos—, se accede a la toma de conciencia que cada clan ocultó en los mandatos que cumplimos. Esos mandatos se "encarnan" en determinados personajes.

Es tarea de cada uno, de cada una, revisar los mitos que se encriptan en los cuentos tradicionales de la infancia, y cómo desde la voz familiar viajan hasta el presente y nos condicionan a actuar según los guiones instalados. Reforzaré los conceptos ya trabajados en *Secretos familiares, ¿decretos personales?* sobre el impacto transgeneracional, y mostraré cómo el cambio y la desprogramación son posibles a partir de los postulados de la epigenética.

Tomamos los perfiles de personajes que "nos comimos" en la infancia, pero también otros personajes que nos vienen de más lejos. Que no elegimos, que pertenecen a otros parientes, que se nos obliga a actuar. Compartiré un caso —que no es de un paciente aunque llevo analizándolo hace tiempo— por el impacto que me ha causado el hecho en sí, pero más aún por la falta de "lectura" transgeneracional en quienes han tratado el episodio trágico. Sucedió en una escuela de Barcelona en la primavera europea de 2015.

En abril de 2015 me encontraba en España presentando mi libro *Secretos familiares*. Una noticia conmovió a la sociedad en esos días: "Un alumno de 12 años armado con una ballesta mata a un profesor. Al menos cuatro personas han resultado heridas, entre ellos dos menores y otros dos docentes. El hecho sucedió en el instituto Joan Fuster, del barrio de Las Navas, de Barcelona".

Rápidamente se habló de trastornos mentales del menor, se supo que era un paciente en tratamiento por esquizofrenia y que había sufrido un brote psicótico. Los compañeros de instituto declaran que era "un amante de las armas y los temas bélicos". Los docentes dicen que era un alumno normal.

En Madrid conversé con gente de los medios y accedí a una información que en los primeros momentos no se publicó: el apellido de la familia, el nombre del niño y la foto. Los periódicos solo daban iniciales, M. P., y la imagen borroneada, como la ley establece por tratarse de un menor. Esos datos obtenidos a las pocas horas del episodio me permitieron seguir una línea de interpretación que —por lo menos para mí— estaba a la vista. En lo personal, entiendo que la clave del brote psicótico se vincula directamente a un personaje asumido por la tercera generación ("el niño de la ballesta") que proviene de la rama paterna y que se origina en el abuelo de M. P.

Desde entonces sigo las escasas novedades que aportan los periódicos sobre el hecho y la conclusión es contundente: ninguna fuente (judicial, policial, psicológica, educativa) ha leído el episodio trágico desde lo transgeneracional. Y es inquietante, porque lo que no sale a la luz tiene riesgo de ser repetido. Los pormenores familiares no se dieron a conocer en los meses siguientes y mi línea de trabajo se estancó. Me faltaban datos esenciales para armar el rompecabezas. Yo avancé con la investigación a partir de los pocos elementos que tenía a mi alcance.

Hasta que de manera fortuita di con una persona que me aportó una información clave: recientemente, mientras me hacían una entrevista en la plaza Cagancha de Montevideo, "el cámara" — un uruguayo que había residido en Barcelona— me cuenta que conoce a los padres de M. P., que fue vecino de esta familia y me acerca datos que completan mi perspectiva de análisis hasta entonces hipotética. Y se confirman mis presuposiciones.

M. P. aparece como el personaje vengador de un estigma familiar. Este chico "compra" una memoria de clan, un mandato que ni su padre ni su abuelo pudieron tramitar.

Amante de los animé, de las series de *zombies* y de ciertos comportamientos friki, lo etiquetaban como raro y nada más que resultara alarmante. Nadie pudo frenar el drama porque nadie se animó a ver lo que incomoda: la perturbación que se hereda cuando un secreto se perpetúa de generación en generación.

M. P. es el portador de un mandato, encarna a un personaje "antiguo", un ballestero, que estalla en sus manos, en su propia escuela como escenario, porque lo que se oculta en el pasado pugna violentamente por salir en el presente.

Llevo un muerto encima[4]

Me interesa el concepto de "identidad alienada" elaborado por la psicoanalista argentina, radicada en Francia, Haydée Faimberg. Un niño tiene su identidad alienada cuando los padres depositan en él todo aquello que odian de sí mismos y se apropian de todos los rasgos positivos que el hijo tiene. Así, en ese tironeo entre lo negativo y lo bueno despojan al menor de su propia identidad. Al niño no le queda otra alternativa que identificarse "con una organización extraña que pertenece a otro, a los aspectos que ese otro rechaza de su historia personal. De este modo, la historia de los padres pasa a estar como encajada en la historia vital del niño, configurando una condensación de tres generaciones, un *telescopaje generacional*"[5].

Esto "consiste en la adquisición de una información construida en generaciones previas, expresada por un miembro de una generación posterior a manera de un síntoma, del cual no se encuentra una explicación lógica. Dicho sujeto tiene una identificación inconsciente alienante con el ancestro con quien tiene un pacto denegativo, que adquirió por amor a un padre poseedor

---

4 Recomiendo la lectura del libro sobre *El síndrome del yacente*, del Dr. Salomón Sellam. En su obra analiza la constatación de muertos simbólicos que ocupan la vida de un miembro del clan. Ver esta situación y desprogramarla colabora en las reparaciones transgeneracionales inconscientes sobre muertes y duelos injustificados/injustificables que se actualizan porque no fueron elaborados.

5 Segoviano, 2008.

de una cripta (un secreto) y heredero de un fantasma. Quien manifiesta el síntoma lo que busca inconscientemente es abrir el secreto guardado y poner fin al sufrimiento familiar, desafortunadamente la mayoría de las veces lo que obtiene es una repetición de la historia, con los infortunios que esto conlleva"[6].

Así como la hermana mayor de M. P., Águeda (del griego *agathê*, 'bondadosa'), **porta**[7] la parte "buena" en el clan, a M. P. le tocó **portar** un duelo irresuelto transgeneracional: el abuelo de los niños regaló a su hijo una ballesta y le dejó como herencia —además— la casa familiar en el barrio de Las Navas, que pasaron a ocupar luego como vivienda el matrimonio, y ambos hijos: Águeda y M. P.

Entiendo que la circunstancia dramática en la cual se vio atrapado el inconsciente transgeneracional del "chico de la ballesta" implica algo del orden de la injusticia, la segregación, el aislamiento, el odio racial, las vivencias vergonzantes que se encriptaron en la estructura psíquica del niño, emergente de la agresión, destinatario portador de un mandato que responde al inconsciente familiar.

El inconsciente del clan mantuvo bajo llave un trauma que —como en un volcán apagado pero latente— saldrá en forma de ebullición criminal cuando la exigencia de asumir "una denuncia" ya no sea posible mantener a raya. O como expresaron las autoridades del colegio: "El alumno actuó imbuido por un arrebato inexplicable".

El Vengador es un arquetipo, un patrón de conducta propio de quien se cree salvador del mundo, empezando por su tribu, con gestos que escapan a la lógica y son inexplicables porque nadie le explicó previamente *eso oculto* que debía ser defendido para recuperar el honor del linaje. El Vengador pone en acción una vindicación: hacer justicia. El Vengador actúa por arrebato. ¿Qué se venga en su furor? Una ofensa innombrable, una humillación antigua.

¿Sabemos cómo se ha tramitado esa sensación de injusticia en esta familia? Lo aparente es que el llamado brote psicótico de este niño de 12 años es un ejercicio de justicia por mano propia de algo sucedido mucho antes... Me inclino a pensar en la rama paterna, en un duelo sin acabar que se transmitió de abuelo al padre y del padre al hijo. En la 3ª generación explota como "arrebato inexplicable".

---

6 Faimberg, 1985.

7 El destacado en negrita del verbo portar es intencional.

Alicia Werba llamó duelos ancestrales a los duelos no procesados y que por lo tanto se viven como presentes en las nuevas generaciones[8]. El emergente del clan expone su determinación agresora extrema a modo de denuncia, exhibe con el conflicto una problemática familiar de orden transgeneracional, actúa un saber retrospectivo (el escenario del drama es el ámbito educativo, el espacio del saber), pone en el cuerpo algo mudo que de pronto cobra voz y sangre.

En el caso del niño de la ballesta podemos considerar que este preadolescente es el emergente representante de una carga familiar que no ha sido tramitada en su momento, que regresa bajo el arquetipo del Vengador y que se asume como la persona encargada de hacer justicia. Algo no dicho, inconscientemente transmitido desde generaciones pasadas, sale a la luz como violencia desatada fuera de su tiempo real. Es el **portador** de un secreto y de un mandato. M. P. funciona como el heredero de un drama familiar guardado en secreto, pero vivo en el inconsciente. ¿Qué innombrable se puso en acción en el personaje del niño de la ballesta?

Numerosos estudios (Piera Aulagnier, Salomón Sellam, María Torok y Nicolás Abraham, por citar algunos) muestran cómo muchos pacientes nombran en sus alucinaciones imágenes sufridas por sus antepasados que nunca fueron narradas. Conocido como "herencia delirante" o "alianza negadora", el vínculo entre padres-hijos-nietos configura un modo de traspasar el duelo sin resolver a algún miembro de la familia que se encarga de asumir la identificación con ese drama secreto hasta que lo pone a actuar de manera traumática, sangrienta. Es justamente salvar el honor de "la sangre" lo que se pone en juego.

Arriesgo una hipótesis: ser un desclasado, un inmigrante de segunda en el "primer mundo", pertenecer a una cultura y religiones diferentes, acumular odios y rencores raciales suman capas de humus a ese terreno predispuesto para lanzarse a la venganza. Entonces, ¿qué secreto inconfesable y a la vez imposible de soportar se transmite a la descendencia por medio del inconsciente del clan? La pérdida de la propia tierra, de las costumbres y del culto religioso, del exilio forzado y de la mirada extrañada de los otros puede haber sido la punta del iceberg en esta familia. Se trata de una *inscripción inconsciente familiar*, tal la definición de Pichón Rivière a este tipo de vinculación.

---

8 Werba, 2002.

Desde la psicogenealogía sostenemos que una vergüenza, un secreto, un trauma que no han sido resueltos con el paso del tiempo, no integrados sus efectos, ni superada la crisis que se desprende de ese silenciamiento, se ahondan en el drama de las generaciones siguientes. Con Freud sabemos que la elaboración del duelo trae aparejada la liberación de la esclavitud al objeto perdido/silenciado. Agotada la presión, emerge como grito desesperado, o —en el mejor de los casos— como la búsqueda de nuevos objetos que permitan, de manera lúdica y personal, transformar la realidad heredada.

Volveré sobre esto, pero presentemos un perfil del chico que llega a la escuela armado con la ballesta.

¿Qué personaje se compró?

Sin duda, M. P., el vengador de un episodio silenciado ancestralmente, aparece envuelto en un ropaje y una acción que comprometen su estabilidad emocional. Un sujeto que cursa la etapa de entrada a la adolescencia está en esa fase evolutiva en la que se juegan nuevamente los lugares y posiciones del grupo familiar. Se reactualiza el complejo de Edipo y se reevalúa la noción de identidad. "¿Quién soy?". Esa es la pregunta que transita este joven cuando toma el impulso de sus propios dardos internos. Cuando alguien que es portador de un mandato extremo se ve sometido a situaciones críticas, puede desencadenar la acción del personaje que lleva a cuestas...

Fuentes docentes y policiales aseguraban que el agresor "no procedía de ninguna familia desestructurada". Y agregaban: "Son muy buena gente, una familia catalana normal". Me pregunto qué quiere decir "no desestructurada" y "normal" en este contexto. Sin embargo, junto con esos comentarios, los informes agregaban que M. P. tenía en su habitación dos escopetas pequeñas en sus fundas y un machete "de grandes dimensiones", además de ballestas artesanales realizadas con alambres por el chico.

Lo más inquietante es este dato: la ballesta que el menor llevó al instituto se la había regalado al padre su padre hacía más de 20 años y estaba guardada en otra casa, pero en algún momento llegó al apartamento donde la familia residía. Esto no se pudo explicar.

¿Quién es M. P.?

M. P. es pequeño, delgado, moreno y de ojos negros. Los amigos lo califican de "raro", "friki", introvertido y alumno de buen rendimiento (que en los últimos tiempos había empezado a bajar en sus calificaciones). Se lo veía habitualmente vistiendo chaquetas militares, practicaba deportes, seguía programas de lucha libre y era "adicto" a las series de *zombies* donde la violencia y la sangre se exhiben sin pudor. Fanático de *The Walking Dead*, una historia que se desarrolla durante un apocalipsis *zombie*. Para completar "la foto": una calavera incendiada ilustraba su perfil de Facebook.

Ninguno de estos elementos hizo sospechar lo que se desencadenaría una mañana de primavera en el colegio.

Obsesionado con cómics dedicados a los muertos vivientes, su personaje televisivo favorito era Daryl Dixon: el encargado de matar *zombies* disparando una ballesta en la cabeza de los monstruos. "Nunca he confiado en nadie para protegerme. Maldición, creo que nunca he confiado en nadie para nada", es el lema de este personaje de la serie *The Walking Dead*.

M. P. sentía que estaba rodeado de *zombies* a los que había que eliminar. Sus preferencias de ocio le ofrecían un escenario ideal para el imaginario del joven: cuerpos sin almas, cementerios en movimiento, espíritus en pena que pelean con los comunes mortales. A falta de muertos vivos en su escuela, el 20 de abril ha matado a un hombre, su profesor, e intentó matar a muchos más.

El padre de M. es trabajador social y su madre enfermera. La hermana del chico es una jovencita aplicada y buena deportista. Quienes conocen a la familia los definen como "buena gente"[9].

---

9 Estoy corrigiendo las pruebas de este libro —es viernes 13 de noviembre de 2015— y la televisión acaba de informar que se están produciendo atentados en París. Los terroristas se identifican rápidamente. ISIS se atribuye la autoría de la masacre. Muchos en estas horas iniciales se preguntan por qué. La respuesta es compleja, pero hace eco con el caso que tratamos: resentimiento racial, odio ancestral sin tramitar. Muchos terroristas son franceses asimilados a la cultura occidental que retoman las armas para "vengar" a sus antepasados humillados, colonizados. Como en una enfermedad autoinmune, en la cual el propio organismo se reconoce a sí mismo como extraño/agresor, Francia está viviendo un ataque desde adentro, con sus propios compatriotas, imbui-

Y si bien muchos adolescentes se sienten atraídos por las series con estos personajes, es M. P. quien recoge un cierto eco, una resonancia personal que configura el síndrome del "niño de la ballesta": la investidura del espíritu familiar se suma a los datos **íntimamente relacionado**s —en su biografía personal— con la esclavitud y la opresión. Que el episodio se desencadene en las aulas de su centro de estudios no es un elemento menor: saber y no saber se ponen en juego cuando se dispara la primera flecha.

Nombre propio

En *Secretos familiares* expliqué la importancia de los nombres, las implicancias que resuenan, las razones de la elección. Retomo esos conceptos, ahora con un plus: siempre se agregan capas nuevas páginas al polisémico libro que conforma el nombre propio.

Supe recientemente —y siempre a estas cuestiones tan íntimas se accede lejos de casa: fue en Praga y de la voz de una italiana— que mi nombre y el de mi hermana (Cynthia) tienen el mismo origen etimológico[10]. Aparentemente "no suenan" ni parecidos, a pesar de que ambos provienen del griego (como muchos nombres) pero... ambos remiten a la misma diosa: Artemisa. Efectivamente, *Kynthia*, gentilicio de Kynthos (nombre de un monte en Delos), era el término para hacer referencia a Artemisa (Diana): "Del monte Kynthos", donde habría nacido la deidad de la caza y de la luna.

Doy fe de la ignorancia de mis padres sobre mitología griega al elegirnos los nombres a ambas hijas. Este dato llega a mi vida en la actualidad y contribuye a agregar sentidos a mis análisis sobre los vínculos entre hermanos, en los que se consideran algunas variantes fundamentales: además del nombre deben analizarse "los síndromes de calendario/aniversario". Muchas veces las relaciones ríspidas entre hermanos coinciden con fechas claves: por ejem-

---

dos del fundamentalismo. Entre otras razones, el traspaso fallido transgeneracional ha dejado en los más jóvenes, dolor, insatisfacción y necesidad de venganza.

10 Mi gratitud a Silvana de Ingeniis y a sus amigas italianas.

plo, cuando el nacimiento de una hija coincide con la concepción de la otra... Ese caso es uno de los conocidos como "gemelos simbólicos" y —entre otras cuestiones— da cuenta de anormalidades en la estructura familiar, hijos clandestinos, secretos sin revelar, superposición de un sujeto en otro, etc.

Otro ejemplo en el que el nombre preanuncia una consecuencia que se vive dramáticamente en el grupo: una paciente de 44 años, Dionisia, consulta por depresión postraumática luego de un tratamiento de quimioterapia por linfoma de no Hodgkin. El análisis del árbol reveló el peso de la herencia en esta enfermedad autoinmune. Su abuela materna murió de esta misma afección, su madre al saber que su marido era homosexual recrudece su adicción al alcohol. Los padres se separan cuando Dionisia tiene 12 años. El nombre de la niña —de origen griego— quiere decir "en honor al dios del vino". La situación de violencia y desequilibrio por la ebriedad permanente de la madre lleva a la chica a huir de su hogar y buscar refugio en la casa de su padre por la imposibilidad de soportar las escenas descontroladas de la madre. La enfermedad que padece refiere al sistema linfático (la sangre): vino y sangre (ritual del cáliz y la Santa Cena) funcionan como metáforas en este caso ligado a "la mala sangre" (depresión familiar, vergüenza de la estirpe cuando el matrimonio se separa por la elección de objeto gay del padre). Dionisia lleva inscripta esta huella de *hija del vino*, del descontrol, error (por ocultar/mantener en secreto la inclinación sexual del padre durante más de una década de matrimonio) del encuentro amoroso entre sus progenitores resolviendo unirse de manera intempestiva —desborde, acción impulsiva, inmadurez— cuando se casan al mes y medio de conocerse, ante la noticia del inesperado embarazo, fruto de la única relación sexual que mantuvieron en todo el vínculo.

Llamarse como un ancestro, tener un apelativo cargado de simbolismo, de connotaciones nos permite pensarlos como metáforas, son "regalos con dientes", "caballos de Troya": en los nombres que nos pusieron nuestros padres y en los que elegimos para nuestros hijos se dice mucho más de lo que se escucha. Ese plus que desconocemos va "traduciéndose" a lo largo de la vida, sumando sentidos, dotando de cuerpo a un grupo de palabras. Es la otra cláusula en letra chica del contrato, como la del personaje que nos vendieron...

Volvamos al "niño de la ballesta". Max Porta —tal es el nombre y ya ha circulado en los medios, junto con su fotografía— constituye una unidad semántica que reclama interpretación.

Mandatos familiares

Max es la abreviatura de Maximiliano. Deriva del latín *Maxim-ilianus*, que significa 'el más grande Emiliano, el varón más importante de la gens Aemilia' (una de las dinastías patricias más antiguas de Roma). Porta proviene del verbo *portar*, del latín *portāre*, 'llevar, trasladar, transportar algo'; derivan muchas palabras de esta: *puerta, pasaje, pasaporte, portalápices, portafolio*. ¿Podríamos agregar *portaballesta*?

Una ballesta es un tipo de arma muy antigua. Arqueológicamente sabemos que su uso proviene del este de Asia, que se masificó en las guerras de Europa, sobre todo en la Edad Media y que hubo una versión griega llamada "gastrafetes" (arco de vientre), porque para tensar la cuerda se apoyaba en el cuerpo, precisamente en el vientre. Quien la empuña es el ballestero: soldado armado con ballesta. Y ya sabemos: desde el vientre y durante los meses de gestación somos receptáculo de voces, deseos y angustias ancestrales.

El ballestero era antiguamente un **portero** (destaco esta palabra porque deriva de *porta, puerta*) que estaba en el palacio y en los tribunales, acompañaba a la realeza a sus actividades de caza. Viste túnica o saya corta, camisa, calzas, y lleva la cabeza cubierta. Porta un puñal en su cinturón y en la mano izquierda una ballesta, y sujeto sobre el pecho lleva a la espalda un carcaj con dardos. Personaje secundario en los ámbitos de la realeza, pero que supo tomar (nefasto) protagonismo en el famoso "Romance del prisionero". En ese texto anónimo medieval, un hombre encarcelado tiene solamente la compañía de una avecilla que lo visita a diario hasta que es alcanzada por una flecha y muere. El poema finaliza con la sentencia dolorosa del prisionero: *matómela un ballestero, dele Dios mal galardón*.

Parece que la maldición del condenado se extendió en el tiempo y alcanzó a esta familia, guardadora de una memoria capaz de disparar contra cualquiera un odio racial sin superar.

Si Batman, la Mujer Maravilla, el Zorro o Superman son vengadores heroicos —buscan el bien y luchan contra los malvados—, Max, en cambio, optó por un personaje con perfil más turbio: su misión es quitarse un muerto de encima, una carga alienante, un *zombie*[11], es decir, un cadáver que pugna por volver a la vida.

---

11 Figura propia del culto vudú, se refiere a un muerto resucitado por medios mágicos por un hechicero para convertirlo en su esclavo. De acuerdo con esta creencia, un hechicero vudú —mediante un ritual— somete la voluntad de la persona a quien, a cambio, lo devuelve a la vida. Aspectos raciales, lingüísticos y culturales originarios de Haití, y provenientes de África, se cruzan en estas creencias ligadas a la violencia y el sometimiento.

Cada sujeto responde a su estructura psíquica y a su tejido transgeneracional: obviamente, no todos los espectadores de estas series con personajes de muertos vivos o consumidores de películas de horror terminan atacando con armas a los docentes y alumnos de su colegio. Lo que impacta en Max Porta es su historia: sus ascendientes (de origen moro-africano-musulmán según los estudios que pude reunir) han sepultado humillaciones que estigmatizaron al linaje durante años y que permanecen vivas, encarnadas en la 3ªgeneración.

¿Qué memoria del clan se actualiza en su agresión desbordada portando un arma mortal que dispara sobre inocentes desprevenidos? Un yo frágil, que no puede soportar determinados estímulos, reacciona como impelido por una voz lejana, ajena, conocida pero distorsionada, que lo impulsa a moverse maquinalmente. Es interesante que se use en forma coloquial el término *zombie* para designar a alguien que actúa sin pensar, de manera automática, alienante, porque lo despoja de la posibilidad de acceder a la verdad de su identidad manejando sus actitudes a conciencia.

Max carga con un muerto (anterior al profesor que abatió): lleva puesto el peso de sus ancestros (¿su abuelo?). Max padece el síndrome del yaciente. La expresión del "síntoma del yaciente" (o yacente) pertenece a Salomón Sellam y alude a descendientes de un grupo familiar que viven su vida como la de otro ya muerto. En este chico de 12 años "vive" el duelo ancestral que "porta" con él. Estos mayores son personajes idealizados, cuya representación tiene una fuerte carga hostil que no han logrado una verdadera sepultura psíquica en las nuevas generaciones.

Los efectos de experiencias no tramitadas suponen una perturbación en la estructura familiar que lo padece. Algo que se calló y se enterró como un secreto revive como un *zombie*. "Lo importante no es tanto el contenido del secreto, en general de difícil o de imposible acceso, sino la transmisión de su estructura y los ropajes con los que se reviste en sus manifestaciones. Sus portadores tienen necesidad, ellos mismos, de tener sus propios secretos para cubrir el vacío dejado por el de los ascendientes"[12].

> Me calzaron un personaje que no me simpatizaba. Tenía 4 años y todavía recuerdo el pinchazo en la planta del pie con dolor agudo,

---

12 Werba, 2002.

como un balazo. Las botitas de cuero blanco lustroso se mojaron de sangre. Ese año para carnaval mi mamá y mis tías habían decidido que todos los primos nos vestiríamos de vaqueros, y que el corso de Villa Luro sería la sede del Lejano Oeste. Reinaldo y Claudio de *cowboys*; Mabel y yo de Annie Oakley (los demás del clan: Angelita, Adri y Dani no participaban porque eran bebés).

Estaba de moda ver en la tele una serie norteamericana tipo *western* sobre las aventuras de la famosa niña infalible con las pistolas y la buena puntería en sus tiros. No recuerdo ese programa de mi infancia. Sí el fatídico preparativo de carnaval.

En la tienda donde las cuatro cuñadas llevaban a sus hijos e hijas a probarse el disfraz tenían todo el armamento: sombreros, camisas con flecos, cartucheras para calzar los revólveres, pistolas y rifles, estuches para las balas, caballos surrealistas —un hocico con riendas en el extremo del palo— y las botas, claro. A un buen *cowboy* —hombre o mujer— no podía faltarle su par de botas de montar.

No tengo recuerdo de ese carnaval ni de ver en la tele la serie de moda. El único registro es una foto en blanco y negro que retrató el momento del disfraz y mi cara de mal humor. Del motivo del malestar sí que me acuerdo: en la tienda todo iba bien hasta que la vendedora intenta que me pruebe el calzado. Cuando me ponen la primera bota me quejo, digo que me duele, que no puedo caminar. La mujer en su afán de vender asume su poder y dice: "Es que no calzó hasta el fondo". Toma con fuerza los extremos de la caña de la bota y tira hacia arriba. Calzó, sí, y un clavo sobresalido de la suela se me clavó en la planta del pie.

La sangre sí la recuerdo. Después supe que cuando te quieren imponer un personaje se sufre. Que usar un disfraz lejano a tus deseos pesa como una armadura, aunque seas una mariposa. Que no es fácil poner cara de diversión porque toca reírse en carnavales. Detesto los carnavales.

Mucho después supe que la pobre Phoebe Anne Oakley Moses había nacido en 1860 y que murió a los 66 años de anemia perniciosa; que fue huérfana de padre a los 6 años y que salió a trabajar desde los 8 cazando animales para venderlos y colaborar con la economía de una familia numerosa. "Cuando disparé a una ardilla y le atravesé la cabeza de lado a lado, viví una oportunidad maravillosa", contó en su biografía. No me simpatiza esa joven.

Fue famosa con su rifle, una imbatible campeona de tiro al blanco, se casó con el mejor tirador a los 16 años, viajó por el mundo mostrando su arte en la compañía de Buffalo Bill. Sufrió un duro accidente en un choque de trenes. No tuvo hijos y es muy conocida su frase: "Me gustaría ver a cada mujer manejar armas con la misma naturalidad con que manejan a los bebés". No hago empatía con ella.

Supe de su niñez explotada por una familia que la había contratado para cuidar a un niño, pero que terminaron exigiéndole trabajos forzados e indignos. Vivió en orfanatos. Me duele su destino de niña abusada y sin nadie que la cuide.

Cuando entendí que —como yo— Annie no era del Oeste ni era vaquera (había nacido en Ohio) y que su ropa típica era simplemente un disfraz para ganarse la vida, me reconcilié con su persona. Me hubiese gustado ayudarla a escapar del personaje para que se sintiera libre de ataduras, sin estrecheces, ni con la carga familiar, ni con el destino de "chica fuerte" que termina con su vida siendo aún una mujer joven a causa de una anemia autoinmune. Donde Annie ponía el ojo ponía la bala. Pero falló: no se puede mirar el mundo desde el ojo de un gatillo porque siempre se ve al personaje de la vaquera. Y ella lo entendió, pero ya era tarde.

Aprendí que cuando en la infancia te imponen un personaje y te obligan a mostrarte contenta y graciosa —aunque tengas que caminar con los pies heridos—, se instala una señal de alerta que pincha como con un clavo: ya nunca me dejé poner disfraces que duelen.

Los verbos de la (dis)cordia

El lenguaje es una piel: yo froto mi lenguaje contra el otro. Es como si tuviera palabras a guisa de dedos, o dedos en la punta de mis palabras.

ROLAND BARTHES

Muchos son los verbos que asociamos al mundo de las emociones positivas: *amar, sentir, dar, cuidar, desear, querer*... Podemos decir que son los verbos del corazón. Del latín *cor, cordis*: 'relativo al corazón'. De ahí derivan palabras como *cordial, coraje* (que quiere decir 'corazón exaltado'), también son "hijos" de este término: *crédito, rencor, acordar* ('unir dos corazones'), *recordar* ('volver a

Mandatos familiares

pasar por el corazón'). Y *discordia*: 'fuera del corazón'. Ya sabemos que por ser "hijas", tales palabras no tienen la obligación de ser semejante a sus padres...

A los verbos del bienestar se agregan en la lengua otros verbos que ofrecen un sentido de malestar, de emociones negativas: *disputar, vengar, discriminar, rivalizar, despreciar, desautorizar, desalentar* (sin aliento), *desanimar* (sin alma), *descorazonar* (sin corazón)...

Desde que nacemos y mucho antes también —en el deseo, miedo o proyecciones de la pareja que va a tener un hijo— empiezan a conjugarse unos verbos y otros, los del corazón y los del desamor.

Si hay algo secreto, oculto y callado en una familia son las expectativas sobre su progenie. Aclaremos: los deseos y pedidos suelen expresarse, las obligaciones se indican, los deberes se marcan, las responsabilidades se enumeran. Pero las expectativas permanecen mudas a lo largo de los años y cada miembro del clan asume lo que interpreta en lo no-dicho para hacerse cargo, y así cumplir los mandatos de los mayores.

Los mandatos tienen estructura de verbos: sentencian modos de funcionar, signan acciones y comportamientos; exigen calidad de gerundio: continuidad, durabilidad, siempre en proceso de seguir actuando. Son mensajes indelebles e invisibles que sellan pactos y se escriben desde hace generaciones en el árbol al cual pertenecemos. Son consignas escritas con sangre; con la sangre de los antepasados que fueron cumpliendo (o desobedeciendo) transgeneracionalmente las órdenes impartidas por el linaje y el contexto.

Digámoslo con ejemplos: en una familia violenta, el modo de defender una idea personal se resuelve agresivamente o con una discusión, en lugar de entablar un diálogo; en un contexto patriarcal y machista el cartel (invisible pero muy presente) que cuelga a la entrada de la casa es: "lo que dice el padre es la ley", "los hombres no lloran", "las mujeres no tienen derecho a opinar". Agreguen ustedes tantos otros carteles que conocen bien...

En toda familia existen los "verbos de la discordia", los que no encajan en los pactos felices del corazón de sus integrantes: dichos a medias o con todas las letras, no-dichos pero sabidos, firmados con la sangre a modo de tinta leal y al servicio de la tribu. Cuando aceptar una determinada expectativa pesa y contradice el natural deseo, estamos frente a un mandato silencioso y letal que puede ahogarnos como una boa constrictora con tal de que se cumpla el ideal familiar. Eso es lo que llamamos el deber-ser. El deber-ser-de una forma específica para complacer al mandatario. Cada familia impone sus modos.

Los verbos de la discordia duelen en el corazón: afectan la felicidad y el normal desarrollo de la persona. Hacer lo que no queremos, mostrarnos como no somos, asumir lo que rechazamos, funcionar como no sentimos, estar con quienes no deseamos, fingir relaciones cordiales y enlazarnos con quien conviene (y no con quien deseamos) son todos actos que constituyen alteraciones del vínculo, tanto consigo mismo como con los demás. Muchas veces actuamos en nuestra contra para complacer a los que nos gobiernan el corazón. Aprendemos modos de indefensión a cualquier precio: callamos, enfermamos, somos cómplices. Todo con tal de ser queridos y aceptados como parte de "la misma sangre". El precio suele ser alto.

No hay un único lenguaje; la comunicación es compleja, ambigua, dinámica y, muchas veces, contradictoria. Junto con la palabra coexisten significantes no lingüísticos: ¿cómo acierta una hija a dar con la clave de lo que su madre desea en ese gesto ambiguo? Típico ejemplo de mensaje contradictorio: "Triunfa, pero no te apartes de la humildad de tu familia". ¿Cómo leer en el silencio de un padre distante ese reclamo desde la indiferencia, el dolor o el enojo? ¿Qué se espera de mí para que mi lugar en la familia sea respetado amorosamente? ¿Me preguntaron alguna vez si estaba de acuerdo con lo que otros decidían para mí? ¿Por qué me pusieron como testigo forzado de escenas intolerables para un niño, una niña?

Los tres verbos que estructuran la discordia o mal funcionamiento de lo que sentimos provienen de una frase muy conocida, tal vez bien intencionada en su época y repetida hasta el presente como un dogma. Dicha de esa manera o de otra, las familias enarbolan unas ideas con más o menos intensidad, rechazan alguna o exigen las tres como modo de alcanzar lo-que-debe-ser.

Cuando el poeta y revolucionario cubano José Martí pronunció la consigna famosa: "Hay tres cosas que cada persona debería hacer durante su vida: plantar un árbol, tener un hijo y escribir un libro", corrían los últimos años del siglo XIX. Sin embargo, se plantan árboles y se tienen hijos desde antes, desde siempre. Y se escriben y leen libros en cualquiera de sus formatos —tablillas, rollos, cordeles, pliegos, manuscritos o reproducidos en imprenta, en viejas Olivetti o computadora, en papel o *ebooks*— desde el origen de los tiempos.

Plantar, tener, escribir... ¿Por qué elijo estos tres verbos para reflexionar con ustedes? Porque me permiten partir de saberes que las personas transmiten de generación en generación, con sus modulaciones propias de contexto

Mandatos familiares

o de inconsciente familiar. Y porque me resultan tres acciones muy ilustrativas para estructurar el triple mandato inscripto en los arquetipos colectivos y en los mandatos transgeneracionales.

¿Y si nos animáramos a cuestionar esta sagrada sentencia?

Tres verbos, tres toponimias del cuerpo

Hay tres cosas que cada persona debería hacer durante su vida: plantar un árbol, tener un hijo y escribir un libro.

JOSÉ MARTÍ, NUESTRA AMÉRICA

Adjudicada al poeta y datada en 1891, tal vez la frase tenga mucho más tiempo rodando de boca en boca, de familia en familia. Hoy cada vez más padres/madres no crían a sus hijos/hijas, cada vez más personas optan por no procrear, no riegan sus árboles (que tal vez con ilusión plantaron ellos o sus mayores), ni siquiera leen los libros que tienen en sus casas, solo los acumulan. Es decir, NO se hacen responsables a conciencia, pero cumplen simbólicamente los mandatos: ya engendraron, ya plantaron, tal vez no escribieron un libro, pero firmaron con su letra más de un compromiso que no pudieron sostener...

El progreso avanza sobre la Tierra en su acción sin pausa de talar árboles. Cada día vemos más familias fragmentadas porque uno de los progenitores decide abandonar la casa. La Historia nos ha mostrado muchas versiones de la ignominia cuando adopta la estrategia de callar al rival (visto como enemigo, impuro, peligroso o hereje) quemando libros. Aun así, los tres verbos absolutos del mandato social siguen funcionando en el inconsciente colectivo.

Plantar → pies. Plantar implica dejar huella

"Donde haya un árbol que plantar, plántalo tú. Donde haya un error que enmendar, enmiéndalo tú. Donde haya un esfuerzo que todos esquivan, hazlo tú. Sé tú el que aparta la piedra del camino", decía la poeta chilena Gabriela Mistral y volvía a reproducir el paradigma de las tareas pendientes para que no se detenga el destino de la humanidad. Buenas intenciones, pero sabemos que por ahí, por el sacrificio y el heroísmo, no van ni la felicidad ni la salud. Ella lo vivió en carne propia...

Volvamos al primer sentido que le da la Real Academia. Del latín *plantare*, significa: 'parte del pie que toca el suelo. Meter en tierra una planta, un vástago, un esqueje, un tubérculo, un bulbo, etc., para que arraigue. Sementar, fundar, establecer, colocar, implantar'. Todos son sinónimos.

Des-programemos. Insto a los lectores y lectoras a otra idea: *plantar* como sinónimo de dar batalla al mandato y permitir que lo inyectado en nuestras venas por la sangre familiar pueda ser revisado: lo reevaluaremos y tomaremos una decisión personal, no en masa, no por lealtad al grupo o para dejar el propio pellejo por levantar —cien años después— la empresa inacabada de los abuelos.

Con los pies sobre la tierra y con actitud de sanar las raíces: plantar debe ser en primer término saber-plantarse y agregar nuevas líneas a las huellas de nuestros ancestros, no necesariamente pisar sobre los surcos dejados por ellos.

Tener → útero. Tener es igual a tener descendencia

Cuando nos dan el mandato de "tener", nos obligan a naturalizar la elección de ser padre/madre. *Tener* es un verbo endiosado en tiempos marketineros y consumistas. Tener es tener siempre más, acumular y retener. Poseer, dominar, sujetar... Tener sexo (¿o hacer el amor?), tener pareja (¿o construir una pareja?). Y sobre todo: tener es tener descendencia. Así reza el mandato.

Tener, desde esta observación, presupone la obtención de un resultado: sentirse menos solos, llenar un vacío, perpetuar la especie. Y eso se subsume socialmente en un acontecimiento sobrevalorado (e impuesto como un universal): todos y todas debemos procrear.

Con el verbo *tener* se enlaza otra idea: *haber*. Indica pertenencia, tener lugar, que algo existe. De *habere* ('tener una habilidad') también derivan *hábito, habitar, deber*. En muchos textos de castellano antiguo encontramos *habeo*: 'morar, habitar, permanecer en un sitio'. Por ejemplo la expresión "yo he un hijo" equivale a "tengo un hijo".

Propuesta para *des-programar* el mandato: mismo ejercicio anterior. Autoevaluarnos para responder a conciencia si nos interesa ese camino: ¿siempre se tiene lugar para un hijo, una hija, en el deseo? Dejar descendencia es maravilloso. Decidir no elegir ese camino también puede ser una opción válida, no minusválida, como la sociedad intenta afirmar.

Cuando tomamos la letra de la sangre que reclama continuidad, creemos que es una condición del ser procrear a otro. Ser madre/padre no debería estar planteado como tener, sino como desear, elegir, decidir.

Escribir → cabeza. Escribir es ascender hasta el pensamiento

Lo que NO se expresa se imprime, nos enseña la descodificación biológica[13]. El juego del lenguaje es muy bueno para seguir en el campo semántico del tercer mandato: *escribir*. ¿A qué se refiere ahora la célebre frase de Martí? Sin dudas a dejar rastro de nuestro paso por el mundo; acción equiparada a dejar descendencia o árboles. Pareciera que ir por la vida implica arrojar semillas todo el tiempo: semen, óvulos, granos para cultivar, palabras escritas...

¿Es menos "persona" quien no cultiva o no siembra que quien posee una huerta o una plantación? ¿Por qué, entonces, la mirada social es diferente cuando un hombre gay elige no tener hijos, cuando una mujer lesbiana decide no adoptar niños o cuando hombres y mujeres heterosexuales optan por no ser padres o madres? En la misma línea de razonamiento: ¿escribir debe ser una obligación, un mandato para que cumplido el trámite impuesto nos transformemos en ciudadanos más respetables?

Des-programar, nuevamente: escribir es una vocación magnífica cuando se elige por placer, como lo es cantar, cocinar, ser violinista o carpintero. Escribir nunca puede ser una obligación, un mandato. Escribir es un "llamado", como lo es ser agricultor o ser madre. No todos estamos llamados a los mismos quehaceres... Escribir puede ser llevar un diario íntimo: la escritura cura. *Relatar-nos* nos alivia. Las palabras pueden ser orales: alcanza la escucha atenta, amorosa, capaz de despertar la actitud resiliente de quien sufre.

Reescribamos los sueños que nos visitan cada noche. Procesar las emociones y "traducirlas" en palabras puede ser muy sanador. El psicoanálisis es la posibilidad de sanar, mediante el encuentro de la *novela personal*, el relato que cada

---

13   Sugiero leer el material disponible de Christian Flèche sobre estos postulados.

sujeto se escribe a sí mismo. Que así entendamos el mandato *escribir* nos calmará tensiones por ser obedientes a lo que la cultura espera de cada uno de nosotros.

Freud lo supo desde el comienzo de sus estudios cuando —para entender el alma humana— recurrió al análisis de sus propios sueños, y buceó en la mitología: con Sófocles "entendió" la saga familiar de Edipo y cómo se dirimen las pasiones que construyen la subjetividad; con el análisis de sus propios sueños entendió los mecanismos de las neurosis.

Entendemos, pues, escribir como la posibilidad de recorrer nuestros personajes, nuestros mensajes oníricos, los mitos y narraciones de los tiempos originales. Revisemos con mirada atenta los cuentos de infancia y los relatos de familia, para escrutar esas fotos que no muestran todo el escenario y falsean la realidad.

Con los avances de la epigenética es posible reescribir nuestra historia y más. ¡Podemos reescribir nuestra biografía genética! ¡Podemos reprogramar desde los recursos internos las creencias que nos enferman!

Nunca como ley, siempre como deseo de llevar de la mente a la piel un manojo de palabras. De nuevo Barthes: "El lenguaje es una piel: yo froto mi lenguaje contra el otro. Es como si tuviera palabras a guisa de dedos, o dedos en la punta de mis palabras".

Mandato quiere decir "dar en mano"

Grano a grano se forman largas playas, / y luego viene el viento y las revuelve borrando las pisadas y los nombres. / Sin hijo, ni árbol, ni libro.

SILVIO RODRÍGUEZ

Ser. Tener hijos. Deber. Plantar árboles. Escribir libros. Obedecer. Tener árboles. Plantar libros. Escribir hijos. No ser. Deber ser... ¡Cuánta exigencia en ese "pasamanos" que implica llegar a ocupar un nuevo eslabón en la transmisión generacional!

Cumplir un mandato es aceptar razones oscuras que desconocemos, pero que nos inducen a dar respuesta. Recibir un mandato es oír una orden, una expectativa de otros sobre nosotros. A veces con mayor claridad y otras con escaso entendimiento. Muchas veces es cumplir —sin analizar ni pensar— aquello que nos aguarda como "la misión" que tenemos en la vida.

Mandatos familiares

Decimos que un mandato es un precepto mudo, una prescripción sorda, un bando que se ha colgado sin remache a la vista: está pegado sin chinches ni clavos a la estructura de un grupo familiar, por eso tiene valor de enigma y por eso tratamos toda la vida de entenderlo para complacer, sin comprender. Como en un laberinto y con los ojos vendados. Qué tarea difícil...

No se dicen a boca de jarro y a todas luces, no se expresan con claridad y buen tono, no se conocen porque fueron claramente explicitados: ¡hay que adivinarlos! Una tarea imposible... Los mandatos constituyen una suerte de disposición que se escribe con la sangre del clan y que se oye como si se gritara, pero es un mensaje oculto y sinuoso; un decreto callado que emana de un superior —al que tal vez no conocimos—, pero escuchamos; un mandato determina las expectativas sobre el cumplimiento de esa orden familiar que cala hondo en los descendientes. Es un mandamiento casi en el sentido religioso (o sagrado) del término, que los más jóvenes de una familia reciben de las manos de sus antepasados como una ofrenda (muchas veces a modo de "caja de Pandora"), es decir, algo imposible de soltar, algo que no terminamos de comprender.

Pasan los años, crecemos y sentimos una incomodidad que condiciona la libertad de actuar y de cambiar. Acotada la capacidad de elegir, seguimos a pie juntillas las órdenes que nuestra sangre nos dicta. Fracasamos. Nos enfermamos. Repetimos el guion. Antes de entrar en este árbol que nos pertenece, ya habían usado la tinta tan especial (espesa), real (por contundente, no por azul, sino roja y estridente) y casi siempre con intenciones de mantener la lealtad para acuñar el trazo que identifica a "los nuestros".

La palabra *mandato* deriva del latín *manus* ('mano') + *dare* ('dar'): hace referencia a un encargo que debe ser dado en mano. Conocemos otras palabras que se desprenden de esa misma idea madre, *mano*: mandamiento, mandado, manufactura, manuscrito, mando, manifestar ('hacer fiesta con las manos', linda palabra, ¿verdad?), emancipar ('salir de la posición de estar bajo la mano de otro o de su tutela'), maniobrar ('obrar con la mano'). Otra: mantener, contracción de *manu* ('mano') + *tenere* ('poder'): 'tener en la mano'. De ahí: "no morder la mano de quien te da de comer", o expresiones como "pedir la mano", "aquí mando yo" (es decir, quien tiene el mando).

Así, se entiende por mandato un tipo de contrato mediante el cual el mandante confía una gestión que debe ser cumplida por el mandatario. "Es un contrato consensual, bilateral, imperfecto, de buena fe y gratuito", agrega la

RAE, y nosotros completamos desde la psicología transgeneracional: firmado con tinta invisible, la sangre. La sangre del árbol.

También, el término *mandato* alude al 'acto o instrumento en que consta la facultad que alguien da a otra persona *para que en lugar suyo y representándole pueda ejecutar algo*'. El destacado en cursiva subraya la idea de una expectativa personal (a nombre propio) para que otro la tome y desarrolle (a cuenta ajena): los descendientes de ese linaje.

Como una "papa caliente"[14], lo que se espera de cada miembro de la tribu pasa y quema, da otro salto y requema en las manos de la siguiente generación, una y otra vez hasta que se aprende. Se repite porque no se ha tomado conciencia: el inconsciente vuelve sobre lo inacabado, lo irresuelto. Vuelve y se repite hasta que, en alguno de los tramos del recorrido generacional, alguien dice ¡basta!

Podemos aceptar unos condicionamientos y no otros, podemos llevarlos adelante por un tiempo y no por siempre: somos seres complejos y dinámicos; la humanidad ha evolucionado justamente por el vaivén entre esas dos características. Y si bien las culturas hacen que los sujetos manifiesten sus diferencias —determinada posición en asuntos relativos al amor, la familia, los vínculos extrasanguíneos, las religiones que varían socioculturalmente de un contexto a otro, como las creencias, los valores o los prejuicios—, todos estamos genéticamente programados dentro de la especie a la cual pertenecemos.

Hasta donde vemos...

Los humanos tenemos una onda de captación visual y auditiva limitada a nuestra constitución. Hay otras especies animales que ostentan diferentes ondas de captación visual, olfativa, etc. Lo que vemos y oímos creemos que es "todo", pero ese todo siempre es parcial y está acotado por nuestros paradigmas o "reflectores", con los cuales interpretamos la realidad. Nuestras antenas captan un sector de lo que acontece y desactivan otras zonas: lo que rodea al punto de referencia que no "sabemos" ver o aquello que no estamos capacitados para oír.

---

14 Al decir de Anne Ancelin Schützenberger.

Mandatos familiares

Es en la casa, que es siempre nuestra "primera escuela", en los silencios y actitudes que percibimos desde la infancia donde se construyen esos paradigmas con los que miraremos el mundo. La plasticidad ante los desafíos, la tolerancia al error, los límites de la libertad interior, la adaptación al cambio, la miopía del prójimo, la constancia en un proyecto, el fracaso en las relaciones, la modalidad de diálogo: todo se aprende en la mesa familiar y mucho antes de sentarnos a la mesa, en los rumores que nos llegan desde el vientre materno, en las voces que se dicen cerca de la cuna, y más atrás también. Desde la información programada que traen en su óvulo y su espermatozoide esos dos seres que entrelazados nos concebirán, y antes: de sus propios mayores y así hasta la última hilacha de la raíz...

Llegamos cargados de información. Luego, desde los modelos que exponen los mayores a nuestros ojos ávidos de comprender el ancho universo que se despliega ante nosotros, comenzamos la difícil tarea de "traducir" el mundo para comprender.

¿Qué nos conmueve? ¿Con qué nos escandalizamos? ¿Qué resuena en esa enfermedad heredada? ¿En qué situaciones podemos ser más permisivos o más estrictos "moralmente"? Todas las respuestas están en los contratos firmados con sangre familiar. Y, por supuesto, sin perder de vista que las familias son cada una diferente por clase social o culto, por crianza o intereses, pero comparten zonas de la misma cultura a la que pertenecen, contexto histórico y —sobre todo— biológicamente hablando, mi vecino y yo ¡somos más parecidos de lo que pensamos!

Los juicios de valor exceden la perspectiva personal porque los paradigmas de cada sociedad en su tiempo difieren respecto del concepto "la familia". En algunas culturas —todavía hoy— el número hace la diferencia: más mujeres y más hijos es un signo de poder; en otras sociedades, la monogamia, la elección de una pareja homosexual o la decisión de no tener hijos son conquistas individuales de libertad de no hace muchos años... Así de extremas son las opciones según los paradigmas de cada quien dentro de cada organización cultural. Y dicho esto agreguemos: la congregación humana, como "gran familia" dentro de la innumerable cantidad de especies animales y vegetales, es biológicamente un mismo ser. Son las adaptaciones y transformaciones filogenéticas a lo largo de la historia de la humanidad las que dan crédito a tal afirmación. En todas las épocas —con sus diferencias contextuales propias— las personas buscaron amarse, vincularse, aceptarse, luchar para defenderse; cuidar a "los propios", proteger a los débiles, compartir el alimento, armar la tribu, transmitir unas tradiciones...

¿Cómo no esperar lo mismo que "debe-ser" de acuerdo con nuestros paradigmas de quienes forman cada familia? Si siendo occidental veo con indignación el castigo de apedrear a mujeres adúlteras en ciertas culturas orientales, ¿cómo no va a perturbarme que mi hijo decida ser músico en un linaje de científicos u opte por ser célibe cuando todos los hombres del clan fueron siempre "tan machos"? ¿Por qué esperar una actitud solícita, amigable y comprensiva de los jóvenes hacia los mayores si de niños presenciaron el maltrato a los viejos?

Las expectativas son silenciosas y secretas, pero emergen a la superficie cuando vemos actuar, decidir, optar, opinar, tomar partido a los retoños más jóvenes del árbol genealógico, de manera opuesta a lo esperable por la progenie.

Nuestro comportamiento social e individual está regulado por pautas externas al sujeto, programado tanto biológica como culturalmente por quienes nos precedieron, pero tomarnos "esa sopa familiar", es decir, aceptar sin parpadear todos esos mandatos, implica pérdida de autonomía y libertad. El mundo gira porque hubo en cada época hombres y mujeres que dijeron NO al mandato oficial de turno.

El cuidado a la prole es una pulsión tan humana como optar por unirse al conjunto mayor en tiempos de peligro o adversidad. Los rituales de unión, cohesión e ideales comunes se fortalecen en tiempos de guerra, miseria, totalitarismos y abusos. Cuando la época de amenaza se diluye, cada cual regresa a su más absoluto individualismo. Vaivén histórico que nos arroja más de un ejemplo. Así le viene sucediendo al ser humano desde tiempos primitivos y así seguimos funcionando: los patrones de vinculación/desapego siguen el mismo paradigma. Entonces, ¿qué nos cohesiona más: la necesidad de grupo extendido o el pacto de sangre?

En el repertorio de gestos de las relaciones entre padres/madres e hijos/hijas se tejen los modos de vinculación que adoptaremos luego en el exterior del seno familiar. Aprendemos a comportarnos con los amigos, las maestras, el vecino, el jefe o el marido según fue el haz de los reflectores del hogar que nos iluminó cómo debe-hacerse: escuela, amigos, estudios, pareja, trabajo son espacios para actuar que se marcan desde la cuna.

¿Esto es determinismo? ¿Soy víctima de un destino inamovible? NO, por supuesto que no. La victimización no entra en este repertorio: cada uno puede y debe salirse del corral y volar como cisne. Es una tarea ardua. Pero merece la pena.

Traspasar "el mando" en una familia implica una responsabilidad y un destino. ¿Estamos siendo capaces de advertir ese peso que "amablemente" me "cedieron" en la cadena transgeneracional? ¿Qué habrías elegido ser/hacer de no haberte dejado atravesar como si fuera una lanza por el mandato de tu progenie? ¿Abogada o alpinista de altura? ¿Padre de muchos hijos, funcionario público o viajero, aventurero y nómade sin residencia fija?

La psicogenealogía nos abre inmensas posibilidades para reconocer esos canastos, cofres, mochilas, cajas fuertes que llevamos con nosotros como parte de la piel. A veces respondemos a mandatos por ser "dobles" de un ancestro (por fecha de nacimiento/concepción/muerte), o por tener el mismo nombre o las mismas iniciales; otras veces los mandatos se encarnan como una reparación de conflictos no resueltos por nuestros mayores. La memoria del clan siempre se hereda.

Memoria "reseteada"

A los antepasados de mi sangre y a los antepasados de mis sueños he exaltado y cantado.

JORGE LUIS BORGES

Nuestros mayores son los que fueron, los que nos narraron, los que imaginamos, los que intuimos... Son muchos y distintos a la vez. Yo sueño a mi abuela muerta en el parto en el que nació mi madre. Ni ella ni yo la conocimos. Ambas la soñamos. Alguna vez daré con su nombre que es todavía escurridizo, fantasmal...[15]

Más información que cualquier archivo arrojan los hervideros oníricos donde cocinamos las historias que nos quedan fragmentadas. La imaginación y la intuición completan esos huecos. La memoria aparece herida de datos falsos, incompletos y dispersos. El armado es siempre lento, creativo y abismal. Pero son los mecanismos que tenemos para *resetear* los orígenes. Cada uno a su manera refunda su linaje.

En algunas familias es más lineal, hay fechas y nombres. En otras, se van perdiendo o falseando los indicios verdaderos y todo el relato genealógico se siente amenazado.

Francisco Borges, abuelo paterno de Jorge Luis Borges, fue un hombre ligado a la encrucijada político-militar argentina.

---

15 Compartí esa experiencia existencial sobre la identidad y la falta de datos de mi abuela materna en *Secretos familiares*.

Corre 1874 y es tiempo de elecciones. El clima de tensión, con sublevados y traiciones entre los partidos, con acusaciones cruzadas de fraude, declaración de estado de sitio y levantamientos sucesivos de uno y otro lado, precipita ese momento histórico.

Sarmiento anuncia el inicio de la revolución. Mitre le pide por carta su baja del ejército nacional y se retira a la otra margen del Río de la Plata: desde Colonia del Sacramento comienza a organizar la revuelta. Nicolás Avellaneda asume la presidencia. Son tiempos convulsos.

El coronel Juan Francisco Borges parte de Buenos Aires a Colonia para unirse a Mitre. Hay quienes ven en este gesto una supuesta traición. La batalla no se hace esperar y un fuego de fusilería hiere a Borges, dos balazos en el pecho y la muerte.

¿Quedan rastros de aquella pólvora en la literatura del nieto escritor? En su *Autobiografía* narra así aquel episodio:

> En 1874 —durante una de nuestras Guerras Civiles— mi abuelo, el coronel Borges, encontró la muerte. Tenía entonces 41 años. En las complicadas circunstancias que rodearon su derrota en La Verde, envuelto en un poncho blanco, montó un caballo y seguido por 10 o 12 soldados, avanzó despacio hacia las líneas enemigas, donde lo alcanzaron dos balas de Remington. Fue la primera vez que esa marca de rifle se usó en la Argentina y me fascina pensar que la marca que me afeita todas las mañanas tiene el mismo nombre que la que mató a mi abuelo.

Escritura y narración reconstruyen el pasado y resignifican el presente. Borges creció escuchando el cuento de su heroico abuelo desde la voz de su padre, que casi no conoció al coronel. Pero es sin duda desde la voz de la abuela que armó el *puzzle* personal de su árbol genealógico. La figura de su abuelo crece en los míticos relatos que oye de niño. Fanny Haslam, la mujer del coronel, la abuela inglesa de Jorge Luis Borges, sobrevivió 61 años a su marido y crió sola a ese bebé de 7 meses, el padre del futuro escritor.

La inglesa y el coronel se habían conocido en Paraná hacia 1870: él comandaba las tropas que llegaron a la ciudad y aceptó el baile de recibimiento que le ofrendaba el pueblo. Guerra y amor se entrelazaron épicamente o al menos así lo imagina el escritor en sus textos.

Casi 100 años más tarde del acontecimiento fundante, que en los mandatos familiares podría traducirse como "somos la estirpe de los hombres de armas que lucharon por la patria", el escritor visita por primera vez esa tierra cargada de lanzas contra el indio y batallas de sangre entre hermanos. En el poema "Junín"[16] expresa ese desgarro de identidad: la división de los dos linajes, ser del mundo viril de las montoneras y hombres de a caballo, ser del linaje de la palabra y la escritura.

> *Soy, pero soy también el otro, el muerto,*
> *el otro de mi sangre y de mi nombre;*
> *[...] Vuelvo a Junín, donde no estuve nunca,*
> *a tu Junín, abuelo Borges.*
> *[...] Te imagino severo, un poco triste.*
> *Quién me dirá cómo eras y quién fuiste.*

Paradoja y diferenciación con los antepasados: ¿Ser como exige mi ilustre estirpe criolla y guerrera?, ¿responder a la rama oriental del abuelo paterno? O saltar el mandato y optar por otra definición que no se ata a la sangre: ¿Ser un hijo de la rama genealógica de los ilustres poetas que lo precedieron? Si bien hubo entre la rama materna algún escritor, Borges no está pensando en esos ancestros cuando plantea la disyuntiva, sino más bien en Poe, Stevenson, Shakespeare.

Entonces, ¿se puede pensar en un modelo de relaciones familiares sobre la base de un linaje "*off*-sanguíneo"? En toda familia hay un árbol real y un mito de origen. La sangre teje y desteje vínculos. Podemos sentirnos más hermanos de Kafka que del niño con quien jugamos en la infancia y lleva nuestro mismo apellido...

Consanguinidad y otros mitos

De todas las entradas a la "obediencia debida" a nuestro clan, nos centraremos en los paradigmas que estructuran algunos arquetipos. Se trata de modelos que nos

---

16 En Borges, *El otro, el mismo*, 1964.

imponen para expresar fidelidad al grupo que nos designó "herederos" de ese rol. ¿Para qué? Para que en la nueva versión, el personaje establecido intente una vez más resolver lo que quedó inconcluso en las generaciones que nos precedieron.

Hay que estar atentos al calendario, a las propias "zonas de turbulencia". Hay que estar preparados para tener la conciencia de una fecha clave que pueda dar alguna nueva pista sobre un conflicto irresuelto.

Nuevamente, tanto la ciencia como el mito —¡dos extremos!—, es decir, la epigenética y los cuentos infantiles, ofrecen mucho material para ilustrarnos. Erikson nos enseñó que la confianza original (la llamó "básica") es lo que permite una personalidad sana en un niño o niña que encuentra seguridad en la mirada del padre y en el apego a la piel de la madre. Desde la psicogenealogía decimos que la confianza es el tronco de un árbol nutricio, su sostén, la conexión entre las raíces y el ramaje: creer y entregarnos al refugio de quien nos debe dar confort emocional (ternura, cuidado) y material (alimento, abrigo). Pero no siempre ocurre así...

Decepcionada esta noción innata de confianza, empiezan a debilitarse los hilos que tejen el entramado del clan, los rigores impuestos a los vínculos sanguíneos parecieran entrar en contacto con otros fluidos que diluyen la esencia de "nuestra sangre". ¿Por qué a veces falla el comando del amor y la seguridad? ¿Qué consecuencias hay cuando la sangre —portadora de alimento— se transforma en canal tóxico, que mata? ¿Qué hacer cuando lo básico en la estructura familiar que nos debería cobijar huele a desconfianza?

Muchas expresiones del habla cotidiana (no agotaré el listado, cada uno puede agregar sus propias muletillas) remiten a la idea de "sangre", ya sea como sacrificio, unión al grupo, violencia impuesta, enfermedad o destino fijado.

Algunas: tracción a sangre, caballos pura sangre, quedarse con la sangre en el ojo, la primera sangre en la niña que se hace mujer, los pactos de sangre entre amigos, el sangrado emocional de una desilusión, la mafia que firma con sangre, la lealtad a la sangre familiar, el llamado de la sangre, la sangre es sucia (algunas culturas apartan por impura a la mujer en los días de menstruación), exigir pureza de sangre (la Inquisición o los horrores del nazismo tienen mucho para explicar), la sangre como maldición, conseguir un objetivo con sangre, sudor y lágrimas, hacerse mala sangre (y enfermar de leucemia o sufrir diabetes), escupir sangre (y denunciar con la tuberculosis el hartazgo de pertenecer a esa familia), disimular un moretón (acumulación de sangre)

Mandatos familiares

fruto de un golpe, hacerse diálisis para renovar la sangre, comer carne "jugosa" (sanguinolenta), vampirizar a quienes nos ayudan, ser dador de sangre o transfundirse, beber en el vino de la Santa Cena la sangre de Cristo...

La política y sus encendidos discursos: "No negociaremos sobre la sangre derramada...". La educación (que no se quiere quedar fuera del registro familiar) también levanta su bandera: "La letra con sangre entra" (*des-programar* querido gremio docente al que pertenezco, ya sabemos que la letra entra con amor, no con dolor). La literatura aporta lo suyo a la tinta roja: *En la sangre, A sangre fría, La condesa sangrienta, Bodas de sangre, La malasangre, Sangre y arena, El matadero* (no se dice pero se sabe)...

Y los caprichos... Recordemos que la palabra *capricho* deriva del italiano *cabra*, de los saltos alocados de este animalito de montaña, "loco", que no mide las consecuencias, caprichoso. Ciertos miembros de la familia descansan en el esfuerzo de otros (que se desangran) para obtener su combustible, bajo pretexto de no-poder-nunca y exigir-siempre-más. Nuevamente, como en el título de Esteban Echeverría, la sangre no se ve, pero quien trabaja el doble para asistir a los-que-no-pueden se refleja en el capricho de quien no mide sus exigencias, total (y el refranero lo declara con autoridad y sin vueltas): "Algún culo sangrará".

Y como la vida es ese péndulo entre lo soez y la poesía, sumemos ese otro polo a la necedad de los cómodos... Otros caprichos aluden a la aceptación de los requerimientos para acceder al deseo del ser amado. En "Capricho" —tal el título de ese poema de Alfonsina Storni— se oculta la mención a la sangre, pero es inminente que se derrame cuando ella le pide a su amado "espínate los dedos y córtame una rosa".

A la vista y fluyendo como un surtidor, oculta en sus venas y arterias, pero a punto de estallar cuando la presión se eleva, la sangre es portadora de mensajes secretos que debemos aprender a *des-programar*. Quedamos atrapados en una telaraña si nos atamos a los reproches ancestrales con sus voces condenatorias y culposas ("¿Le negarías esa posibilidad a tu hermano, que es tu sangre?", o "Deberías avergonzarte de sentir rencor hasta envenenarte la sangre". Sigan ustedes, queridos lectores... Esta enumeración podría extenderse por cien páginas...). Si permanecemos atados a la lealtad secreta, no saldremos nunca del laberinto que nos tiene encarcelados y —para peor— ciegos tratando de no ahogarnos cuando la sangre llegue al río...

Desovillar la madeja enredada que nos dieron al nacer. *Des-programar. Des-aprender* y empezar de nuevo. ¿Cómo se hace? El punto de partida es tomar conciencia, animándonos a ver aunque duela, aunque deje en evidencia o lastime a quienes se empeñan en cruzar una avenida muy transitada por autos a toda velocidad con los ojos cerrados. No tenemos obligación de dejarnos atropellar y pagar el alto precio que es sacrificar nuestra vida por ser leales al mandato de oscuridad, secreto o silencio.

Tomar conciencia es iluminar, ver, aceptar, relacionar episodios, dotarlos de sentido, hacer memoria. Recordar hechos "insignificantes" puede ser la puerta a la gran verdad tan anhelada. Hacer cuentas, tomar notas, revisar archivos, verificar documentos y fechas claves.

Cuando somos artífices de lo que deseamos, dejamos de ser actores dirigidos por un mal director de teatro.

Memoria oceánica

Hay situaciones en las que sentimos que defraudamos a nuestros padres si somos como deseamos ser, por ejemplo, si esperaban un varón y nacimos niñas, por complacerlos podemos "funcionar" como varoncitos. Para agradar y ser amadas, esas niñas se masculinizan. Lo mismo sucede a la inversa. Como sea, siempre nos ocasionan un peso impropio: esa carga es delegada sobre nosotros, no somos responsables de sus expectativas. Despejar, ver qué es mío y cuánto es "importado" abre la posibilidad de andar más libres y livianos de equipaje.

¿No se preguntaron por qué reaccionamos con tanta desmesura ante ciertas pérdidas (personas, objetos, mascotas, relaciones) que para la mirada de los demás resulta una emoción desproporcionada?

Tuve delante de mí situaciones verdaderamente impactantes cuando un consultante en plena elaboración de su genociograma (árbol genealógico narrado/analizado) gritó "¡Eureka!": estuvo siempre ahí, delante de su mirada y ahora recién lo ve. Una fecha, un episodio, una vieja memoria traída a flote en el mar de los recuerdos encubiertos encierra la respuesta...

Mandatos familiares

Hace unos meses conseguí reunir los datos: 19 años, italiano, soltero. Era *contadino* (agricultor), partió del puerto de Génova en el piróscafo *Re Vittorio* —una de las líneas asignadas al Río de la Plata—, arribó a Buenos Aires el 17 de julio de 1923. Mi abuelo Emilio Paris todavía no era mi abuelo, casi un adolescente dejaba su Rieti natal para nunca más volver. El ancho océano delante de él y todas las incógnitas desbordando la barandilla del barco, tercera clase, que cambiaría su destino. Y el mío. Dejó su tierra en verano, llegó en invierno a la Argentina. Y ese sería tan solo el primer gran contraste y vacío del exilio. El océano seguía allí cuando 38 años después sentí su mismo vacío: yo tenía 3 años recién cumplidos. Febrero, familia, vacaciones en Mar del Plata. Mientras hacíamos castillos de arena —mi primo Claudio es el gran compañero de infancia—, los adultos estaban tomando mate bajo la sombrilla. Veo esa "foto": mi mamá tomada del borde del moisés donde mi hermana de 3 meses dormía, mi tía Perla embarazada de Dani (nacería en junio).
Alguien nos dijo: "A ver, los dos de la mano para una foto". Claudio soltó el balde de lata en el que habíamos juntado piedras y caracoles, arena y agua. Lo apoyó en la orilla. Nos dimos las manos y... cuando quisimos regresar a la tarea de arquitectura imperial, el baldecito ya no estaba. Allá iba, alejándose con la furia del oleaje. Cada vez más inalcanzable. Lloré. Nada calmaba la pérdida: ni la promesa de uno nuevo, ni que niños del otro lado del mar lo encontrarían y rescatarían, ni que los peces lo usarían de refugio en las tormentas... Una vieja memoria ancestral regresaba y me inundaba ahí, parada en el borde de la angustia, sin saber por qué era tanto y tan inconsolable el naufragio de aquel recolector de castillos. Partir y no tener boleto de regreso. Es el primer desgarro que recoge mi recuerdo. Viví dramáticamente ese episodio inicial de ruptura, adioses, ausencias de mi biografía.
Pasaron los años, hubo más vacaciones, otros mares, arenas lejanas. Lecturas evocativas de vivencias tan personales: "Por las playas de este planeta habré pasado la mayor parte de mi vida, tal vez inútilmente empeñada en recoger mares en un baldecito", leí en la *Autobiografía* de Silvina Ocampo, hace unos meses.
En octubre de 2014, estuve nuevamente en Italia, pero por primera vez me acercaba al puerto de Génova. Ahora con los datos del barco de 7847 toneladas que trajo a mi abuelo a América tenía que pararme frente a esa porción de mar, en esa misma perspectiva. Me

inundó aquella misma emoción infantil cuando la pérdida se hizo presente. Yo estaba donde el joven Emilio había partido. Sin ese viaje oceánico no habría comenzado parte de mi existencia. En el *Re Vittorio* —llegaba una rama de mi árbol, rama descuajada de su tierra original— muchos como él soñaban y sufrían. Imaginé a mi abuelo casi un niño, maleta pequeña, ilusiones (y miedos) grandes. Como mi balde infantil, algo quedaría suspendido en la memoria navegando generaciones enteras. Y comprendí que no fue "un empeño inútil": negocié con la historia y estuve en paz. Entregué dichosamente mi balde de castillos infantiles —y así lo dejé partir sin más lágrimas— a cambio de otra recompensa. Simbólicamente, algo mío regresaba al mar como pago de una deuda... Lo solté y exhalé toda la sal en homenaje a Emilio.

¿Te preguntaste si hay alguna conexión entre ese objeto que te trae asociaciones con determinado estado de ánimo y cierto episodio traumático? ¿Advertís que en presencia de algunos miembros de tu familia te surgen sentimientos difíciles de controlar? ¿Creés que la potencia de algunos recuerdos muestra que sigue en el centro del pecho la emoción bloqueada en la niñez?

Poner en la conciencia algunos puntos de contacto de los sucesos biográficos con la memoria ancestral trae revelaciones luminosas...

Recordar

Muy pronto desperté de este olvido.
Apresuradamente, puse en su lugar una memoria.

ROLAND BARTHES

Al fin y al cabo, al recordarse, no hay persona que no se encuentre consigo misma.

JORGE LUIS BORGES, "EL OTRO"

Recordar y *despertar* —antiguamente— eran sinónimos. *Recordar* significa también *despertar*. Los pueblos tienen un acervo valioso en el uso de ciertas palabras, algunas acepciones y usos se van perdiendo con la modernidad, pero recuperar desde las raíces los sentidos acumulados ofrece maravillas. Hubo un tiempo en que la palabra *recordar* encerraba un saber secreto. En la Argentina y otros países de América, y ciertas zonas de España como León y Asturias —en las zonas rurales, especialmente—, la expresión que usaban los mayores al irse a dormir una siesta era: "recuérdenme antes de las cinco" o "me recuerdan a la hora de la merienda, por favor". Querían decir que los despertasen.

Cuando nos decidimos a un ejercicio de la memoria, se pone en juego una instancia de despertar. La historia de esta palabra remite a un verbo que alude a repetir, reiterar. De *expertus*, 'despierto', el latín vulgar forma la palabra *expergitare*, 'despertarse'. No podemos despertarnos iterativamente, reiteradamente sin el intervalo previo de dormirnos. Es decir, salir de la oscuridad de la noche y despertarse e iniciar un nuevo día implica ser "experto". Alguien experto es alguien despierto: avisado, acordado, en estado de vigilia, atento, espabilado, sabio, ducho, en algún saber.

La Real Academia nos permite ampliar esta cartografía de quienes quieren *des-programar* sus mandatos secretos con las acepciones de *despertar*: 'cortar, interrumpir el sueño a quien está durmiendo. Renovar o traer a la memoria algo ya olvidado. Hacer que alguien vuelva sobre sí o recapacitar. Mover, excitar. Dejar de dormir. Dicho de una persona que era ruda, abobada o simple: hacerse más advertida, avisada y entendida. Suscitar asuntos o temas para que alguien se mueva a hacer o decir lo que no pensaba'.

Y la literatura del siglo XV ya lo dijo magistralmente en la voz de Jorge Manrique, en las *Coplas por la muerte de su padre*:

> *Recuerde el alma dormida,*
> *avive el seso e despierte*
> *contemplando* cómo se pasa la vida
> *cómo se viene la muerte*
> *tan callando...*

Que la vida no se nos pase callando, secreteando y ocultando. Avivemos el seso. Despertemos. Recordemos. Revisemos verdades cristalizadas por un saber obsoleto. La ciencia clásica nos impone muchos paradigmas que reniegan del sujeto y solo aceptan lo comprobable/demostrable. Hoy es la epigenética, la rama de la biología que toma en cuenta la incidencia del medio ambiente, el entorno y las emociones. Es la ciencia que nos acerca un despertador para recordar que tenemos la posibilidad de despertar a una conciencia nueva.

II
Psicogenealogía y epigenética

El Proyecto Genoma Humano no alcanzó a cubrir tantas expectativas, ¿entonces?

Revisar los paradigmas.

El poder del entorno y cómo cambiar de película

*Todo lo que no es reconocido
vuelve bajo forma de destino.*

C. G. JUNG

¿Qué es la epigenética?

A pesar de que todavía no podemos cambiar la información que contienen nuestros genes, sí que podemos cambiar nuestra forma de pensar.

Bruce Lipton

La epigenética está en pleno desarrollo. Todo lo que expresemos está en movimiento permanente. Por eso puede ser provisorio, pero esa condición de provisionalidad es propia de todas las investigaciones y debería ser el lema de toda la ciencia. Lo que ayer fue verdad (la Tierra es plana) hoy es un disparate.

Definamos el nombre de esta nueva aproximación al conocimiento: la epigenética. Es una corriente de la biología que estudia la influencia del medio y las condiciones exteriores sobre los genes. Este "control sobre la genética" encierra un mensaje interesante para sumar interpretaciones que otorguen sentido a los sucesos y vivencias: los genes no determinan nuestro destino como una firma indeleble, inamovible. No hay destino prefijado y trágico. Pensar nuestra existencia desde ese punto de vista es patológico.

La creencia más sostenida desde la ciencia newtoniana determinaba que los genes tenían todas las riendas del sujeto. Hoy, la teoría del genoma humano, el poder del ADN y las implicancias de la "herencia" de la sangre se han puesto en examen desde la física cuántica y la nueva ciencia biológica. Digámoslo de entrada: las influencias del entorno —nutrición, estrés, emociones— pueden modificar los genes y transmitirse a las nuevas generaciones. Lo retomaré más adelante. Por ahora, alcance como línea de aproximación decir que los patrones que incorporamos como "la verdad" en nuestra apreciación del mundo nos gobiernan, hasta que decidimos hacer un cambio. ¡Y eso es una muy buena noticia!

Proyecto Genoma Humano

El Proyecto Genoma Humano no alcanzó a cubrir tantas expectativas como las que supo estimular en su momento. Las presuposiciones científicas sobre la genética clásica se derrumbaron. Que la genética controle todos los factores de la biología de un sujeto, que los genes expliquen todo por sí solos —como una gran computadora de la herencia— ha sido rebatido por las últimas investigaciones epigenéticas.

La epigenética es la síntesis entre la biología celular y la física cuántica. Nuestro organismo es energía y puede cambiar si modificamos nuestro modo de pensar/sentir. Profundicemos un poco en esta perspectiva que revoluciona a la ciencia hace menos de diez años de manera más masiva y cuyo alcance —para los mortales que no manejamos en nuestro saber la elaboración de fórmulas, constitución del átomo, las mil vueltas del ADN— apenas podemos comprender. Este saber no es para montar un laboratorio, sino para movernos del lugar de víctimas: "adolezco de diabetes porque mi abuelo...", "sufro de asma como mi madre que...", "soy así porque en mi familia...".

Mientras que todavía hoy los libros de texto escolar enuncian la teoría tradicional sobre la biología de la célula desde el punto de vista molecular, la epigenética se centra en los patrones químicos-electromagnéticos y postula que la energía de las emociones y las creencias puede afectar nuestra biología.

La biología de las creencias

Bruce Lipton es médico, biólogo celular, doctor e investigador en la Escuela de Medicina de la Universidad de Stanford. En 2005 conmocionó el paradigma científico con su libro *The Biology of Belief*, que años más tarde se tradujo al español con el título *La biología de la creencia*. Hace poco tiempo quienes trabajamos desde la psicogenealogía empezamos a tomar contacto con esta línea de investigaciones[17].

---

17 Agradezco a la doctora especialista en endocrinología Alejandra Rodríguez Zía la recomendación de la lectura de este libro.

La biología de la creencia, la obra más reconocida de Bruce Lipton, es un ensayo sobre nueva biología que plantea estas cuestiones sobre el determinismo genético, la influencia del ambiente y la felicidad.

La base de los estudios de Lipton es la física cuántica: su postura revela que la mente puede controlar las funciones del cuerpo. O dicho de otra manera: que nuestro cuerpo, los vínculos y el mundo pueden modificarse si cambiamos nuestro modo de pensar y si "viajamos" a otro medio ambiente. Lo genético influye en lo conductual y las conductas modifican la base genética.

Es, efectivamente, ese elemento —el medio ambiente— el que controla el comportamiento y la fisiología de la célula, "apagando" y "encendiendo" unos genes u otros. Para la física cuántica —trasladada a la biología— es posible que, si modificamos nuestras creencias, aparezcan nuevas probabilidades del universo cuántico interactuando con las células de nuestros cuerpos y logrando diferentes expresiones de orden genético. La postura que considera lo "medioambiental" hace referencia tanto al útero materno como el mundo del afuera; cada contexto es un "ambioma" (es decir, el medio ambiente en el que nos desarrollamos).

Ese contexto es siempre cambiante, múltiple e infinito de opciones: los efectos del ambiente sobre el sujeto valen tanto para la salud como para las enfermedades, para las capacidades como para las inhabilitaciones. El "ambioma" genera consecuencias: está sobre lo genético. Eso es la epigenética.

Las creencias controlan nuestra biología. Para la epigenética, ciencia y creencia van de la mano. Lipton propone su perspectiva en consonancia con estos hallazgos. Su tesis es que cuanto mejor sea el ambiente, cuanto más positivas sean las creencias, más salud tienen las células a nivel individual y colectivo.

"Tus creencias actúan como los filtros de una cámara, cambiando la forma en la que ves el mundo. Y tu biología se adapta a esas creencias. Cuando reconozcamos de una vez por todas que nuestras creencias son así de poderosas, estaremos en posesión de la llave de la libertad"[18].

Una creencia es una "verdad" sellada que nos impide ver otras facetas de la misma realidad. Las incorporamos a nuestra vida desde que nacemos.

---

18 https://www.youtube.com/watch?v=_zdfpA1Kxj4

El medio ambiente en el cual crecemos genera estos mandatos que vivimos como Leyes Absolutas: los hijos unen a un matrimonio en crisis, los caribeños son menos trabajadores que los europeos, los empresarios son todos corruptos, tener un diploma de tal universidad nos hace más sabios, la hija mayor debe ocuparse de sostener a los ancianos...

A estos paradigmas personales, de pensamiento rígido y estrecho, se suman las verdades cristalizadas por la cultura. Para Lipton, las personas no pueden ser rehenes de unos postulados obsoletos que se esfuerzan por seguir en el poder para continuar con los beneficios de unos en contra de otros. Por ejemplo, él declara que la industria farmacéutica no acepta las evidencias de los avances epigenéticos porque si todo es energía, aún no pueden envasarla y venderla. Con un cambio de creencia puedo decir: "Si estoy enfermo y modifico el entorno, busco salir del ambiente tóxico, puedo sanarme sin medicamentos...". Esta nueva creencia sanadora no le conviene a los laboratorios...

Cuando el cerebro cambia su posición, reinterpreta el entorno, decide modificar sus creencias, se transforma la química de la célula que responde al nuevo campo energético.

Verdaderamente asombroso, pero estamos asistiendo a conceptos que la humanidad ya conoce: la espiritualidad en cualquiera de sus "formas" (mística, religiosa, apoyada en el ritual de las plegarias o el valor de la oración) nos viene informando de esta cualidad de las emociones desde los orígenes del tiempo. ¡La novedad arriba en la comprobación científica de un saber milenario!

Cambiar los programas grabados en nuestras células comienza con la toma de conciencia, pero registrar la nueva información no alcanza, debemos transformar los hábitos, hacer un trabajo profundo con nuestro inconsciente.

Cambio de foco

¿Qué dice la ciencia? Grandes Leyes, Postulados Universales, Saberes Únicos... Todo en mayúsculas, pero sus bases empiezan a desmoronarse. Y eso es muy bueno: hoy lo multidisciplinar está más en dinamismo que nunca.

La psiconeuroinmunoendocrinología es una de las aglutinaciones de ciencias que integran en lugar de dividir al ser humano. O para decirlo más cerca de Freud, parece que los investigadores tuvieron que poner una mirada más en fase "poética" y menos en clave "exacta" para dilucidar tantos misterios, empezando por la vida misma.

Ahora los estudios nos informan sobre el aprendizaje que toda célula realiza a partir de la experiencia, del reservorio de datos que adquiere en contacto con el medio que la rodea, y de cómo actúa la memoria almacenando información para utilizarla cuando la situación requiera volver a un suceso ya pasado[19].

Y esta definición que asombra y maravilla surgió de los primeros pasos sobre el estudio del genoma humano. Los resultados fueron incompletos, perturbadores e inquietantes: compartimos genes no solo con nuestros antepasados, la familia, sino con nuestros ancestros más lejanos, los humanos en general. Y más: no solo con los de mi clan o con la especie humana, también compartimos genes con otras especies: un ratón o una lagartija.

Entendida como una revolución paradigmática, la epigenética nos coloca en un rol de responsabilidad y ejercicio de la libertad, reclama el abandono de reduccionismos; impacta directamente en el modo con que concebimos la noción de sujeto y de mundo, de trauma y de estrés, de salud y de felicidad, de fortaleza o vulnerabilidad, de maternaje y de paternaje; se constituye en un giro absoluto de la ciencia y de la implicancia relativa de lo hereditario.

El ambiente familiar más estrecho, el social más cercano, el mundo más abierto de redes y relaciones, oportunidades y apertura conforman el "ambioma" facilitador de cambios.

Cada vivencia almacenada vuelve a ponerse en marcha cuando un suceso reclama tomar la experiencia anterior para afrontar lo nuevo. Las alergias son un buen ejemplo: un gen que carga con la hipersensibilización ante un hecho conflictivo volverá a desencadenar los mismos síntomas cuando deba atravesar situaciones de reminiscencia conocida. La memoria física genética nos construye y el medio ambiente nos modela. Desarrollamos más o menos plasticidad para romper lo ancestral o adquirir lo nuevo, eso ya depende de cada uno...

---

19 Los postulados son tan radicales que hasta aseguran que la memoria de una célula sigue "activa" aun en una persona que haya recibido la donación de un órgano.

Resiliencia y epigenética

La psicoterapia más actual es integradora, multidisciplinar, multidimensional. Reconoce un postulado básico de las neurociencias: la plasticidad del cerebro para crear nuevas conexiones. Aprecia los aportes de la descodificación biológica como estrategia para detectar el origen de la emoción bloqueada y su respuesta física. Sabemos que al legado ancestral que nos empuja a repetir por una y otra generación el conflicto del clan, lo liberamos tomando conciencia, dotando de sentido al suceso que vuelve a hacerse presente, que se repite hasta el cansancio para tomar la posta de lo irresuelto por nuestros mayores.

Y sabemos, también, que no somos rehenes ni víctimas del peso ancestral si decidimos ver, oír, hablar, salir de la cripta que esconde los secretos de familia. ¡Podemos reescribir nuestra biografía genética! ¡Podemos reprogramar desde los recursos internos las creencias que nos enferman! (Sí, ya lo leíste unas páginas antes, pero quiero, necesito repetirlo).

¿Por qué dos hermanos son tan diferentes si provienen del mismo núcleo familiar? ¿No corre la misma sangre y tienen el mismo ADN en esta tribu? ¿Por qué podemos ser más parecidos a los amigos que a los hermanos?

La epigenética sugiere que cambiando el "ambioma" se producen alteraciones en la cadena molecular. Con ejemplos resulta mucho más sencillo: una mujer embarazada en el 5º o 6º mes de gestación, al momento de estallar las Torres Gemelas, vivió un impacto emocional que mutó su cadena hereditaria como consecuencia del shock traumático. Aquellos niños nacidos tras ese impacto tienen hoy menos de 20 años. Necesitaremos que la historia y las investigaciones avancen en este sentido para evaluar el efecto postraumático en las futuras generaciones[20]. Hay efectos traumáticos (el atentado) que se pueden transmitir químicamente a los hijos, aunque estas consecuencias no se vean tan fácilmente en unos pocos años de seguimiento.

Pero sí tenemos otros episodios para ejemplificar con más tiempo entre lo ocurrido y el presente: guerras, holocaustos, campos de exterminio, hambrunas. Muchas personas que fueron concebidas, gestadas y nacidas en un

---

20 http://www.epigenetica.org/rachel-yehuda-johnatan-seckl-holocausto-y-11-s/

"ambioma" cuya situación emocional estaba perturbada asumieron patrones de conducta, paradigmas y percepciones que modificaron la antigua estructura hereditaria. Lo ambiental se cruza con lo genético y produce cambios. Las emociones descargan sustancias químicas en nuestro organismo y dotan de información ya sea tóxica o sanadora a nuestro sistema inmunológico. La farmacia interna está al alcance de la mano, ¿y si la empezamos a valorar?

Pienso en Boris Cyrulnik[21], el gran maestro de la resiliencia. Deportado en la infancia por judío junto con sus padres; luego, niño huérfano, perseguido, adoptado por una familia de campesinos analfabetos, podría haber desarrollado una vida muy diferente de la que construyó este psicoanalista especializado en curar el trauma infantil. Tras varias redadas policiales, trabajos precarios, usando un nombre falso resistió hasta el final de la Segunda Guerra. En París lo asistió una tía. Cada experiencia modeló su personalidad. Todo este transitar no estaba en su ADN. Supo del dolor y lo transmutó en trabajo para cuidar a los que sufrían —como él sufrió— desamparo e intemperie emocional.

El medio ambiente "nos termina de hacer". Borda nuevas puntadas al modelo que traemos con el nacimiento. Nada está predeterminado de una vez y para siempre. Y muchos cambios (positivos o negativos) en un sujeto se inscriben luego para volver a ser transmitidos a sus descendientes. Cada persona es un palimpsesto: un conglomerado de "textos" impresos y sobreimpresos en la piel, en las células. Disponibilidad, adaptación, flexibilidad, incorporación de lo ajeno y de lo diferente: en esa multiplicidad radica el poder del factor ambiental sobre el genético.

Mariana Pineda. Romance popular en tres estampas, estrenada en 1927, de Federico García Lorca. Tengo ese libro frente a mí: Losada, edición amarillenta de 1972. Yo cursaba mi 2° de bachillerato en el Instituto French de Ramos Mejía. Tenía 14 años y en esa clase de literatura, Evangelina Folino, mi profesora, sembraba una semilla.
Sobre el pupitre, la obra de teatro. Como un embrujo, bebí esa "sopa de sueños", imaginé que podía elegir quién ser. Y nacía mi

---

21 En la Bibliografía cito su obra.

vocación. Tengo esa foto clarísima en mi memoria. Oigo la voz de Evangelina. Sé que quiero ser como ella cuando sea grande. Sé que me quiero quedar en el aula escuchando todo el día los textos de García Lorca.

Todas las escenas de sangre y dolor me parecían soportables al lado del clima de hostilidad que se adueñaba de mi casa. ¿Qué pasaba en mi familia por entonces? Esa otra foto la tengo más *movida*... Moría mi "abuela materna", a quien llamé "abuela", Sara, la que ocupó el lugar de mi abuela biológica desaparecida.

Mi padre —como siempre— estaba ausente por largas temporadas, pero cuando estaba en la casa, era vivir en un alerta permanente ante la inminencia del malhumor y la catarata de violencia. Mi hermana todavía no había empezado la secundaria. Mi madre todavía se ocupaba solo de las tareas de la casa. Todavía —a pesar de todo— parecíamos una familia. Fue antes del gran tsunami de 1974.

Mariana Pineda se incrustó en mi memoria afectiva como un relámpago: me emociona verme decidiendo la vocación de estudiar literatura, sentir que había captado que, para Evangelina, lo que yo leía, mi modo de leer, lo que yo decía podía tener algún sentido. Y que para mí era importante lo que decía el poeta granadino: hablaba de amor, de libertad, de una heroína que abandonaba todo —hasta su propia vida— por defender sus ideales.

También tengo ante mí unas hojas de carpeta marca Rivadavia, de aquel año, con un trabajo práctico de interpretación y análisis. (Me pregunto cómo sobreviven algunos objetos a lo largo de viajes, mudanzas, exilios y fugas...). Veo mi letra azul tinta lavable, una letra adolescente opinando, argumentando sobre temas como "lealtad", "muerte", "pueblo", "compromiso", "patriotismo" (me sonrío, me da ternura 45 años después leerme en ese fervor por explicar lo que apenas comprendía...). Leo la letra de mi profesora, en tinta verde: "10 (diez). Excelente lectura. Fundamentación, estilo personal y creativo. Te felicito. Seguí leyendo con tanta pasión". Y un garabato, su firma. Y fue el rescate de mi voz en medio de una selva de silencio, fue aparecer desde abajo de la timidez, fue el renacer desde la invisibilidad donde me refugiaba. Estado de resiliencia pura. En aquel momento no sabía ese nombre, pero sí viví sus efectos. Alguien me reconocía y me alentaba a continuar.

Mandatos familiares

En una casa donde se descalificaba todo lo que hacían las mujeres, donde reinaba el temor, donde se escuchaba ese murmullo de tensión habitual, la historia dramática de Mariana Pineda era la posibilidad de cambiar mi escenario por otro lejano, en verso, lorquiano, ajeno y emocionante.
Sentí el palpitar de ese personaje, una mujer especial en la historia española que en la obra de Lorca recobraba vida poética. La biografía de Mariana —relatada por Evangelina— me tenía en éxtasis. Era una vida con todos los matices para amar a esa heroína: hija natural, despreciada socialmente, huérfana de padre y de madre desde niña, criada por unos tíos, estafada y desheredada por la familia, casada a los 15 años con un hombre once años mayor que ella, viuda a los 18 y con dos niños a cargo... Y, además, militante a favor de la causa revolucionaria, valiente al dar refugio en su casa a liberales perseguidos. Acusada de conspiradora, es condenada al cadalso y ejecutada a los 26 años. Se la acusaba de un grave delito: bordar una bandera revolucionaria donde se leía: LEY, LIBERTAD, IGUALDAD. *En la bandera de la Libertad / bordé el amor más grande de mi vida.*
¡Cuánta emoción para una sola vida!
¿Cómo no iba a impactar en una chica como yo esa historia escrita con ritmo de verso andaluz? Me sentí afín a su lucha contra el absolutismo y a sus ideales de liberación. Abracé esas tres palabras bordadas clandestinamente. Me sumergí en toda la obra de Federico y volví a encontrar esa pasión. *Granada triste está / porque Mariana de Pineda / a la horca va.* Esa bandera a medio bordar y las palabras de un posible lema fueron suficientes para imputarla del delito de rebelión contra el monarca.
Yo era adolescente y supe que la transformación podía ser posible, que el sueño debía trascender a cualquier mandato. Leí en ella el símbolo popular de la lucha contra la falta de libertades, la represión brutal, el abuso de la fuerza sobre la mujer y la mentira de las canciones de ronda: *Que sepa coser, que sepa bordar...* Claro, siempre y cuando —con su bordado— no atentara contra lo establecido. Mariana Pineda, la inconforme, la rebelde, la distinta —como Alicia, como Juana de Arco—, hizo de su sueño, su lucha con dos armas: el amor y la libertad.

Me dediqué —por fin— a la literatura gracias a haber sentido ese chispazo de luz que me regaló Evangelina en aquella clase del suburbio bonaerense. Como sucede en una familia, que al abrigo de la misma llave genera personalidades diferentes en cada integrante, igual sucede en un aula: otros compañeros habrán vivido con más o menos indiferencia esas horas de clase. Yo sentí un llamado y fui tras él...

Cuando visité Granada por primera vez en 2002, traje a mi memoria afectiva esos versos cantados por los chiquillos del pueblo blanco: *¡Oh! ¡Qué día tan triste en Granada, / que a las piedras hacía llorar / al ver que Marianita se muere / en el cadalso por no declarar!*

La vida es una permanente obra de teatro donde somos directores y protagonistas, donde siempre tenemos la posibilidad de cambiar el "texto" escrito por otros e inaugurar la propia letra, con tinta azul lavable/borrable, es decir, abierta a nuevas reescrituras cada vez que queramos dar un giro al mandato acotado, al guión preestablecido, cortito y de vuelo bajo... cada vez que decidamos vivir la infinitud del sueño.

Me gusta la expresión de Cyrulnik: resiliencia es ofrecer andariveles afectivos a quien está al borde del abismo, para que se sostenga. Soy una afortunada: mis andariveles afectivos (la literatura entre ellos) siguen sosteniéndome...

Los genes alterados o mutados pueden heredarse

Para revisar nuestros deseos, fracasos, vocaciones o enfermedades desde la lectura de los árboles genealógicos, la epigenética nos trae una valiosa herramienta de análisis: los sujetos no somos apéndices de los progenitores, no traemos como una maldición esa herencia de salud débil y torpeza para manejar máquinas o la bendición de facilidad para ejecutar el bandoneón. La evolución de las personas depende más de la interacción entre las especies que de la interacción entre los individuos de una misma especie, depende más de la relación con los "ajenos" a mi tribu, que de los mandatos a la endogamia. Mirar solo hacia adentro de la tribu empobrece, decir siempre "yo con los míos" cierra el ancho mundo que hay por delante.

La ciencia nos dice que existen enfermedades que son causadas por un gen, sin embargo, esta herencia no supera el dos por ciento de las enfermedades que sufre la población mundial.

El doctor Wolf Reik habla de mundo genético "fantasma" para referirse a ciertos "interruptores" que pueden activar o silenciar determinados genes. La diabetes, la insuficiencia cardíaca y muchos tipos de cáncer no son el resultado de un solo gen, sino de la interacción entre múltiples genes y, además, de la influencia de los factores medioambientales. En una misma familia puede "encenderse" una dolencia que por el entorno se "apaga" en otro miembro de la familia. Igual genética no es garantía de evitar o contraer una enfermedad.

Entonces, digámoslo una vez más: los genes no están encriptados ni blindados. Cualquier cambio del "ambioma" afecta a la forma de actuar de los genes, y eso se puede heredar transgeneracionalmente. Lo que experimentamos se inscribe y afectará a nuestra descendencia. Las *epimutaciones* pueden dar origen a ciertos trastornos luego hereditables o explicar las diferencias entre gemelos que comparten las secuencias de ADN: según cómo se impriman las transformaciones genéticas, será la forma de manifestarse. Esa marca es dinámica, personal y ancestral a la vez. Se configura como una etiqueta, *imprinting*, impronta, y asume con mayor intensidad la memoria de origen, ya sea materna o paterna.

¿Descodificar es la receta de oro?

En consonancia con estos postulados, la biodescodificación se orienta hacia la comprensión de un síntoma buscando el primer impacto que hizo huella en el cuerpo y el alma del sujeto. Es una línea de trabajo que no implica desautorizar otras. Es una perspectiva de análisis que viene a completar la mirada compleja de quien escruta a alguien que sufre física o emocionalmente. En este mismo sentido, la descodificación biológica nos propone que podemos cambiar, transformar, mutar lo que traemos como impronta, podemos eliminar los signos orgánicos de un bioshock emocional, es decir: trascender la emoción que enferma, estar abiertos a la pregunta: "¿Para qué mi biología se expresa así?".

Con la Nueva Medicina Germánica de Hamer y con la bioterapia del doctor Christian Flèche sabemos que, ante una situación de conflicto, la emoción se aloja en un órgano. Más que la experiencia que nos afecta es cómo vivimos ese hecho que impacta inesperadamente, de forma angustiante, que se percibe sin salida y se vive en soledad. En ese biochoque está el origen de la dolencia. La enfermedad aparece como una vía de solución que reclama atención, es una primera expresión en busca de la resolución del conflicto.

Cuando quien enferma es un niño o niña hasta los 6 años, la búsqueda del conflicto debe centrarse en los padres: el episodio traumático puede venir aun 9 meses antes del momento de la concepción. Cuando los padres se biodescodifican, la situación del hijo se transforma: si el infante sufría de asma, cederán las crisis asmáticas cuando el progenitor enfrente ese miedo que lo asfixia, o cuando la pareja advierta el nivel de violencia que el niño presencia, etc.

Si bien este paradigma de la salud resulta novedoso y alternativo, no descree de todos los descubrimientos que por siglos se vienen haciendo sobre la enfermedad y sus orígenes. Estos postulados aportan numerosos recursos para intervenir ante un conflicto, generan una toma de conciencia sobre la enfermedad, obligan a no seguir distraídos ante repeticiones de síntomas.

Vale la pena revisar la salud y su manifestación en la crisis (que llamamos "enfermedad") bajo esta óptica. Pero siempre es necesario reafirmar que nada es una panacea. Cada sujeto es único. Cada tratamiento es único. No hay manuales absolutos ni leyes absolutas. De creerlo así estaríamos contradiciendo lo que estas nuevas disciplinas plantean: mirada holística, apertura, integración, conciencia, pluralidad de aportes.

Cada vertiente teórica intenta una entrada sanadora, algunas más válidas y otras más cuestionables. A esta altura del libro, es fundamental que exprese con mi mayor responsabilidad la difusión de estos conocimientos: ante quien sufre una enfermedad, gobierna el sentido común. Hoy la medicina y los modos de diagnosticar/tratar —cambiantes y repensados en cada evolución científica, caducos en unos principios y de avanzada en cada época— deben evaluarse a la luz de lo que cada paciente presenta, necesita y está dispuesto a tolerar.

Podemos criticar la ideología que sostiene a los laboratorios, podemos disentir de ciertos parámetros de la ciencia actual, discutir los alcances de la medicina alopática, despreciar prácticas que someten a tratamientos indignos al doliente, pero nada nos habilita a no respetar aquellas búsquedas que cada paciente elija.

En mi caso, brindo este panorama abierto de postulados más novedosos con afán de nutrir nuevas informaciones y permitir el libre discernimiento de cada quien. Creo en la virtud de remover creencias personales que hacen daño y que hoy ya han sido superadas. Pero el ritmo para esos cambios es propio, subjetivo, intransferible.

Hoy aceptamos con mayor permeabilidad nuevos enfoques alternativos, y eso enriquece la mirada pluridisciplinar. El sujeto es de una enorme complejidad para pretender que una sola línea de pensamiento dirija monolíticamente "La Verdad". Una entelequia. La verdad nunca es única ni se agota en un solo modo de ver la "realidad".

Desde el psicoanálisis transgeneracional...

Sin embargo, es honesto plantear mi postura al lector: sostengo mis apreciaciones desde el psicoanálisis, desde mi especialidad, la psicogenealogía, sin desmerecer otros enfoques más tradicionales o más vanguardistas. Y como creo firmemente en el poder de las emociones y en la transformación sanadora de revertir el impacto nocivo de ciertas creencias, insisto en mi postura.

En dolencias presentes, aliento a buscar ese detonante antiguo que ha puesto en marcha nuevamente un drenaje de la herida. Sabemos que hay emociones bloqueadas que provienen de más lejos y de más atrás, que superan a los padres y se enlazan a la memoria transgeneracional.

Ante el conflicto actual siempre hay una pregunta-llave: "¿Desde cuándo?". Revisar el tiempo entre la manifestación y el choque imprevisto emocional depende de una toma de conciencia y de una apertura a la propia mirada interior.

La epigenética demuestra que los traumas, las creencias y las emociones vividas por nuestros ancestros se heredan. Los genes no solo condicionan el color del pelo, la altura o una predisposición a la diabetes, en ellos van incluidas experiencias buenas y malas que hacen que nos enfrentemos a la vida de una determinada manera.

No hay un destino prefijado, no hablamos de determinismo genético ni todo es cuestión del ambiente. Somos de una complejidad tal que solo aceptando la suma de los descubrimientos y aportes estaremos en condiciones de acercarnos —en parte— a ese misterio que es la vida, a ese universo que nos habita como personas.

Animarse a narrar la propia patografía

He atravesado varios géneros de salud y sigo atravesándolos. Y en cuanto a la enfermedad: ¿no nos sentimos casi tentados a preguntarnos si podríamos vivir sin ella?

F. NIETZSCHE

Ya no podemos dejar de considerar el poder que tiene el inconsciente para determinar cómo y de qué enfermamos. Las llamadas enfermedades psicosomáticas han alcanzado en los últimos años reconocido valor a la hora de juzgar una dolencia. Detrás de toda falla orgánica hay una fantasía inconsciente. ¿Cómo se produce? Con la suma de cierta vulnerabilidad constitucional del órgano más un factor ambiental/emocional/familiar desencadenante.

Los lugares en el orden familiar cambian la escena. Las dos vidas que gestan al nuevo ser no son las mismas en el momento de ser madre y padre por vez primera que con los siguientes hijos. La transmisión de duelos, temores y pesares cambia de una a otra concepción, gestación, alumbramiento. Hijos de un mismo matrimonio hacen diferentes lecturas del bagaje recibido. Enferman de dolores distintos, hablan síntomas diferentes, inventan ardides y estrategias que funcionen en medio de un contexto hostil.

Entre las evidencias que nos aporta el estudio de los árboles genealógicos está la información relevante ante la cual pocos quedan indiferentes: la salud. La propia y la del clan. La psicogenealogía es una herramienta dotada de esa facultad para advertir enfermedades, dolencias o trastornos que más allá de ser "hereditarios" —o tener la predisposición a adquirirlos— se repiten en ciertos integrantes.

Esto sucede como un modo de cumplir con las expectativas de nuestros mayores, cumplir los mandatos ancestrales y sostener esa "lealtad invisible" que nos incapacita en el presente.

Mandatos familiares

Cuando observamos un árbol generacional, la lista de enfermedades propias de una familia es una "foto" a veces inquietante: ¡está "cantado" ese mal y a quién le tocará heredarlo! No es magia ni esoterismo. Es lectura de indicios: fechas, nombres, episodios vividos ancestralmente agazapados para repetirse...

Cada órgano afectado, cada vivencia dolorosa se inscribe y narra al sujeto en sus patologías. Por eso, ver las conexiones sordas entre sucesos y personajes del árbol familiar dota de sentido, sana y reconstruye.

Tomo el término *patografía* de los estudios realizados por el médico y psicoanalista argentino Luis Chiozza para redefinir una metodología que aplico con mis pacientes desde la psicología transgeneracional. Con Chiozza sostengo que cada dolencia física o emocional tiene su "argumento biográfico". Depende de la actitud frontal y valiente de aceptar el episodio, elaborar el trauma, reconocer el *bioshock* y dotarlo de sentido.

Cuando se analiza el árbol genealógico de un consultante, brota una determinada patología más evidente que caracteriza al clan, que puede tener diferentes rasgos, pero que en cada afección termina homologando un cierto "aire de familia". Por eso, toda biografía en términos de dolencia física o psíquica guarda una unidad temática, se organiza como un texto novelado, "escribe" la historia ancestral y la personal: es la historia clínica que nombra toxicomanías diversas, trastornos de la conducta alimentaria, estrés postraumático, vulnerabilidad psicosomática, órganos especialmente sensibles... Recaídas.

Debajo de la "historia clínica" que nuestro médico de cabecera engorda con nuevos datos cada vez que lo visitamos y cuando nos solicita nuevos controles, pugna por "hablar" otra historia. La que no se ve, no se advierte, no se narra.

El secreto acumulado generación tras generación, la incapacidad para darse cuenta de lo evidente que se repite, la necesidad de responder al guion de mi tribu, la tranquilidad de estar siendo fiel a lo programado por mis mayores sepultan bajo capas de silencio el disparador de la enfermedad. ¿Por qué en mi familia paterna son todos migrañosos? ¿Por qué la característica de este grupo es tener problemas en la piel? ¿Por qué los hijos varones de este linaje son asmáticos y las mujeres no?

A veces el arco se tensa hacia el otro extremo: en vez de callar y estallar, la dolencia grita, algo duele y siempre es algo nuevo. Todo el tiempo aparece un tema de salud: en las conversaciones cotidianas, con amigos, en el trabajo. Tan presentes están que abruman. La hipocondría o el síndrome del "enfermo imaginario" suele tener mala prensa: "Quiere llamar la atención", "Siempre tiene algo nuevo", "¿Y hoy qué te duele?".

Callando o nombrando igual estamos ciegos a lo que permanece fuera del alcance más próximo. El sujeto *que se duele* y los otros que soportan su discurso interpretan el lenguaje del cuerpo sufriente como una queja. No leen el mensaje del inconsciente y pierden la oportunidad para cuestionarse por qué se afecta tal o cual zona del cuerpo. ¿Qué está reclamando esa persona? ¿A quién le dirige su mensaje? La hipocondría no es más que un amplificador del órgano que le preocupa al sujeto padeciente.

Françoise Dolto nos enseñó que para comprender los síntomas de un niño pequeño, que aún no habla, o de un bebé recién nacido, hay que averiguar las transmisiones mentales que por tres o cuatro generaciones se le donaron al nacer junto con el aliento de vida. Ella propone sin vueltas una sola actitud: observar a los padres e interrogarlos sobre sus propios padres y abuelos, sobre las dudas y temores al concebir al niño, sobre las situaciones sobresalientes —dolorosas o felices— durante la gestación. Y luego, con esa data, observar al propio bebé: sus gestos, rechazos, posturas corporales, el registro sensorial y emotivo, con qué y cómo se alimenta. El mito ancestral invade al recién nacido con los conflictos de quienes lo forjaron y sus antepasados: "leer" esa novela de familia permite hipotetizar —en un observador entrenado y sensible, una radiografía de toda la historia del clan— algunos caminos diferentes a los que sugiere la pediatría tradicional.

Aquello que se fuerza en mantener fuera del alcance, en estado arcaico, en secreto está en *souffrance*, es decir, en sufrimiento. El bebé no alcanzará a hacerse oír y comprender en su reclamo hasta que no se devele aquello ancestral silenciado.

¿No ocurre lo mismo al trabajar con adultos? Claro que sí. Los adultos dolidos llevamos la cicatriz —siempre abierta, siempre renovada— del niño o niña que fuimos. La cicatriz no se borra (ni siquiera si acudimos a la cirugía reparadora o plástica), porque es una experiencia, es un "tatuaje interno" y no solamente un corte. Cada experiencia marca un hito. Deja un cartel a modo de señal para reconocer aquello que queríamos poner en la sombra y que debió salir para dejar en la sutura su trazo.

Mandatos familiares

Tiempo de preguntas

Cuando desarrollo el árbol de un paciente, pongo la mirada en las enfermedades que se vienen reiterando o mutando: a veces es la misma con otro disfraz. En medio, escucho su relato y observo su actitud y su gestualidad: si es zurdo o diestro, si es vital o desfalleciente; considero otros datos como las inflexiones de su voz, si aparece la angustia o es evidente el desapego, si está distanciado o perturbadamente cercano con el acontecimiento que narra.

Le pregunto detalles: ¿qué sucedió en esos días previos?, ¿qué temperatura hacía?, ¿era invierno u otoño?, ¿quiénes estaban y quiénes habían partido cerca de la fecha?, ¿qué acontecimiento/suceso diría que anunció el estallido del síntoma?, ¿estaba en un ambiente cerrado o al aire libre?, ¿cuál es la hora frecuente de la crisis?, ¿se manifiesta en soledad o estando en compañía?, ¿qué edad tenía cuando apareció el primer síntoma, dónde estaba, con quién? Consulto información sobre la edad de sus padres cuando se casaron, lo concibieron, nació, y otros aspectos relevantes: de qué trabajan, dónde vivían, las fechas de celebración o pérdidas (deben ser fechas completas para el estudio transgeneracional), si se exiliaron, si tuvieron abortos, si están juntos o divorciados.

Luego relaciono toda esta información (sabiendo que nunca es toda) con otros miembros de la familia. Depende de cada paciente y de cada consulta.

Las respuestas conforman el mapa de un contexto emocional cuyo paisaje dibuja el trastorno físico o emocional. Nada de esto descarta el estado clínico del paciente y el seguimiento con los especialistas que lo tratan. Mi tarea de psicogenealogista es reunir un material que reconstruye el sentido de la enfermedad y aportar algunas líneas para que el paciente interprete, analice, relacione, advierta lazos interrumpidos entre una emoción bloqueada y la aparición del síntoma/enfermedad. Invito a darle sentido al lenguaje de los órganos cuando estalla el dolor, el estrés o la angustia; comprender desde una noción que integre el *soma* al *alma* son los resortes vitales para hacerse de la llave que descubre lo oculto en el sufrimiento.

En esa "lectura" se juega la explicación consciente y la fantasía inconsciente del sujeto sobre su estado y la sanación. Cuando el secreto se desmonta, deja emerger el lado luminoso de la farmacia interior que sabe curar el foco doliente. Abrir la biografía es —en este sentido— revelar la patografía.

Eso mismo que dolió hace mucho seguirá sangrando si no se cierra la herida. La verdad cura y cauteriza. Y el mejor laboratorio —como dijera Stella Maris Maruso[22]— es el del alma y está en nuestro interior.

Un caso paradigmático: estreñimiento

Nunca aconsejo a un paciente que abandone el tratamiento médico que lleva adelante. Al contrario: le pido que sume análisis y controles, que visite al especialista y que siga las instrucciones de los profesionales que lo atienden. Mi intervención es de autoconocimiento sobre la enfermedad. Porque cuando se sabe, se sana. O por lo menos se colabora desde una posición más consciente a la evolución positiva de la dolencia.

G. es una mujer de 42 años, gerente de RR.PP. en una multinacional, divorciada, con una hija adolescente. G. es una profesional sólida. Está en pareja. Es muy atractiva, elegante, viajada, culta, psicoanalizada; empática con su equipo de trabajo, esmerada en la buena relación con sus pares. Cordial y simpática. Consulta por estreñimiento.

Por biodescodificación sabemos que este síntoma se asocia al temor a soltar, a que fluya, a tensiones y sentimientos de carencia. Es frecuente una negativa a abandonar viejas ideas (la función del intestino grueso es evacuar lo que ya no le sirve al organismo, el estreñimiento tiene una relación directa con soltar viejos paradigmas, ideas recurrentes que ya no son útiles). Una persona que retiene sus heces es aquella que se contiene generalmente de decir o hacer algo por miedo a disgustar o a perder algo o a alguien. Hay una formulación en su primera cita que prácticamente menciona el conflicto y también la solución. Ante mi pedido de formulación sobre los motivos de consulta, la paciente dice: "Quiero liberarme del estreñimiento", "Quiero dejar de tener miedo de escasez".

Lo "visceral" aparece gestualmente en G.: cuando menciona algo que le duele, rechaza, teme, se toca el estómago. "Me llevaba mal con mi marido. No

---

22 Maruso, 2009.

quería esa violencia para mi hija, no quería que presencie esos momentos. Cuando decidí separarme, lo sentí acá (se toca la panza)".

Vuelve a circunscribir la escena digestiva como zona de conflicto. Lo digestivo se asocia a lo nutricio (siempre faltante como metáfora de amor materno) y a poder "digerir" esa carencia: la imposibilidad de la caricia, el mimo, el cuidado. Lo digestivo se atasca, se bloquea, se congela: así como quedó la emoción bloqueada cuando la madre le arroja por la ventana el "osito" (pelo que se le cae) como forma de castigo y sin derecho a que exprese bronca o tristeza.

Cuando le solicito datos puntuales de su biografía y la de sus ancestros, aparecen grandes agujeros. G. se volcó a la búsqueda de información y con esfuerzo consiguió reunir material para construir el árbol. El análisis del árbol genealógico de G. nos va aportando nuevas conexiones para revisar varios mensajes encriptados y personajes dobles, de los cuales solo mencionaré ahora algunos puntos:

G. y su madre son dobles (ambas nacen un día 20). G. hereda sus mandatos y los de su abuela materna (la abuela y la madre de G. se llaman igual). El mandato inscripto se lee como: "Es preciso huir como mecanismo para salvarse". La madre de G. había nacido 4días antes de la muerte de su padre. La cría su madre sola y, en pleno duelo por la viudez, se ve obligada a dejar su profesión de maestra porque la sobrecarga familiar la toma completamente. La madre de G. hace eco con esta estructura yaciente: transitar un duelo cuando ella misma esté embarazada de G. y vivir la frustración profesional.

El duelo doble (profesional y familiar) que vive la madre de G. (el cáncer detectado) mientras cursa el embarazo, la falta de apoyo de una pareja estable, los dobles que hacen eco en su árbol dejarán huellas en la estructura psíquica/emocional de la paciente.

Los alcances de la psicogenealogía y la biodecodificación

Cuando G. plantea su temor, no se refiere a la escasez de dinero, sino a la afectiva. Toda su historia está surcada por abandonos, descuidos, falta de cariño, ausencia de protección.

G. ha probado diversas medicinas, tratamientos alternativos y dietas adecuadas, sobre todo ha puesto su mayor empeño en salir de este malestar físico, el estreñimiento. Sin resultados.

Su historia es muy rica y tiene derivaciones interesantes sobre varios aspectos, pero solo recortaré lo estrictamente vinculado a la dolencia física. Algunos puntos:

- Su madre supo que estaba embarazada en el momento que concursaba para un mejor puesto en su trabajo (es radióloga). Vivió la maternidad como "eso" que se interpuso en su carrera. Repite el guion de la abuela de G. cuando se vio obligada a dejar la docencia. Los meses de gestación requieren reposo, se inscribe en G. desde antes de nacer una huella epigestacional que deja memoria orgánica: rastros de amenaza, contradicciones entre el deseo y la frustración que implica embarazarse, estado de alerta, peligro: G. nace ochomesina y con fórceps.
- Para completar el cuadro de tensión, mientras cursa el embarazo (en una relación de pareja inestable), la madre de G. debe asistir a su propia madre enferma. La abuela de G. muere de cáncer a los 43. G. acababa de cumplir un año.
- Cuando G. nace, su madre no la reconoce ("me quiso devolver, decía que era una niña judía y se habían equivocado, porque la ve muy fea"). Fue el abuelo paterno quien dijo: "Es de nuestra familia, se parece a mí".
- El padre de G. llevaba una vida paralela: G. tiene un hermano mayor con pocos meses de diferencia. Creció sin su papá aunque lo veía seguido hasta los 4 años, luego él se va del país y se exilia en España.
- La paciente es diagnosticada a los 4 años de edad de megacolon, pero nació con esta patología, es congénita. Es una patología ligada a una sensación muda, sorda, como de anestesia en el recto, que no advierte cuando está lleno.

En biodecodificación aparece en relación con el conflicto de identidad en el territorio: vivencia de hostilidad, peligro, falta de cuidado, suciedad (en sentido simbólico: algo del orden del deshonor, la humillación).

Sobre su infancia relata: "Estaba sola. Mi madre hacía los deberes conmigo y yo le tenía miedo a sus reacciones, era muy común verla enojada. Yo quedaba paralizada, no hablaba por temor a que ella se enojara...". "En un arrebato tiró mi oso de peluche por la ventana". "Nadie me leía cuentos ni me mimaba. No tengo recuerdos de una caricia jamás. No compartía mis emociones con nadie, estaba 'prohibido' estar triste, solo mamá podía mostrar sus sentimientos". "Me iba a la escuela creyendo que tal vez mi madre se suicidara (me lo decía a veces)". G. es alérgica a la leche como manifestación de rebeldía ante la anorexia afectiva de su madre.

- Cuando G. tiene 10 años, su mamá se casa con un médico perteneciente a una fuerza militar, es violento cuando bebe en exceso. "Mi madre volvió a casarse con un alcohólico, al que yo le tenía pánico. Cuando tomaba, yo simplemente quería convertirme en una mosca y poder salir volando de ahí...".
- A los 13 años G. radica una denuncia por violencia de género asustada al ver cómo su padrastro golpeaba a su madre. Pero es descalificada por esto. Su madre la desmiente y al regresar a la casa vive aterrorizada. Siempre vivió en un clima familiar desestructurado, hostil, con miedo a la pareja de su madre ("creo que hasta ahora lo siento").

Le pido que relacione su estreñimiento con un episodio vivido como abuso, real o simbólico. No lo ve. Dice que años atrás, en análisis, también el terapeuta le refirió que debía haber algo ligado al abuso y tampoco en esa oportunidad pudo hacer consciente algo cercano a ese padecimiento.

Trabajamos a partir de las connotaciones de la palabra *estreñimiento*. Le digo que refiere al verbo *estreñir*, que a su vez proviene del latín *stringere*: 'apretar', 'estrechar'.

G. conecta con su emoción bloqueada: "Siempre me sentí apretada, restringida (para manifestarme, para expresar los sentimientos)". Entonces le pido a G. que examine esta afirmación doble: *Quiero hacer algo que no hago. Hago algo que no quiero hacer.*

Le pregunto con qué le resuena:

1. *Quiero hacer algo que no hago* = quiero dejar de aguantar, quiero hacer caca, quiero hablar con libertad.
2. *Hago algo que no quiero hacer* = me callo, aguanto, retengo.

Insisto: "Algo secreto, sucio, 'una guarrada', una chanchada, algo ligado al horror, la vergüenza, lo indecible (por asociación con lo sexual: incesto, aborto, abuso) se GUARDA en tu clan y han decidido que serías la depositaria. Lo guardás intestinamente (íntimamente) para ser fiel a tu tribu".

G. responde al desorden amoroso con manifestaciones que derivan por un lado en el diagnóstico de megacolon, y por otro haciendo una mononucleosis, al mes de la partida de su padre al exilio.

El diagnóstico de megacolon es básicamente radiológico (profesión materna). Deriva de la ausencia de terminaciones nerviosas en la parte final del intestino grueso (colon). La malformación es congénita —donde una porción del colon no está inervado— porque no hay diferenciación de las células ganglionares. Este acontecimiento ocurrió entre el mes y medio y los dos meses de gestación. Coincide con el duelo de la mujer en gestación al recibir el diagnóstico de cáncer de su propia madre. Cuando la embarazada superpone el estatus de hija al de madre que debe ocuparse a su vez no solo de su panza sino también de su progenitora, vuelve a atravesar el "absoluto-hija"[23] ante la amenaza de quedar huérfana.

En otra sesión vuelvo a insistir en un hecho traumático que ella no puede traer a la conciencia. Le refiero posibles escenas de abuso. No puede ver nada relacionado a episodios de violencia sexual.

Recién en la tercera sesión aparecen las primeras elaboraciones del trauma a partir de un tema recurrente en G., la "libertad". Narra este episodio: "Cuando volvíamos de la comisaría donde quise denunciarlo por malos tratos a mi madre, mi padrastro me dio una patada en el culo. Todavía me parece que estoy en el aire del envión que sentí".

Ese gesto de violencia había permanecido sellado, tapado, obstruyendo. Más doloroso que el golpe de patada fue la inacción de la madre para protegerla. Aparece ahí una emoción bloqueada que comienza a emerger.

---

23 Llamo "absoluto-hija" a un síndrome en el cual estoy estudiando ciertas conductas, apreciaciones verbales, actitudes, gustos y decisiones que atraviesan las mujeres en determinadas situaciones conflictivas del vínculo madre-hija. Retomo este concepto y lo desarrollo más adelante, en el capítulo dedicado a madres y abuelas.

En la siguiente sesión lo primero que manifiesta G. es que la semana anterior, luego del recuerdo de la patada, llegó a su casa con náuseas y tuvo diarrea. Avanzamos y construimos las siguientes interpretaciones:

- que la violencia estaba naturalizada y por eso no se vive como anormal, no advirtió ahí un abuso porque le parecía "normal",
- que existe una situación de sojuzgamiento que la coloca como víctima de violencia familiar,
- que el abuso tiene diferentes manifestaciones: el abuso de confianza (es decir, invadir los límites de la libertad y privacidad de cada uno) es violencia; el abuso de poder y la humillación son violencia.

La relación con la madre tiene altibajos: desde la cordialidad forzada porque G. se calla lo que le disgusta hasta períodos de alejamiento. "Cuando ella habla, me pasa que me lo guardo por no entrar en algo que no sirve. Trato de dejarla para que hable hasta que en algún momento se calle, pero me enoja, me da rabia, no me es indiferente su actitud".

Callar, aguantar, resistir y guardar son mecanismos de defensa que G. viene ensayando desde niña sin buenos resultados para su salud: su cuerpo se está bloqueando en las funciones básicas de comer/absorber lo nutritivo y expulsar lo que no sirve. Textual: "Ella (la madre) larga todo, irresponsablemente, sin filtro. Y yo me quedo callada".

Agrego: "Como ella larga todo, vos te guardás todo".

"Toda la mierda", responde.

¡Esa es la ecuación que hay que *des-programar*! En ese trabajo estamos ahora.

Los genes no están bajo llave

El Proyecto Genoma Humano (para muchos la "Biblia de la vida") había considerado una cifra inimaginable para conformar su mapa: 100.000 genes. Hoy sabemos que son menos de 30.000 genes y eso todavía no explica la complejidad humana. ¿Qué nos falta? ¿Por qué un mismo fallo genético en el mismo fragmento del cromosoma 15 da dos síndromes de enfermedades muy diferentes? ¿Qué enciende o apaga los genes en miembros de una familia que comparte la genética?

Cada sujeto trae una impronta genética, es decir, la conservación en los genes de la memoria de donde proceden. Según provenga de la rama materna o paterna, las consecuencias cambian. Según se combinen unos genes con otros, según los "interruptores" enciendan o apaguen, la alteración genética es posible.

Un ejemplo deriva de los experimentos con la reproducción asistida *in vitro*: el embrión en una platina, manipulado por unos minutos, deriva en posibles transformaciones que otros embriones en su medio natural no manifiestan. Por eso la epigenética sostiene que los genes no están bajo llave, que los cambios ambientales traen otras alteraciones y esas variables se heredan. Los genes traspasan la memoria de generación en generación. Esta idea es revolucionaria: si la memoria genética de un acontecimiento traspasa las generaciones sucesivas, la ciencia biológica comienza a contemplar la incidencia transgeneracional.

Herencia traumática

La epigenética ha trabajado en el ámbito cerrado del laboratorio y ha llegado a conclusiones abiertas y estimulantes. Los estudios recientes hallaron indicios biológicos sobre la herencia traumática en ratones, en sus crías y en dos generaciones más: el estrés se hereda, pero el mecanismo biológico subyacente es dinámico, puede romper el paradigma.

¿Qué es esto? Que no solo la forma de caminar o el color de la piel se transmiten. También ciertos miedos pueden transmitirse de padres a hijos por vía biológica, según un estudio realizado con ratones. Son evidencias revolucionarias para la teoría de la evolución estándar que afirmaba que la única información que se hereda es el ADN, la molécula que contiene las instrucciones básicas del organismo.

La epigenética dice que el ambiente (entendiendo por eso las condiciones de higiene, la comida, el entorno, el estrés) acaba dejando unas moléculas encima del ADN que modifican radicalmente sus instrucciones y estos cambios pueden heredarse. Así, un cambio de entorno, un ambiente protector podría borrar las marcas del trauma.

Brian George Dias, investigador de la Escuela de Medicina Emory (EE.UU.), publicó en la revista *Nature Neuroscience* los resultados de una investigación que arrojó resultados asombrosos: los hijos y nietos de las madres afectadas por la hambruna de los años 40 en Holanda tienen mayor riesgo de enfermedades cardiovasculares.

El punto de partida de este estudio, como siempre, fue gracias a los nunca bien ponderados roedores. Veamos uno de los experimentos que permitieron arribar a estas conclusiones: ratones sometidos a olor de acetofenona reciben una descarga eléctrica. Repiten ambos estimulantes (olor y descarga) hasta que el animal asocia uno a otro: aroma y calambre. Luego solo alcanzará que el ratón solo huela para empezar a retorcerse y tiemble de miedo. Y más tarde, cuando se exponga a las crías de ese ratón al mismo olor, también se estresarán (los científicos registran el temblor) aunque no hayan vivido la misma experiencia. Y sigue sucediendo en una cría fecundada *in vitro* o dada en adopción a otra madre. Los ratones condicionados adquieren estructuras distintas en el bulbo olfativo del cerebro —explica la revista citada— que también aparecen en sus descendientes. Aunque la vida no es un experimento de laboratorio con ratoncitos, el estudio comparado de muchos casos podría arrojar patrones en los que actualmente se centran los estudios en epigenética y psicogenealogía.

Otro caso. Hay escarabajos que cambian la longitud de sus cuernos y esto determina en los machos mayor o menor ventaja a la hora de conseguir pareja: los de cuernos más grandes tienen más posibilidades de aparearse. ¿De qué depende la longitud? De la alimentación. El comportamiento de los machos de cuernos largos otorga a estos individuos más poder y por eso montan guardia en la entrada de la cueva para asegurarse su hembra. Mientras sucede esto, los machos de cuernos más cortos, de alimentación más reducida, se ven obligados a desarrollar otras estrategias para encontrar hembras disponibles: cavan túneles hasta llegar a donde se encuentra la hembra, sortean la entrada vigilada por el escarabajo más fuerte y evitan la pelea con los rivales sexuales. Los escarabajos cavadores son tramposos mientras que los otros son guardianes. La genética de unos y otros será marcador de herencia y proviene de la fuente de alimentación que tuvieron a su disposición.

Citemos para ilustrar un ejemplo más sobre las mutaciones genéticas que el entorno registra a partir de los alimentos. Diversas especies de mariposas cambian la tonalidad de las alas según cómo los sistemas neurosensoriales captan la temperatura del entorno: si las larvas se desarrollan durante meses fríos y por consiguiente tienen peores condiciones para conseguir alimento, estarán más expuestas a niveles bajos de una hormona de crecimiento que las que crecen en meses cálidos. Esta característica se trasladará a su descendencia.

¿Y a nosotros nos pasa lo mismo que a ratones, escarabajos o mariposas? La respuesta a muchas manifestaciones de nuestro organismo está en la historia de nuestros antepasados.

¿Qué sintieron (comieron) mis abuelos?

La epigenética nos propone visualizar una escena que a veces no nos planteamos. El ejercicio es sencillo: ¿qué conozco de la historia familiar y qué imagen puedo configurar de la mesa en el momento que mis padres y abuelos eran niños o jóvenes? Dejar la casa natal, apartarse del pueblo, cruzar el océano, vivir las penurias de un exilio con carencias, pasar hambre o vivir en la intemperie constituyen episodios de mis ancestros, pero sus consecuencias también están encriptadas en mi vida actual.

¿Somos capaces de advertir el nivel de nutrición y de falla alimentaria que heredamos? ¿Decidimos ser chef o nutricionista? ¿Somos madres obsesivas con lo que ingieren nuestros hijos? ¿Por qué enfermamos nuestro hígado, reservorio, almacén de alimentos? ¿De qué hambruna nos estamos defendiendo si hoy no nos falta nada? ¿De cuán lejos nos llega esta necesidad de producir más azúcar en nuestro organismo? Todas esas cuestiones se derraman de aquella mesa original donde se sentaron los mayores de mi familia. ¡Lo que nuestros abuelos comieron me afecta a mí!

Cuando hablamos de comida, hablamos también del alimento emocional y de comportamientos. El estrés, la intemperie, el abandono, las frustraciones, la exclusión, el miedo son tóxicos emocionales que envenenan lo que comemos y que motivan unos ardides u otros para sobrevivir. Basta otro ejemplo:

las investigaciones con sobrevivientes de episodios traumáticos recientes, como el atentado a las Torres Gemelas, exhiben un nivel de cortisol —la hormona necesaria para hacer frente al estrés— que se extiende a su descendencia. El estudio realizado a mujeres embarazadas al momento de la tragedia y el seguimiento a los niños nacidos meses después del 11 de septiembre de 2001 arrojan unos resultados que demuestran los altos niveles químicos de esa hormona desarrollados por los niños como modo de protegerse ante eventuales hechos traumáticos.

La psicogenealogía y la epigenética tienen mucho por hacer en la toma de conciencia, el desvelamiento de secretos y el cambio de entorno para producir en las nuevas generaciones los cambios necesarios con vistas a una vida más saludable.

Christ Reading, especialista en psiquiatría orgánica por la Universidad de Sydney en 1968, viene desarrollando estudios genéticos sobre la influencia de la alimentación a partir de los árboles genealógicos de sus pacientes. Hace más de treinta años que sus estudios han conseguido respuestas fascinantes a dolencias con diagnóstico devastador.

¡Restos de comida ancestral en mis cromosomas!

Christ Reading sostiene que un alto porcentaje de enfermos diagnosticados con esquizofrenia, enfermedades autoinmunes (lupus, esclerodermia, esclerosis múltiple, cáncer), así como trastornos de diabetes, rinitis o Alzheimer provienen del estilo en la dieta de nuestros mayores.

Marcas genéticas que pudieron estar dando la luz roja de alerta fueron ignoradas o menospreciadas y se acumularon de una generación a otra, hasta que la manifestación aparece en la cuarta generación como síndrome de Down.

Trataré de sintetizar las ideas principales de Reading[24], que al momento de escribir su libro en 2002 llevaba confeccionados más de dos mil árboles

---

24 Recomiendo para ampliar estos conceptos la lectura de su libro *La salud revelada por sus genes*. Tomo de este material los dos esquemas de árboles que presento en este capítulo y en el Apéndice.

genealógicos que evidenciaban repeticiones y proyecciones a futuro de las enfermedades padecidas por una familia en varias generaciones.

La enfermedad celíaca, la fibrosis cística, las afecciones cardíacas y las pulmonares, así como la depresión severa y los trastornos neurológicos expresan datos nutricionales indicadores de cómo se transmitirá la dolencia a los descendientes inmediatos, quién será el posible portador y a quiénes les pasará el gen defectuoso, qué factores ambientales pueden sugerirse para evitar nuevos padecimientos en el mismo clan y cómo prevenir ciertas consecuencias de alguna enfermedad grave en los descendientes.

Su propuesta integradora y holística permite apreciar los beneficios de saber con los test apropiados de alérgenos (a granos, leche, levadura, polen, etc.) si un paciente sufre por acumulación genética reacciones adversas ante posibles alimentos o factores medioambientales. Su base se centra en articular la evaluación de las enfermedades destacables a lo largo de las sucesivas generaciones, su repetición o agudización y el modo de transmitirse: para ello propone entender claramente el rol de los cromosomas sexuales cuando consideramos de qué manera una enfermedad se transmite genéticamente.

Nuestros antepasados han comido cereales, azúcares, frutas y granos, y en esos bocados "inocentes" pudo deslizarse un problema de manera sigilosa, silenciosamente por más de 100 años. Atacando de forma menor a unos miembros y con más violencia a otros, esquivando a algunos casi arbitrariamente. "Casi" porque en verdad el estudio genético determina la vía por donde se coló ese gen defectuoso, errante: el cauce que tome depende del cromosoma en el cual esté localizado. Así, sabiendo cómo está siendo transmitida una información, se puede advertir quién del clan corre más riesgos que otros miembros de la familia.

El lenguaje genético

No es sencillo (y desborda los límites de estas páginas) desarrollar temas específicos de la genética. Citaré solo los datos que merecen ser considerados en este punto y trataré de hacerlo de la manera más clara posible pensando que ni ustedes —tal vez— ni yo —con total certeza— somos especialistas en esta disciplina.

A veces el gen defectuoso pone en riesgo tanto a hijos como a hijas, sin tener en cuenta que provenga del padre o de la madre (son las transmisiones autosonómicas dominantes y las transmisiones autosonómicas recesivas). Cuando el gen defectuoso está localizado en el cromosoma X, el rasgo distintivo es que los hijos varones están a salvo de las condiciones ligadas al cromosoma X del padre porque ellos solo heredan del padre el cromosoma Y. El cromosoma X viene de su madre, y los hombres pueden padecer las condiciones relacionadas con el cromosoma X y pasarlo a las hijas mujeres. Ellas, a su vez, se los transmitirán a sus hijos. Es decir, los hijos varones de un hombre no están en riesgo de padecer problemas ligados al cromosoma X, pero sus nietos sí a través de sus hijas.

Vean en detalle el esquema del árbol que sigue. Está dividido con números romanos en cinco niveles. Parece complicado, pero es solo cuestión de analizar cada nivel y sus derivaciones, ya sea de rama materna o paterna. Los ayudo en la lectura con el párrafo que viene a continuación.

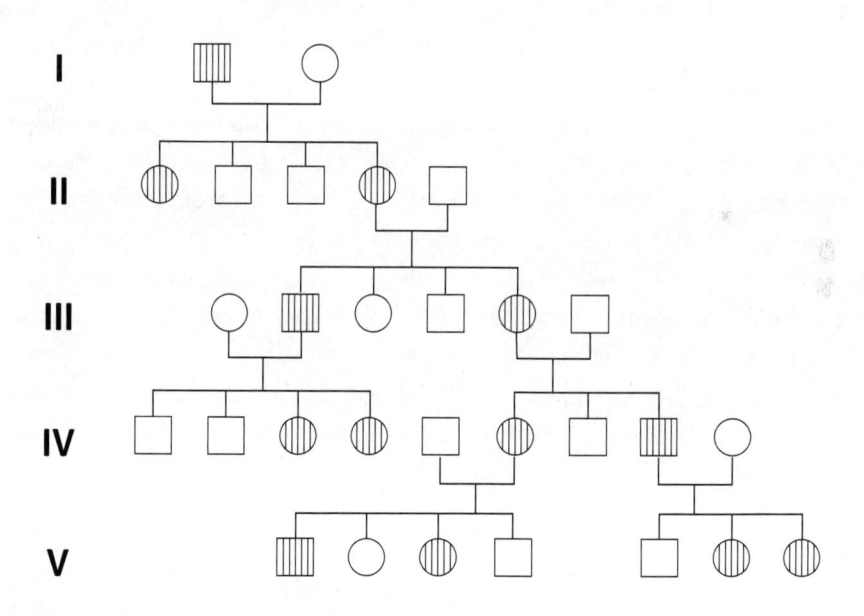

Adviertan que los hombres (signo cuadrado/rayado del nivel I) con una condición dominante ligada al cromosoma X pasan la enfermedad a todas sus hijas (signo circular/rayado del nivel II), pero no a sus hijos (signos cuadrados blancos del nivel II). Las hijas afectadas (nivel II) pasan la enfermedad en promedio a la mitad de sus hijos, ya sean hombres o mujeres (nivel III). Luego el hombre (nivel III) afectado no pasa la enfermedad a los varones, pero sí a las mujeres (nivel IV), en cambio la mujer afectada (nivel IV) la transmite a chicas y chicos por igual. En el nivel V vemos el mismo esquema que en el I: los más jóvenes de este clan vuelven a mostrar que los varones se ven afectados si el problema es de vía materna, pero no se ven afectados si proviene de vía paterna (solo las dos mujeres de los círculos finales aparecen con la enfermedad).

Muchas enfermedades ligadas al cromosoma X derivan de la alergia a la leche, a ciertas carnes y a los granos (gluten, trigo): ciertas psicosis, problemas cardíacos, cáncer, asma, infecciones virales frecuentes, debilitamiento del sistema inmunitario, trastornos de tiroides, anemia, diabetes y desórdenes del tejido conjuntivo son algunas de las más comunes; Reading incluye hasta demencia, Alzheimer, esquizofrenias, porfiria y piroluria.

Si en su clan no han sido diagnosticadas todas estas enfermedades, tal vez sí algunas, además de que se observen ciertos signos: encanecimiento precoz, calvicie prematura, diarreas frecuentes, facilidad para quemarse al sol... Si los test arrojaran alergia a los granos, hay una marcada baja de minerales (zinc, magnesio, manganeso) y de vitaminas E, C, D (la D ya considerada una hormona), B3, B6, B12 entre otras, que generan los malestares de cada afección.

Lo que cuenta no es tanto lo que comemos, sino lo que absorbemos y lo que drena sin quedarse en el organismo. Y esto sucede por las alergias desconocidas a ciertos alimentos. Tomar leche o comer pan de centeno no es en sí mismo ni bueno ni malo: depende cómo viene dejando una huella en nuestro clan esa ingesta, ver los efectos adversos de tales alimentos y relacionarlos, interpretarlos a la luz de todo el árbol genealógico.

Si un cambio en la dieta y hábitos puede corregir estos males... cada uno debe investigarlo. Porque, ¿cuánto traigo en mis genes de los malos resultados metabólicos que mis ancestros han acumulado en sus comidas? Si la causa es identificada, no solo se consigue revertir sus efectos dañinos, sino que se protege a los demás miembros de la misma línea y a los que son pequeños o aún no han sido concebidos en el clan.

Extenderme en estos aspectos supera el objetivo del libro. No soy médica y entiendo que los especialistas tienen más para ofrecer que estas pocas líneas: solo me detengo una vez más en un concepto clave, los árboles genealógicos. Cuando visite a su médico, lleve un árbol confeccionado con la mayor cantidad de datos sobre la salud de sus ancestros, identifique hasta donde pueda el tipo de dieta que llevaban (si fueron pescadores o agricultores, si vivieron en zonas urbanas, de montaña o de río; si cocinaban con leña o gas, etc.). El profesional con ese mapa de su familia verá rápidamente de dónde puede provenir la transmisión que lo aqueja porque entenderá de un golpe de vista si la afección proviene del cromosoma X y cómo incide en el presente a partir de cómo ha fluido desde las generaciones que lo precedieron.

Un buen árbol genealógico debe ser claro, ordenado, sin superposición de líneas generacionales (mezcla de tíos/primos, por ejemplo). Si bien cada uno puede confeccionarlo como mejor le parezca, sugiero un modelo que es útil y ofrece información codificada[25] de manera más eficaz. (Ver Apéndice).

---

25 Por "codificada" me refiero a: cuadrados para hombres, círculos para mujeres; si esos signos aparecen con un punto en el centro (o una flecha) indican al sujeto que está en estudio, el "protagonista" del árbol; si cuadrados o círculos aparecen pintados plenamente, enuncian muerte o aborto. Los hijos deben ordenarse de mayor a menor incluyendo los muertos, aun los que no llegaron a nacer. Si comparan el esquema de este capítulo con el que aparece al final del libro, verán una forma piramidal inversa una de otra: el primero parte desde los ancestros más lejanos (nivel I) hasta los más jóvenes (nivel V) porque busca mostrar cómo se "derrama" la transmisión de una dolencia. El esquema del final indica desde el hombre con la flecha en el nivel IV cómo se arma su genealogía. Los miembros de una misma generación pueden numerarse para facilitar la lectura de las conexiones.

III
Psicogenealogía y personajes

¿Qué personaje "te compraste"?
Los "cuentos" que nos contaron

El poder de la palabra
y la transformación de la realidad

*Yo ya sé que [...] una novela puede desarrugar los
pies de los ahogados; que la descarga eléctrica
de un cuento perfecto puede echar a andar de nuevo al corazón.*

EUGENIO FUENTES

Había una vez... ¡Despertar!

> *...el miedo ha inventado todos los cuentos.*
> *Yo no sé muchas cosas, es verdad,*
> *pero me han dormido con todos los cuentos.*
>
> León Felipe

> *Cuando se desencadena una crisis psíquica,*
> *se está mejor situado que en cualquier*
> *otro momento para resolverla.*
>
> Carl Jung

En la infancia conocíamos el final de los cuentos y no nos importaba, volvíamos a pedir la misma historia: princesas casaderas, espejos parlantes, niños devorados, hadas malvadas, ogros al final del árbol de habichuelas mágicas. Necesitábamos grabar la historia en nuestro corazón para crecer con esa fortaleza que nos garantizaba la derrota de la adversidad.

No nos importaba saber el final porque tal vez las páginas se mezclaban durante la noche y descubríamos otro cuento diferente... En el fondo, lo que queríamos era creer en el proceso de transformación: el final del texto podía ser el mismo, mientras nosotros cambiábamos... Pero, con el paso de los años, ese saber genuino se nos fue adormeciendo. Ya no creemos en la transformación, en el poder interno para reciclarnos y seguimos con el reloj urgente, como el conejo que atraviesa la cueva donde cae Alicia.

"Me han dormido con todos los cuentos", dice el poeta español. Nos han dormido con mandatos: harás, serás, dirás, pensarás, desearás... ¡Es hora de despertarse!

Todos guardamos "un mito" fundacional que nos construye y nos constituye en una identidad que evoluciona y tropieza en su desarrollo con nuevas pruebas, todo el tiempo. El mismo gran escollo es siempre —volviendo a León

Felipe— el miedo. Esa emoción está bien enterrada en todas las familias, se guarda y se riega celosamente con secretos y recelos varios para que nos sujete a lo largo de la vida. Crece dando unos hierbajos que nos quitan el agua y el aire. Arrancarlos, quitarlos de nuestra existencia, de eso se trata "el cuento".

La segunda etapa en la teoría de Carl Jung, cuando se separó de la tutela de Freud, fue decisiva en su cambio de perspectiva: señaló la necesidad de hallar, en la pluralidad de imágenes arquetípicas que nos envuelven, aquella que configura nuestro "mito personal".

Jung nos ha narrado su propio descubrimiento en su biografía: narró que fue en busca del "mito que vivía en él", como un modo de encuentro con una dimensión desconocida de su vida, que lo ayudó a completar su cosmovisión de lo humano a partir de la identificación de ciertos "moldes" o paradigmas que gobiernan nuestro funcionamiento. Llegó así a la noción de "asociaciones e imágenes típicas que nos impresionan, influyen y fascinan". Tal la mejor definición de arquetipo que he encontrado.

Cada familia esconde un arquetipo en su árbol genealógico. Descubrirlo y reconocerlo es el primer paso para vernos como frutos secos de esas ramas o como brotes nuevos. A veces un tronco fuerte esconde una raíz débil. Otras, sentimos que somos como "claveles del aire", desraizados.

¿Cuál es el personaje que te adjudicaron al nacer? ¿Qué conflicto dirías que es el nudo más visible de tu árbol genealógico? El inconsciente de un clan determina muchas marcas que quedan a la vista (rasgos físicos, por ejemplo), pero no necesariamente compartimos la misma psicogenealogía por pertenecer a una misma familia. ¿Qué pugna por emerger de la tierra y llegar a la luz en tu tribu?

Hay tantos arquetipos como situaciones típicas en la vida, los arquetipos no están aislados uno de otros, en cada etapa de la vida hay una base constituida por los componentes que nos acercan más a Ulises o Hércules, Deméter o Artemisa.

¿Cuál es tu "mito personal", ese que te domina las creencias y el carácter, las conductas y los deseos? Revisemos. Miremos para atrás. ¿Con cuáles lecturas te alimentaron/alimentaste? ¿Qué libro fue tu golosina preferida de infancia? ¿Qué relato de familia sigue con final abierto?

Estos interrogantes son brújulas para desandar el camino. "Los cuentos nos entregan una tercera oreja con la cual percibir las voces escondidas del mundo"[26].

Relato y alimento

> *Como nuestras pautas con respecto*
> *a la comida se formaron a partir de nuestros primeros modelos*
> *de amor, es necesario comprender lo que realmente significan*
> *el amor y la comida para llegar a tener*
> *una relación satisfactoria con ambos.*
>
> GENEEN ROTH

Somos niñas o somos varones, pero en cualquier caso la mujer es el primer arquetipo de nuestras vidas, desde el comienzo nos arrulla la voz femenina: culturalmente fueron las madres, comadronas, hechiceras, diosas o hadas quienes cocinaron el inconsciente colectivo en calderos humeantes. Se disfrazaron con nombres diversos —Hera, Perséfone, Blancanieves, Eva, Gretel, Cenicienta— y hasta fueron andróginas y masculinas: siguen en nuestro mundo onírico arrojando migas de pan, flechas, guisantes o manzanas para indicarnos el camino.

Relato y alimento: desde ahí las seguimos a estas "señoras de la noche" para entender por qué sufrimos, por qué amamos y cómo liberarnos de ataduras que vienen de allá lejos y hace tiempo... No lo sabíamos entonces, pero estábamos construyendo la identidad. Entre las voces que relataban viajes del bisabuelo desde el otro lado del océano, silencios de guerras o epidemias ancestrales, fraudes familiares o hermanos que sucumbieron en un aborto —pero que presentimos—, estaban los cuentos infantiles, como si todo lo otro no fueran también "cuentos"...

Tiempo de relectura, como nos revela el dragón que se muerde la cola y hace de sí mismo un anillo infinito, *Había una vez* es siempre tiempo presente si nos animamos a enfrentar los silencios y descubrir la verdad.

---

26 Garzo, 2013.

"A medida que los viejos cuentos se extendieron a través de las fronteras sociales y de los siglos, desarrollaron enorme poder de permanencia. Cambiaron sin perder su sabor. Aun después de quedar inmersos en las principales corrientes de la cultura moderna, testificaron la tenacidad del antiguo punto de vista del mundo"[27]. Ahí seguimos encerrados, permanecemos cautivadas. ¿Y si rompemos el mandato?

Con Pearson[28], sostengo que cada arquetipo nos muestra una función, una tarea; nos señala un don desde el cual poder tomar conciencia, detectar el molde y aprender a aliarse con unas representaciones y descartar otras. Veamos un ejemplo.

Tanto Bella (la coprotagonista del cuento que comparte cartel con la Bestia) como la protagonista de "Barba Azul" tienen la seguridad de una familia y un hogar. Cuando esa situación da un giro, entran en una situación sombría. Bella y la esposa de Barba Azul tomarán distintos caminos a partir de un mismo conflicto. Bella se recupera de la adversidad (es una resiliente, diríamos hoy) mientras que la otra se deja seducir por el marido malvado de las barbas azules. Bella y la esposa de Barba Azul tienen una misma situación de prueba para atravesar en su inconsciente, pero ambas funcionan de manera distinta.

¿Y yo? ¿Cómo actúo frente a un conflicto?[29] Vamos a buscar respuestas... pero para eso hay que seguir indagando, averiguando, concientizando. En los mandatos se vislumbra la memoria transgeneracional, la expectativa familiar y la conciencia colectiva. Almacén de saberes, herencia psicogenealógica donde se juegan los vínculos y realizaciones de cada uno de los individuos del grupo: son tesoros que aguardan ser descubiertos. Ese punto de inflexión que es el "darse cuenta" es la vía regia para superarse y crecer, asumir roles maduros y gozar de la libertad, apreciar la importancia de un cambio de paradigma y renacer.

¿Qué patrones de conducta asumidos hoy vienen de antiguos deseos familiares? ¿Por qué hay películas que vemos una y otra vez como cuando leíamos los cuentos infantiles repetidamente hasta saberlos casi de memoria? ¿Actuamos siempre como se espera que lo hagamos? ¿Encajamos cómo-

---

27 Darnton, 1987: p. 73.

28 Pearson, 1992.

29 Recomiendo ver el exhaustivo trabajo de Zamira Cintya Bringas (2006).

damente o nos "hace ruido" el papel que decidimos interpretar? ¿Estamos dispuestos a derribar los dogmas recibidos sin cuestionar la lealtad al clan? ¿Hoy es igual que hace cien años? Claro que no...

Es verdad, "el progreso" hizo su trabajo a lo largo de la Historia, pero cada familia narra las mismas experiencias primordiales, propias de todo ser humano. Sí, las épocas cambiaron y mucho: antes había toda una tribu para criar a un niño y acompañar en la tarea de maternaje a la progenitora, hoy la mamá se reparte en mil funciones e incluye la maternidad. Pero ni siquiera así se huye del impacto de la herencia cultural.

Las mujeres aprendemos a ser "mujeres" en los espejos de abuelas y madres en los cuales aprendemos a mirarnos. Otro tanto sucede con los varones y sus abuelos y padres. Pero no solo. También funcionan de escuela los artefactos culturales (música, literatura, cine, pintura): en ellos aprendemos los ritos del amor y la construcción del sujeto.

Otra vez la literatura

> *Los cuentos de hadas superan la realidad*
> *no porque nos digan que los dragones existen,*
> *sino porque nos dicen que pueden ser vencidos.*
>
> CHESTERTON

Leer/releer es la embarcación para ponerse en contacto con la "letra propia" de un repertorio interno, subjetivo, conocido, extraño, indeleble, ominoso, sin pruebas de factibilidad, huidizo, que bien podría constituir todo un género: la psiconarración.

Desde esta perspectiva les propongo indagar en esos textos —primero escuchados y después leídos en los años de infancia— para investigar la influencia que aún tienen en nuestra *performance* adulta y, así, encontrar en "el propio relato" las voces de nuestros ancestros, con sus propios miedos y mandatos. Comprender los pactos ocultos entre lo que se nos pide y lo que se nos permite, alcanzar la anagnórisis o conocimiento comprensivo y decidir libremente quién queremos ser. "En el campo de la ficción hallamos aquella pluralidad de vidas que nos es precisa", nos avisaba en 1915 Sigmund Freud.

Empecemos con algunas preguntas: ¿Cómo ha evolucionado tu vida? ¿Creés que se encuentra estática o en proceso de dinamismo? No es fácil de responder. Realicen una mirada introspectiva. Focalicen sobre los personajes que nos habitan, allí hay pistas. De alguna manera, esos personajes elegidos en la infancia arman una "serie" paralela de la evolución hacia la adultez: identificar esas cadenas de subjetividades orienta el descubrimiento del mandato de base. Ya no leemos cuentos de hadas propiamente dichos, pero elegimos ciertas novelas, determinado cine... Recordemos que el cine es, en buena medida, el espacio de los adultos que ocupaban en la infancia los cuentos.

> Entre mis lecturas preferidas está la historia contada por Carlo Collodi, ese relato conocido primero en entregas folletinescas y más tarde como novela. Hablo de *Pinocho*, claro. Pero no de cualquier edición. Hablo de "mi" Pinocho: de niña recorrí con fascinación las páginas de la edición de Fratelli Fabbri, de Milán, ilustrada por Naiad Einsel y publicada en español por Codex en 1965.
> Creo que nunca se me repitió ese encanto de maridaje entre texto y dibujo. Viajé con mi fantasía por las calles de la aldea italiana en cada cuadro ilustrado persiguiendo a mi adorable personaje de madera. Ya de adulta (con la dicha de haber recorrido —en un deseo hecho realidad— las calles del pueblito toscano llamado Collodi), *il parco de Pinocchio* me situó en la escena del texto leído y tuve una revelación hasta entonces oculta: asocié al hijo "artificial" del carpintero con Jesús. Leída la Biblia y releídas *Las aventuras de Pinocho*, ¿cómo no ver la serie entre ambos libros?[30]

---

30 "La idea de leer la historia como alegoría de Jesucristo no es nueva... *Ecce Puer*, de Gian Luca Pierotti, va mucho más allá: sus puntos de referencia son no solo los Evangelios canónicos sino los apócrifos (gran parte de los cuales tratan de la infancia de un Jesús travieso o francamente díscolo), las tradiciones y leyendas (como las referentes a la simbología de la madera: la vara de José, el árbol del Edén que se convierte en la madera de la Cruz, el leño navideño), aspectos poco conocidos del folklore (como las representaciones sacras del teatro de marionetas en Cuaresma que se efectuaban todavía en la Florencia de hace cien años), la iconografía popular (las estampas de madonas coloreadas a mano con el azul del manto que se desteñía sobre el pelo; el caracol como emblema de virginidad). El resultado es que los personajes humanos y animales,

Mandatos familiares

Y en muchos aspectos, el personaje travieso de Pinocho recuerda a otro niño díscolo, uno llamado Goha. Entre sus experiencias escolares, esta lo pinta de cuerpo entero: el profesor de arte ordena dibujar una rama de árbol con un pájaro. Finalizado el tiempo da una palmada y exige a los discípulos de su curso que levanten las tablillas para mostrar sus obras. En la imagen realizada por Goha solo se ve una rama. "¿Dónde está el pájaro?", lo interroga el maestro. "Oh, estaba, pero se ha volado al oír su palmada". Típica escena de Collodi si no fuera que pertenece al imaginario colectivo árabe...
O podría ser el mismísimo Juan Ramón Jiménez cuando hace beber a Platero un cubo de agua con estrellas: en los relatos orientales, Goha baja al fondo de un pozo a buscar a la luna...
Jesús, Goha, Pinocho: tres subversivos en el inconsciente colectivo universal que arman "una familia", una serie de hilos entramados que tejen con una vuelta más el simbolismo que los sostiene. La serie y las asociaciones pueden darse en un lector y no en otros: ese es el margen infinito de libertad que cobija a todas las lecturas.

Hoy comprendo por qué Collodi inaugura mi perplejidad: en su barro más profundo duerme una enorme mentira. Algo de mi biografía estaba haciendo crecer la nariz de todos en la familia. Un carpintero crea "a un hijo" y lo adopta. La llegada al mundo tiene algo de incomodidad respecto del modo estándar. La sangre impone su cara más cruel. Yo —niña de pocos años— veía que algo no ajustaba bien y no entendía qué se ocultaba, pero la falsedad salía a la luz. Varias "palmadas" dejaron el árbol al desnudo y sin pájaros. De adulta supe que nadie era quién era: mi abuela no era la madre de mi madre, a mi mamá le quitaron a su padre y se lo nombraron "tío", mi hermana y yo también crecimos "sin padre"... Supe que el fraude entre hermanos es posible cuan-

---

como los objetos y las situaciones en la historia del títere, hallan sus equivalentes en los Evangelios y viceversa. Ni siquiera falta la circuncisión (de la nariz, picoteada por los pájaros carpinteros) ni el bautismo (la palangana de agua que le vierte a Pinocho en la cabeza el viejecito con el gorro de dormir) ni la Última Cena (en la Hostería del Cangrejo Colorado). Herodes se transforma en el titiritero Comefuego e incluso el sombrerito de pan adquiere un significado eucarístico" (Calvino, 1982).

do mis tíos se sintieron decepcionados con la actitud mezquina de mi papá, que la mentira en el seno del hogar se enseñorea por todos los rincones, que la figura paterna se desdibuja a lo largo de varias generaciones, que la indefensión no es un acto reflejo sino aprendido, que el poder del ocultamiento permite tolerar engaño tras engaño, que el acto de nacer se metamorfosea de canción de cuna a destino falaz, que la mesa familiar vira rápidamente de alabanza al pan a drama griego, que sigo esperando —con afán de gratitud a la vida— encontrar el nombre de mi abuela materna[31].

¿Cuál es tu serie?

Cada persona construye "su familia de personajes". La psicología transgeneracional nos ha enseñado que en un grupo —con los mismos padre/madre— cada hijo es diferente de sus hermanos. Repitámoslo: pertenecer a la misma familia no nos otorga la misma psicogenealogía. Tendremos modos de conducirnos en las crisis o en la toma de decisiones según las identificaciones con figuras reales (amigos, maestros, vecinos, figuras de crianza) o ficcionales (del cine, la televisión, la literatura) y apoyarnos en esos estilos de conducta que tal vez no sean los que nos enseñan nuestros progenitores. Y es cuando "hacemos serie" con otros personajes que exceden el núcleo familiar.

¿Qué lugar tenemos? ¿Somos un hijo deseado o de reemplazo por otro muerto? ¿Sabemos si fuimos adoptados o si nos criaron en un ambiente de duelo? ¿De qué enfermó mi abuela cuando mi madre estaba embarazada de mí? ¿Con qué resuena el nombre que nos eligieron? ¿Cómo vivió mi madre sus 25 años y qué se repite en mis 25 años? ¿Me siento a gusto con la demanda de personalidad que "escucho" de mis mayores para ser aceptado, para ser querida?

A lo largo de la evolución transitamos por diferentes teatros conflictivos para resolver las problemáticas emocionales —y de la existencia en gene-

---

31 Insisto en este "fantasma" que me perturba. Narré con detalle mis descubrimientos en torno a la mentira de clan en mi libro anterior, *Secretos familiares, ¿decretos personales?*

ral— que nuestra tribu de origen nos plantea. Todos los ritos de iniciación implican un drama: la gestación y el nacer, la ruptura de la niñez para entrar en la pubertad y luego en la madurez hasta la ancianidad: el gran escenario de la evolución reclama que en cada momento vital estemos bien despiertos...

Una serie es un conjunto que ilumina cada parte con un aporte nuevo y un lenguaje común. Construir la propia serie, desentrañar estas tramas en correspondencias secretas que elegimos como patrones identitarios nos ilumina lo silenciado en el secreto de familia. Entonces, quedan en la superficie las fuerzas que enclaustran y agobian el desarrollo personal y la autoestima. Dan pistas para descorrer el velo y profundizar una búsqueda.

Pinocho-Jesús-Goha, el renacimiento a otra verdad, configuran una serie que revela más del sujeto que una foto en primer plano.

Otras series... ¿Se acuerdan de la niña vendedora de cerillas en el cuento de H. C. Andersen? Esa malograda heroína de la infancia se corresponde con el "síndrome" de Juana de Arco y con la protagonista de la película francesa *Amélie*. Quien se identifique con estos mandatos debería revisar el lugar de "dador" que le han impuesto. El rol de estar al servicio de los demás descuidando los propios intereses.

¿Quién establece ese *continuum*? ¿Cómo se forma una "serie"? Cada uno construye su "armado" y sabe en qué puntos se tocan o estremecen diferentes voces, personajes, situaciones, deseos, semejanzas y diferencias. Desarrollaré algunas series y sus sincronicidades en las páginas siguientes para que sirvan de estímulo a las configuraciones personales y funcionen como trampolín al cambio.

Vaya otro ejemplo, Alicia —la del país de las maravillas— hace serie con todas las identificaciones que dieron como resultado esa actitud llamada *bobarismo*[32]: vivir como propias y reales las escenas que consumimos en la ficción. Eso mismo le sucede a la niña que sigue hadas en el bosque del film de Guillermo del Toro, *El laberinto del fauno*. Generalmente, el bobarismo sucede como escape a una realidad agobiante. Como estrategia

---

32 A partir del personaje de Gustave Flaubert, Ema Bobary, en su novela homónima.

o recurso resiliente[33] para no dejarse tragar por una cotidianidad que abruma e intoxica.

Así, pues, "el acervo imaginario de una civilización está compuesto por un número dado de figuras que pueden organizarse de muchos modos pero no de otros, para los cuales una historia que funciona tendrá siempre muchos puntos en común con otra historia que funciona"[34]. Ítalo Calvino explica así, como escritor, lo mismo que argumenta Carl Jung desde el inconsciente colectivo o Serge Tisseron desde la psicología transgeneracional.

Los personajes arquetípicos incrustados en el inconsciente tienen dos caras: la luminosa, que hizo posible la temprana identificación con la parte positiva del rol y el mandato, y la cara oscura, que nos encierra en un paradigma verdugo, "barbazulezco", desfavorable, negativo. Ver ambas facetas implica un trabajo arduo, consciente de los sustratos ancestrales que nos gobiernan. Cada sujeto debe atravesar los bosques interiores y luchar con los dragones que se agazapan en el árbol familiar, a fin de permitirse la posibilidad de darles batalla y renacer.

Atención, la tarea es personal y difícil, pero hay una buena noticia: en el mensaje de los símbolos aparece tanto el conflicto como la solución para salir del conflicto. Sepan que no vendrá un hada madrina con su varita a regalarnos una carroza colmada de felicidad y conocimiento sobre nuestras potencialidades. ¡Debemos construir la varita y la carroza a fuerza de indagación en los mensajes más subterráneos del psiquismo!

El eco de esos mensajes aguarda que decidamos iniciar nuestra búsqueda para "comunicarnos" una verdad hasta entonces interdicta, vedada. Ahí espera: para que despertemos su potencia en el inconsciente colectivo y transgeneracional. Ahora sabemos que nada se ha perdido de toda la experiencia y la memoria de nuestra familia y de la humanidad.

---

[33] La resiliencia es un aspecto central en mis trabajos. Le doy un valor capital a toda la obra de Boris Cyrulnik, profesional destacado sobre este tema, que mira desde el psicoanálisis con actitud positiva hacia el cambio y cree en la capacidad de sobreponerse a las crisis y las derrotas si existe la fuerza resiliente que ayuda en el rescate; esto es: tener la oportunidad de encontrar a un-otro con oído atento y mano amorosa tendidos al sufriente.

[34] Calvino, 1982.

Todos estos personajes, Cenicienta, Soldadito (de plomo y una sola pierna), Gato con Botas o Jack —el de las habichuelas mágicas—, se incrustaron en nuestra personalidad según ciertos requerimientos, ciertas afirmaciones, ciertas expectativas de los mayores.

Jung nos enseñó que en toda mujer hay algo del *ánimus* masculino, como en todo hombre algo del *ánima* femenina. Por eso, aunque señale niñas o princesas estaré mencionando su energía, no su condición sexual o su género. Cada lector/lectora armará su topografía para reconocer en los personajes aquello que les resuene y constituye un mandato.

Finalmente, para encarar este proyecto de autoconocimiento, hace falta una llave ineludible: la intuición. Es el estado necesario para captar ese "holograma" que somos y no vemos (perspicacia, resistencia, tenacidad, percepción, agudeza auditiva, capacidad de sanar y de cuidar "las propias hogueras creativas", lo llama Pinkola Estés en su ya célebre *Mujeres que corren con los lobos*).

Se accede a ese saber intuitivo por la vía de la emoción y no por la explicación intelectual. Se llega por la escucha amorosa que nos resuena en la memoria de los relatos leídos, pero también —y mucho antes— oídos desde el vientre materno y más lejos aún, en el torrente de la sangre de nuestros ancestros, que —a veces— nos espían desde el espejo.

Todo un viaje interior... Para marcar ese camino, bien valen las cuatro estaciones hacia la transformación del sujeto en actitud de aprendizaje: anhelar, desprenderse, amar y crear[35].

Buscando al personaje

Freud denominó Ello a los impulsos irracionales que desorganizan el Yo por contener lo que la conciencia reprime. Jung llama a esa misma dimensión "sombra" y la asimila a "nuestro hermano de la oscuridad": lo repudiado, el lado "negativo", el costado más arcaico, primitivo, agresivo, que no nos gusta

---

35 Pearson, 1992.

reconocer. Puesto que ejerce su poder detrás del ego, no es fácil de ver ni de aceptar[36].

La psicogenealogía viene a completar este cuadro: como eslabones de un grupo familiar desempeñamos los roles asignados —a veces— desde antes de nacer. Ver la sombra que nos genera, aceptar el desafío de transformar la realidad es la tarea de *des-programación* que estamos invitados a transitar para ser-en-conciencia. Traducir lo viejo y usar un nuevo lenguaje.

Los invito a realizar una apertura que recupere las percepciones, las huellas de los discursos que asumimos antaño como propios; que revisemos cómo se reactualizó en la adultez el repertorio de emociones y conductas que provienen de los arquetípicos argumentos de los relatos de familia y de los primeros "cuentos" (en su doble sentido: literarios y familiares) que nos narraron. Para eso les propongo sumergirse por el oleaje de la memoria afectiva hasta encontrar las diferentes voces que calaron en nuestra subjetividad.

Los patrones aprendidos en esos "textos" de origen se inscribieron y siguen presentes en la madurez de la vida amorosa o profesional; en las actitudes que tenemos como madres, hermanas, amantes, amigas y profesionales; como hijos, hermanos, esposos, amantes, artesanos o empresarios; laten en la concepción del mundo que construimos y en los prejuicios-creencias con los que miramos a los otros y a nosotros mismos.

¿Qué "guiones" de conducta infantil se vuelven a poner en marcha en situaciones de crisis? ¿Cómo funcionamos cuando tenemos por delante un dilema, cuando urge la toma de decisiones o cuando nos enfrentamos a situaciones límite? ¿Cómo detectar esas antiguas "manzanas envenenadas" que aún se nos ponen por delante y que comemos sin estar prevenidos?

Cada respuesta arroja un modo de ser: un mandato sobre cómo establecer una relación interpersonal. En cada sujeto habita la posibilidad de ser el monstruo, las hermanas envidiosas, el padre corrupto, el príncipe amante o la doncella bondadosa.

Cada perfil es un fragmento de nuestro ser total. A veces dejamos hablar a la niña que se sacrifica para salvar a su progenitor, otras veces nos piden la pala-

---

36 Jung, 2001.

Mandatos familiares

bra la Bestia o las mezquinas madrastras de todos los cuentos. Cada etapa pone a relucir un costado del mandato encarnado en el personaje que nos impusieron, que compramos, que llevamos como una cruz o que reinventamos cada día.

Nadie es siempre bueno o malo, sabio o ignorante, joven o viejo, audaz o temeroso. Somos todo a la vez o según las circunstancias. Lo mismo sucede con los arquetipos y los mandatos disfrazados de personajes: cada uno tiene sus propios problemas y sus ventajas. Cada uno de los patrones que nos gobierna conforma una parte de nuestra personalidad, un fragmento incompleto que, para crecer, necesita de otros aspectos que integren la unidad.

Así como un hombre integrador de sus partes femenina y masculina es un ser más maduro, sensible y poderoso, del mismo modo, cada mujer además de potenciar los patrones femeninos que la favorezcan deberá convocar también el ánimus que la complemente. Lo distinto no es lo enemigo, puede ser la puerta hacia una nueva luz...

¿Te asusta la imagen de Baba Yaga, la anciana bruja de los cuentos rusos? Este paradigma ya estaba presente en la mitología griega en la figura de Hestia. Si te alejaras de este personaje por miedo a la contundencia del paso del tiempo, a la imagen de la vejez, te salvarías de atravesar algunas zonas peligrosas, pero a la vez bloquearías el surgimiento de la sabiduría que entraña el paradigma de la anciana dadora de sus experiencias.

¿Creés que pasados los 60 años deberías sentir como a los 20? Pues quedar fijada al arquetipo de Afrodita (desear ser siempre la diosa del amor y vivir en rivalidad la presencia de cada mujer por la lucha posesiva del hombre amado) constituye un problema: los procesos vitales reclaman transformación de la energía erótico-amorosa: si ayer fue bueno sentirte una Bella Durmiente, hoy —ya madura— ese paradigma te inmovilizaría en la espera del beso que te despierte y, mientras tanto, dejarías de apreciar las bondades de acercarte a Artemisa, que te ofrece un gesto más inclusivo y solidario con otras mujeres.

¿Se pueden vivir personajes en simultáneo? Difícil, pero nunca somos solo eso que mostramos ser. Una etapa termina y se percibe como cierre (muerte) para dar paso a otra nueva (renacimiento). Sin embargo, en el devenir tejemos un mismo tapiz donde cada dibujo exhibe quién soy, quién fui, quién deseo ser...

Te propongo asumir una posición de autoconsulta: ¿qué personaje me compré y llevo puesto hace años tanto al mercado como a la fiesta, tanto a la cama como a la mesa? ¿Qué mito me cuento cada vez que tomo una decisión o asumo una determinada conducta? Si esa historia que "hago mía" es o no "verdadera", no es el problema; el asunto es si yo la considero "mi fábula", "mi verdad" porque de ahí derivan mis acciones, creencias, patrones y conductas. Ver los arquetipos que se combinan en una persona, tomar conciencia de eso es dar el primer paso para asumir o revisar los personajes que llevamos a cuestas; cambiar y transformar, pasar a la siguiente etapa de crecimiento o quedarse estancados...

Veamos un ejemplo que ejemplifica "la compra" del personaje por lealtad transgeneracional.

Ser (buen) hijo del Hijo

J. se compró el personaje por excelencia: Cristo. Su trauma es un ejemplo que ilustra la lealtad desmedida al "guion", tanto como hasta llegar a poner en riesgo su propia vida.

Es un abogado de 35 años. Tiene dos hijos (una niña de 11 y un varón de 9), su mujer es arquitecta y no ejerce. J. está en un buen momento, pero vivió una infancia difícil: fue criado por sus tíos paternos cuando su padre, Cristian, muere en un accidente (era camionero y vuelca en una ruta de Córdoba) a los 33 años. A la orfandad se suma la enfermedad mental de su madre: al quedar viuda comienza con brotes psicóticos (delirios místicos, alucinaciones auditivas), sufre diversas internaciones, y debido a su depresión psíquica pierde todo contacto con su único hijo, J.

El paciente llega a la consulta por sus fuertes dolores articulares, producto de las varias operaciones a las que fue sometido tras sufrir un accidente automovilístico dos años atrás. Aunque los estudios radiológicos y las resonancias dicen que a pesar de las fracturas y las prótesis en las piernas no hay nada más de qué preocuparse, J. siente que "tiene algo más". Teme sufrir cáncer de huesos.

El genosociograma resultó revelador: el paciente estaba "programado" para morir en ese choque que casi le cuesta la vida no solo a él, sino a todo el grupo familiar.

Mandatos familiares

El padre de J. era doble por nombre con el consultante. La fecha de nacimiento de Cristian, el padre, es cercana a la fecha de la concepción de J. (el padre había nacido el 24 de diciembre y J. nació el 22 de septiembre, es decir fue concebido en el mismo mes del cumpleaños del padre: diciembre). Como sabemos, el inconsciente es experto en matemáticas. Hace cuentas que desconocemos y organiza los acontecimientos para que la memoria del clan no se pierda. Lo llamamos "síndrome de aniversario". Esa es su programación.

Cuando J. cumple 33 años, siente que la presencia/ausencia de su padre se hace más evidente en su emoción: "Ahora yo tenía la edad de él cuando murió y eso me pesaba". Comienza una terapia porque cae en profundas depresiones. Unos meses más tarde de ese cumpleaños, en vacaciones de invierno, aprovecha la oportunidad de hacer una visita a un cliente del estudio que vive en Córdoba y con quien necesitaba una reunión en su lugar de residencia por motivos concernientes al juicio que estaba llevándole como profesional.

La familia —en época de vacaciones invernales— sale de viaje a las sierras cordobesas con un amigo del hijo menor como invitado para que los acompañe. Se alojan en Capilla del Monte, una localidad pintoresca y agradable. Esa mañana, J. se encamina a la localidad de Cruz del Eje (a menos de 40 kilómetros de distancia desde el hotel donde paraban) con su esposa, sus dos hijos y el amiguito del menor en plan paseo, pero con la intención de ver a su cliente. Maneja con precaución, es respetuoso de las señales y de la velocidad. J. es un hombre de "ley", responsable, confiable.

En el transcurso del viaje, uno de sus hijos se indispone. La mujer decide que bajarán del auto y descansarán en una hostería hasta que J. termine los trámites pendientes del juicio y regrese por ellos. Bajan todos y J. sigue solo el trayecto restante. Cinco kilómetros más adelante tiene un choque terrible con un camión que se le cruza a la mano contraria. J. se salva "por milagro" y "no cumple" con el mandato de morir por lealtad a su padre —Cristian— a los 33 años.

Muchos elementos del campo semántico judeocristiano, además del nombre de ambas ciudades, completan el escenario: la edad, la cruz, la capilla, la repetición del trauma, el sacrificio del hijo, los nombres, las fechas...

J. ahora —dos años después— alcanza a comprender la dimensión de la tragedia que habría significado para su familia y el niño invitado si en lugar de ganar la pulsión de vida se hubiese impuesto el "guion" de fidelidad al mandato. Su trabajo actual está centrado en salir de los temores que rodean su endeble estructura ósea, débil desde la niñez por tanto abandono y emociones bloqueadas respecto a la libertad que sintió amenazada para expresar su duelo cuando era niño. En biodescodificación la debilidad en los huesos se vincula a la desvalorización, la falta de reconocimiento. También sigue procesando ese "accidente" que pudo agredir brutalmente a todo el grupo y no solo a él, de no haber mediado en el hijo de J. un cierto mensaje que evitó un mal mayor: "Yo me bajo". Su malestar físico fue un salvoconducto que advirtió ese mandato —tal vez ¿intuyó un saber?— y evitó la tragedia familiar.

La descompostura del niño obligó al cambio de planes: esa fue una puesta en marcha de la ruptura fiel del patrón establecido: el hijo del hijo del hijo asumió (inconscientemente) el lugar de quien rompe la cadena de repeticiones.

La Historia y la historia

Lo que no hay que perder de vista es que nuestra subjetividad contiene también la historia psíquica de la humanidad, que cada momento de la Historia universal y de la historia individual funda sus modos de concebir el mundo y se sustenta en un determinado mito central. Entonces es cuando entre lo uno (general) y lo otro (personal) hace su trabajo esa savia-sangre familiar que corre por los ríos genealógicos de cada grupo.

Una vez más, ejemplifiquemos: en los tiempos originales, miles de años antes de la llegada de la ciencia al descubrimiento de los antibióticos, la "realidad" de un enfermo se evaluaba en términos de un ser poseído, un estado semejante a estar hechizado, o se consideraba que era necesaria una prueba que el sujeto debía cruzar con ayuda del sacerdote, el mago o el chamán. Se buscaba un exorcismo, un rito de purificación del alma, un brebaje de hierbas diversas y mágicas.

Hoy decimos que alguna bacteria, un virus o un efecto psicosomático por bajas defensas del sistema inmunitario hacen mella en el bienestar emocional o físico del sujeto aquejado.

Cada época construye sus mitos: el sanador/la sanadora son arquetipos tan antiguos como la humanidad. Y rodando los siglos se vistieron de dios, mago, bruja, terapeuta o cirujano, comadrona. Los símbolos de cada mito son imágenes arquetípicas ligadas con una determinada acción producto de una creencia-eje, central y predominante en la mentalidad de su contexto con sus ritos, fiestas, ceremonias, acciones, que reactualizan la cosmovisión de una cultura.

Nacemos y nos crían en un determinado tiempo/espacio cultural y recogemos junto con ese contexto las voces y reclamos, los miedos y silencios de los ancestros: un gran caldo de creencias, prejuicios, modos, actitudes... Lo sagrado y lo profano para cada genealogía.

En los sueños y las fantasías reaparece algo del fuego sagrado, que Jung nombró como *numinosidad*. Reflejos de aquellos misterios primigenios han caído del tiempo sagrado al bosque profano. Los dioses bajaron a la Tierra, se vistieron con trajes de reyes, mezclaron los caprichos del destino inexorable divino con los sentimientos humanos; los sabios sacerdotes dejaron su sitio a las ancianas curadoras por medio de cantos y plegarias. Todo eso perdido pero transformado aparece en las "películas" que cada grupo familiar proyecta a sus descendientes.

La propuesta es activar la memoria y la empatía: lo que está en juego en la conciencia de construcción del sujeto para visualizar cómo las exigencias sociales y los mandatos modelaron nuestras conductas y nos obligaron a una cierta "lealtad" con el personaje "incrustado". ¿Lo elegimos voluntariamente o nos calzaron la caperuza roja a la fuerza y seguimos llevando el peso de la canasta que le tocaría llevar a otro? ¿Quisimos ser la abnegada Gretel que sufre primero el abandono de sus padres y luego la autoridad de su hermano, o hubiéramos preferido comportarnos como la transgresora Alicia y seguir al conejo blanco, despreocupada y libremente? ¿Te identificás con la madre "descuidada" de Caperucita, con la actitud desconfiada de la Princesa del Guisante o con la curiosidad de Alicia? ¿Te sentiste obligado a ser el "Robin Hood" del clan o actuar como el padre sumiso ante una mujer que le manda deshacerse de *su cría* por envidia y celos? ¿Seguís siendo el "patito feo" de tu familia, por raro, distinto, incomprendido?

Los lugares que ocupamos en la tribu son dinámicos, nuestras actitudes varían —como es lógico— de acuerdo con las circunstancias, la madurez y el paso del tiempo, pero hay un "modelo" de base que nos caracteriza y responde a las exigencias de los mayores. Ese mandato se inscribe dejando surcos. Intento mostrarles ese "oculto" molde que nos envuelve y su extrema fijeza o paulatina transformación, según funcionemos en diálogo leal o rebelde con el molde… Para atravesar ese proceso, el primer paso es aceptar. Se impone revisar lo sabido, pensar lo sabido. Sin la determinación de saber-quién-soy (con sus luces y sombras) no saldremos del mandato que nos inscribieron, aun antes de nacer, aun antes de la misma concepción…

La idea es hallar ese estereotipo del relato fundante, mirarlo de frente —enfrentarlo— y salir de la zona de confort (aunque suframos, nos aferramos a ese modelo que nos oprime y muchas veces lo seguimos prefiriendo porque ahí estamos seguros, conocemos sus bordes, preferimos no movernos: la lealtad a la sangre nos da confianza).

La consigna es "remover" esas lealtades y confianzas tantas veces tóxicas y entrar en el conflicto. Poner nombre a aquello que perturba las decisiones, que nos enferma, deprime y salpica de consecuencias negativas a nuestro círculo más próximo: "Ya no repetiré la enfermedad de todas las mujeres mayores de la familia", "ya decidí que no hipotecaré mi vida personal por ser quien cuide a los que se dicen estar en vulnerabilidad permanente", "ya he resuelto hablar con mis hermanos para compartir la carga familiar que llevo sola". Y si esto no fuera posible, porque muchas decisiones dependen de nosotros y de los otros, por lo menos saldremos de los sentimientos que provoca la vieja situación: ya no más ira ni reclamos ni odios. Cambiar la emoción es cambiar la situación.

Esto es posible: la epigenética —ya lo dijimos— nos alienta al cambio sabiendo que un nuevo medio ambiente, otro paradigma de visión de las personas y contextos, una modificación en nuestros vínculos trae cataratas de metamorfosis en nuestro ser, tan poderosas que hasta se inscriben en el ADN y se puede transmitir a las siguientes generaciones una plataforma más sana que la heredada originalmente por los miembros de un clan. Ese personaje que compramos con sus canastas llenas de mandatos ajenos puede "morir" para permitirnos que renazcamos sujetos nuevos, sanos y libres.

Insisto, no hay un modelo único: no somos todo el tiempo la Sherezade a punto de morir o la que conquista al sultán con mil y una historias; no estamos permanentemente humilladas como la fregona Cenicienta ni todo el día con ganas de bailar sobre los tacones de cristal en el palacio; no vamos de aventuras como Pinocho a cada hora ni nos sentimos mutilados como el soldadito de plomo, todo el tiempo. Nunca somos de una sola vez y para siempre la misma encarnación de un personaje. Sin embargo, un modo de ser más profundo, más integral nos caracteriza: hay un personaje con el que hacemos más "eco" y sentimos que "nos calza" como anillo al dedo.

Lealtad vs. Libertad

El modo de captar una situación familiar determina nuestro impulso de someter la expectativa de los mayores a un molde. Ese mandato se encarna en un mito, adopta un esquema básico de conducta; se arraiga en el inconsciente de los integrantes de un grupo con determinados perfiles y comportamientos que emergen con potencia en la vida cotidiana sin que lo advirtamos racionalmente.

Ya de adultos, podemos dar batalla a los monstruos que nos abruman con pesadillas desde la infancia: solo cuando los conocemos podemos vencerlos. Esas reminiscencias míticas del sujeto operan invisiblemente en todas las etapas vitales.

¿Estás dispuesto a hacer un trabajo de autoanálisis, de autoconocimiento, de exploración del inconsciente? Allí está el lenguaje para encontrar alguna "traducción" de nuestras emociones, miedos y deseos. Autodefinirse, autorretratarse no es fácil. Las populares *selfies* solo ponen en primer plano nuestro rostro, no aparece lo que hay detrás...

Iremos desbrozando los bosques que ocultan al verdadero árbol, iremos remontando sus ramas hasta reencontrarnos con afán de echar luz a ciertos comportamientos y sentimientos que nos han dejado fijos en un estadio que tal vez nos impide avanzar, progresar, decidir, crecer, "darse cuenta". Revisar y —entonces— alcanzar la madurez consciente y las riendas de nuestra vida. Como Boris Cyrulnik, digamos que la felicidad no es un estado, sino una aventura. Para alcanzarla hay que "desatar las velas y lanzarse a navegar".

Habrá que sortear escollos, la "sombra" acecha detrás de cada imagen. "No nos aclaramos imaginándonos que somos seres de luz, sino haciéndonos conscientes de nuestra propia oscuridad", nos advirtió Jung.

Las fallas que la conciencia advierte y prefiere no ver por lealtad al clan, que escondemos debajo de la alfombra y nos negamos a nosotros mismos para demorar su cuestionamiento, necesitan atravesar zonas sísmicas. Costado incómodo al que, solo cuando lo reconocemos, podemos vencer.

La meta es doble: descubrir nuestro mito personal y poner en acción los hilos desconocidos que tejen otros arquetipos dormidos, necesarios, transformadores, que deben sintonizarse para alcanzar una madurez plena y libre.

Pongamos nuevamente la metáfora del cine como soporte: el mandato heredado nos obliga a "pasarnos la película" de nuestro inconsciente en la pantalla interior. Es una superficie de luz sobre un contexto en oscuridad. Así, lo luminoso y lo oscuro interactúan y nos revelan lo que permanecía en secreto: los móviles, las lealtades invisibles, las fechas que se repiten cada año con episodios semejantes, la enfermedad como mensaje. Somos Quijote y Sancho, Dr. Jekyll y Mr. Hyde, somos el conquistador y el conquistado, el día y la noche.

Generaciones en el mismo caldero

El corazón es el eje de todos los sitios sagrados...
Ve allá y explora.

BHAGAVAN NITYANANDA

En el inconsciente familiar se cuecen habas de todos los colores: habichuelas mágicas, guisantes para princesas astutas, migas de pan para orientar el camino, calabazas que no se comen, pero que salvan del "hambre" emocional, manzanas que seducen y ocultan venenos, pasteles mágicos del mundo de Alicia y sus brebajes que hacen crecer o encoger, pociones y sopas de tortuga. Hierve en el caldero de las generaciones, con mil aromas en fuegos milenarios, una misma sopa: esa con sabor a "nuestra tribu".

Me gusta pensar que el modelo mítico de caldero con tres patas responde a los tres momentos básicos de sucesión en un árbol genealógico: abuela, madre, hija. Abuelo, padre, hijo.

Que la tarea de investigación sea, pues, una invitación al festín, al banquete, a la mesa tendida para comer los mejores manjares: el conocimiento y la exploración de uno mismo. Por eso la metáfora que guía estas reflexiones se centra en la comida y sus acciones paralelas. ¿Por qué? Porque muchas veces los débiles son carcomidos por el miedo, las hermanas malas hacen "comidilla" criticando a Cenicienta, el dragón engulle al héroe, la ballena se traga a Jonás, la bruja mastica su odio, la princesa saborea el beso, el fuego se devora al malvado.

Bulimia de sometimiento y anorexia de lazos amorosos es lo que encuentro en las voces de los consultantes. De esa experiencia tomo el concepto clave —"alimento"— que funciona como eje, que es abarcador y extenso: implica nutriente básico (leche) y manjar (golosinas); nutriente biológico (pan) y espiritual (palabra); modos de cocinar lo crudo y de repartir el sustento; servir una mesa según la lógica del tiempo y la posibilidad de transgredir el orden; rituales de ceremonias palaciegas y platos humildes.

Cada etapa entraña los sabores que nos impregnaron la lengua de la infancia (por sabor y por lenguaje) y nos siguen marcando los ingredientes más destacados de nuestro modo de ser en el presente. Esto implica a la vez un modo de ser, amar, elegir, resolver, adaptar, creer. También, un modo de leer.

Dado que los relatos pueden tomarse desde la perspectiva que cada línea de interpretación personal sugiera, les propongo hacer del corpus seleccionado un corte en el eje "alimento". En sentido amplio, amplísimo: desde trozo de harina y agua que se amasa, guiso que se revuelve, ollas que se destapan, aromas que despiertan sentidos, "magdalenas proustianas" que evocan recuerdos, sabores amargos que rechazamos, arrorró que nos atraganta o murmullo de leche que nos acuna, pan y cebolla, recetarios secretos para dolores de panza, menú infinito, manteles con olor a limpio, platos rotos, cacharros heredados... Cada cual arme "su cocina", ese espacio que desde hace siglos nos nutre en los diferentes calderos de la imaginación.

Leer/comer: como dice Pennac[37], "dar de leer es una acción tan amorosa como dar de comer". Desde ahí, señalaré un itinerario de lectura que permita reconocer los sabores familiares impregnados en cada sujeto y reinventar ingredientes nuevos; usar los viejos utensilios, pero no dudar ante la posibilidad de apropiarnos de herramientas "sin pertenencia" a mi grupo; y —por fin— mantener la conciencia ardiendo de lucidez, los leños crepitando, los fogones incandescentes transformando la materia.

---

37 Pennac, 1993.

Alimento e intemperie

Regresemos nuevamente con la memoria afectiva a nuestros orígenes. Y más lejos hasta donde la imaginación y los relatos de los ancestros nos hayan llegado. Y más lejos aún: lo que sabemos porque se ha transmitido a través del inconsciente psicogenealógico.

¿Qué comíamos de niños?, ¿qué comieron (y qué no comieron) mis mayores? ¿Somos capaces de observar el menú?, ¿de qué disponemos? Vegetales y carnes. Caldos y brebajes. Y fuegos que arden para calentar, quemar, purificar, vengar y redimir.

¿Qué escena de la infancia trae el resplandor de la memoria y nos devuelve un mapa de emociones? ¿Es la falta de comida argumentada por los padres de Hansel y Gretel? ¿Es la perturbadora mano de Blancanieves tomando la fruta fatal de la falsa anciana? ¿Creés que siempre que dejemos señales de pan los pájaros se las llevarán?

Muchos mandatos están ligados a este eje poderoso de sentido, el alimento. Los mayores nos taladran con sus mensajes mudos que gritan profesiones, vocaciones, oficios; modos de esperar "que llueva café en el campo" o salir a ganarse el pan con sudor propio; hay quienes enseñan a generar condiciones para pescar y quienes regalan el pescado (a veces, podrido). Existen mandatos de enfermarse porque hay una presa que nunca se logra cazar, o se caza y se atraganta, o se traga y no se digiere. A algunos les marcan a fuego que deben "sostener la olla", a otros que deben estar atentos para dar la primera cucharada; hay padres que transmiten la austeridad de sus abuelos y otros que —pasadas las generaciones sucesivas— transforman esa expectativa de carencia en generosidad y abundancia. Están quienes creen que hay que ganar todos los terrenos para sembrar aunque haya que hacer harina al prójimo y —por suerte— están los que plantarían un cerezo aunque supiesen que mañana se acaba el mundo.

En algunas familias quedó inscripto el desarraigo: dejar la patria para no morir de hambre; y no faltan los que se duelen tanto ante la intemperie propia como la ajena; algunos viven tan secos como la suela de las botas que lamían sus ancestros combatientes en las guerras para calmar el hambre, pero otros dan vuelta ese mandato y escriben libros con recetas de cocina de sus antepasados, cuidan

Mandatos familiares

el medio ambiente para que el alimento no se intoxique de agroquímicos o se dedican a organizar comedores para niños y ancianos que sufren hambre.

Todo habita en esos mandatos, callados mensajes que oímos como truenos, mientras se tiende la mesa familiar, se cuelgan las sábanas recién lavadas, se prepara la fiesta de Navidad o se planta orégano en una maceta del balcón...

> Yo pongo con ustedes mi memoria afectiva a funcionar... y se encendió el fuego para calentar castañas en una fría mañana de invierno[38]. Mariuca va muy abrigada; es una niña huérfana, de corta edad, que sale a trabajar para pagarle sus "servicios de madre" a la señora que la cría. La nena aprovecha las brasas de su caldero para no sentir el viento gélido; ya revuelve con su espumadera, ya arma conos de papel para ofrecer el fruto caliente a los niños que compran sus castañas. Pero de pronto su silla se ve rodeada de pobres como ella. Se compadece y regala su mercancía. Regresa a la casa con temor de ser castigada. Efectivamente doña Paca la reprende y la amenaza porque no ha traído dinero.
> Al día siguiente su cesta se vacía porque la vuelve a ofrecer a los niños mendigos. Y ya no regresa. Sabe que no será perdonada. Nieva y se acurruca debajo de su paraguas a pasar la noche. Los ángeles bajan a prender el caldero para darle calor, lo llenan de castañas y cuidan sus sueños. Mariuca se despierta sin comprender. Una fila de pobres pide su cono ardiente de alimento. Más da la niña, más se llena el caldero.
> Mientras tanto, Doña Paca lamenta la ausencia de la chiquilla y sale a buscarla. Se maravilla cuando ve el prodigio del fuego que no cesa y las castañas calientes que no se acaban. Paca vende, Mariuca regala. Fin.
> Mi mamá me regaló este cuento en un librito con forma recortada que era la silueta de la vendedora niña. Me encantaba la historia. La recitaba de memoria. Y digo bien porque estaba escrita en versos, era "recitable". Este cuento de Fernandiz invierte el de H. C. Andersen de trágico final: "La vendedora de cerillas". Permi-

---

38 Me refiero a *Mariuca la castañera*, de la Colección Cuentos juguete (Biblioteca Valenciana), de Joan Ferrandiz i Castels (Barcelona, 1918-1997). Dibujante y escritor, creador de cuentos para el sello valenciano Vilcar, troquelados, que fueron muy populares en los años 60.

te que la protagonista sobreviva en la intemperie y la orfandad y sea premiada por su bondad, en cambio, para el autor danés, la niña de los fósforos quema sus últimos destellos mientras imagina que está invitada al banquete navideño de una familia como la que ella desearía. En su delirio de hambre imagina la escena anhelada antes de morir: "La niña creyó ver una habitación en que la mesa estaba cubierta por un blanco mantel resplandeciente con finas porcelanas, y sobre el cual un pavo asado y relleno de trufas exhalaba un perfume delicioso".

Mariuca recibió ayuda, no se quedó paralizada frente a su espejo de pobreza, eligió dar aunque en ello se le fuera la posibilidad de regresar a casa. La vendedora de fósforos —en cambio— gasta sus recursos en pura chispa para iluminar ideas peregrinas, no busca auxilio y sucumbe letalmente en la pasividad.

Mariuca no se come ella sola las castañas para saciar el frío. Se pone en movimiento: hace algo con sus recursos. La fosforera agota lo poco que tiene para darse calor en lugar de transformar sus herramientas en dinero, alimento, cobijo. La fantasía es buena hasta que nos consume y nos impide ver la realidad del medio hostil, entonces deja de ser compañera de juegos para ser mensajera de muerte.

Mariuca sobrevive y resucita de la nevada psíquica. Es una niña resiliente. En cambio, la vendedora de fueguitos cortos —las cerillas— no puede superar el agobio de su destino y sucumbe a la "sombra", paraliza su desarrollo. Tal vez por eso me angustió siempre la versión danesa de la misma situación: falta de abrigo y alimento.

Desde chica supe que para ganarse un lugar en la mesa primero había que ganarse el pan y compartirlo con los demás: ver a los otros que necesitan lo mismo que yo. No puse la mirada en los ventanales relucientes de los que tenían más, sino que construí la balsa con la madera a mi disposición. O para seguir con la metáfora del alimento: si hay limones, hay que saber hacer limonada.

Las cadenas de significantes son personales. Cada sujeto enlaza eslabones a medida que avanza en el camino de la superación y va eligiendo esas "piezas" que (nunca) nos completan. Las partes de ese *puzzle* (a veces rompecabezas, otras rompehuesos o rompecorazones) van construyendo la identidad tatuada en la piel.

Hoy no soy vendedora de alimentos ni me dedico al rubro restaurante o supermercado, pero me gusta cocinar. Decidí no comer dolor y elegí ser vegetariana. Sufrí anorexia nerviosa al nacer y estuve a punto de morir de hambre teniendo toda la leche disponible (la de mi madre y las artificiales) a mi alcance. Todavía hoy no tomo leche. Hice de la literatura mi alimento y de la oportunidad de sanar con palabras, mi tarea. Por vocación, "doy de leer como si diera de comer": amorosa, nutriciamente. Tengo una pequeña huerta en mi jardín y preparo mermeladas caseras. Planté un limonero y un naranjo. Nunca tuve un puesto de castañas como Mariuca, pero siempre me vi recompensada como el personaje: ante la adversidad supe hallar "pasarelas afectivas"[39] de donde sostenerme y por eso transmito el inmenso poder sanador de la resiliencia[40].

Necesaria aclaración

Es preciso que haya algo en el significante que nos resuene.

J. LACAN

Las cosas nunca son blancas o negras. Los mandatos no son ni buenos ni malos, depende de cómo los vivamos, con qué intensidad de filiación, con cuánto compromiso personal, si es respondiendo a otros con ciega lealtad o respondiendo a la libertad de elegir. Si nos sentimos realizados o sentimos que estamos oprimidos como un elefante en traje de bailarina clásica.

Todo depende del cristal con que se mire. Un vaso de vidrio con café es un vaso color oscuro y opaco; con jugo de frutillas, será rojo y brillante. Es el mismo vaso y, según cada cual, "se llena" de un color u otro. El vaso es universal y colectivo, lo llamamos *junguiano*. El "color" depende de cada historia familiar, de cada individuo, de las historias personales, lo llamamos *transgeneracional*.

Ninguna interpretación da un sentido, ni es imperativa, normativa, de dic-

---

39 La expresión es de Boris Cyrulnik.

40 Celebro y agradezco las manos de mi madre que pusieron entre las mías todos los libros que devoré de niña y me compensaron el vacío de deseo vital en el nacimiento.

cionario o registra una verdad única. Interpretar es orientar posibles equívocos, provocar la sugestión, intuir nuevos sentidos, conmocionar lo sabido, escarbar en tierras ignotas, "producir oleaje", es la lograda expresión que usa el psicoanalista francés cuando indica la necesidad de que "algo nos resuene".

Por lo tanto, este abanico de imágenes —aun con su base colectiva y universal— es subjetivo, discutible y motivador de nuevas búsquedas. Todo significado es siempre parcial, aproximado, provisorio. En cada caso hay un resto de resonancia que es única y personal. Algo de lo dicho y lo no-dicho hace eco de manera particular en el inconsciente de cada sujeto. En esa libertad se conjuga el sentido. Toda interpretación, por eso, despierta interrogantes. Está más cerca de la poesía que de las certezas.

Se abre el telón y aparecen los personajes de esta galería ancestral…

a) Niñez

Linajes familiares y ritos de alimentación
Caperucita, Gretel, Alicia

- La Curiosidad / Cargar la cesta
- La Justicia / Poner la casa (de dulce) en su lugar
- Soñar / Participar del té (de locos)

... quien no ha estado alguna vez perdido, completa y atrozmente perdido, vivirá en su casa como un mueble más y ni sospechará lo que de hazaña y conquista tiene el sosegado edificio de la cotidianidad. Pero el niño lo adivina y es por amor a la casa que algún día será suya, por fe en el ser que el destino le hará ser, por lo que cierto día abandona silenciosamente el hogar de sus padres al despuntar el alba, con un hatillo en el hombro, para partir hacia el horizonte distante y el miedo aún desconocido.

FERNANDO SAVATER[41]

---

41 Savater, 1982.

La Curiosidad / Cargar la cesta / CAPERUCITA ROJA

¿Por qué el arquetipo de Caperucita es la curiosidad?

Porque nos permite desglosar los siguientes aspectos:

- ¿Cómo se construye la identidad? ¿Quién soy?
- ¿Qué significa ser mujer? ¿Qué es cumplir el "rol de la mujer"?
- ¿Qué hay en "la canasta" que se carga en mi familia?
- El peso del árbol genealógico. Las tres generaciones de mujeres: abuela, madre y niña. La presencia del cazador como el hombre en cuestión.
- La curiosidad más temida: ¿cómo ser fiel al linaje sin traicionarse?
- Lo familiar es siempre lo más ominoso. Peligro y desprotección.
- Caer en la trampa: la atracción de lo prohibido. Aventurarse al conocimiento.
- Otros personajes funcionan como las "hermanas" míticas de Caperucita: Eva, Pandora, Rizos de Oro y la esposa de Barba Azul.

¿Es Caperucita tu mito personal?

> *Para volver a captar el sentido del mito tenemos que cambiar nuestra forma de mirar, debemos abrir el objetivo de nuestra razón para que entre más luz.*
>
> Carlos Goñi

Da igual ser hombre o mujer. Que quede claro: para los mitos que nos habitan, un personaje funciona como arquetipo, excede el género, se identifica con "la función".

Puede que seas muy masculino y sentir que te ponen una canasta pesada en los brazos para atravesar los peligros del bosque. Insisto: las líneas que propongo deberían ser interpretadas —en la mayoría de los casos— de manera reversible.

Para empezar a internarnos en los posibles paradigmas que pueden estar gobernando nuestra subjetividad, debemos desprendernos de lo ya aprendido. Si seguimos pensando en Caperucita como la nena del cuento que se enfrenta al lobo en el bosque, tal y como lo leímos en la infancia, nos costará mucho esfuerzo traspasar esa barrera "literal" para acercarnos al paradigma del mandato personal.

Despojados de aquellos atributos que dimos a los personajes (el lobo malo, el cazador bueno, la nena inocente, la madre amorosa, la pobre abuelita), dejemos que las versiones, los diferentes finales, agregados y supresiones que cada época añadió o eliminó vayan orientando "la nueva foto".

Digamos para empezar que La Curiosa/El Curioso constituye un patrón muy interesante. Todos en alguna etapa de nuestra vida atravesamos ese portal de indagaciones cuya potencia sigue encendida cada vez que decidimos lanzarnos a aprender algo nuevo, a fisgonear y vencer mensajes interdictos, a cuestionar las normas para alcanzar otro saber.

Pero ¿seguimos detenidos en ese umbral para averiguar lo desconocido original ("la escena primaria" para decirlo con Freud) o ya lo abandonamos en busca de nuevos interrogantes? Develemos esta cuestión...

La Curiosidad se pregunta básicamente por la identidad. "¿Quién soy, de dónde vengo, cómo sucede?". Hay en este mito un fuerte engranaje familiar que sigue encadenando cuestiones de lealtad al linaje sin permitir la libertad de ser. Para constituirse en sujeto, primero hay que poder inscribirse en un origen, reconocerse como parte de un clan, sentirse un hilo de esa trama que nos antecede, aprender los ritos de "cómo se arma la canasta" en esta familia y luego —no sin dolor y desilusión en muchos casos— salirse de la madeja, soltar el peso de la cesta que nos acomodaron en el antebrazo. En ese punto está la universalmente popular Caperucita.

El matriarcado de este cuento sostiene este árbol "desequilibrado": la abuela está enferma, su hija cocina para ella y envía a la nieta a ver a su abuela. Círculo perfecto, cerrado y femenino. Genealogía de mujeres que impiden la entrada del varón. ¿Dónde está el padre de Caperucita? ¿Y el abuelo? ¿No tiene hermanos? Nada sabemos de "la cosa masculina".

El lobo —lo otro, lo bestial, lo diferente— funciona como puente hacia el equilibrio. Avalo la tesis de Bruno Bettelheim sobre el simbolismo erótico de la caperuza roja y la figura brutal (animal) que rompe la cadena matriarcal y que hace posible el crecimiento de la niña. Pero la tierna Caperucita no lo sabe. Y anda despreocupada por el bosque creyendo que, si su mamá la envió, no debería temer nada. Confía... Y pierde.

Y gana, porque al salir del bosque con un nuevo estadio de conciencia habrá aprendido que para ser una mujer deberá todavía atravesar varias situaciones, aun esas que transgredan la orden materna, que la enfrentan al miedo y la obligan a tomar decisiones.

Cuando lo masculino hace su aparición en escena, asume las veces de un animal (un lobo, o un oso en "Rizos de Oro") o un salvador (cazador, príncipe), es decir, los hombres atacan bestialmente o defienden a las (tontas) mujeres. ¿Es que no puede haber una relación de paridad? Así lo leímos de niñas. Si nos atacan, ¿no podemos defendernos solas? Una vez más: la indefensión en las mujeres es aprendida. Debemos *des-aprender* eso y apropiarnos de nuevos aprendizajes.

Y si se nos cruza "un lobo", ¿no podemos intentar relacionarnos sin temor? La tensión entre los dos símbolos opuestos del hombre juega una división maniquea: nos enseñan que el hombre —la fuerza masculina o el arquetipo del Guerrero— nos devora o nos redime. ¿Podemos permitirnos pensar en otras opciones?

De pensar otra alternativa trata esta indagación en el mito personal donde juegan una intensa batalla los paradigmas. Vale la pena insistir una vez más: somos la niña y somos el lobo, somos la madre y la abuela, somos el cazador. Cada "personaje" es una tensión que tironea de nuestra subjetividad: a veces se impone el orden, otras veces las reglas, otras el miedo o la búsqueda...

Tiempo de preguntas: ¿cuál de esas verdades "te vendieron"? ¿Cuál "compraste"? Atención: esta "mercadería" (las creencias) tiene devolución, se puede desechar, reemplazar, devolver a quien la impuso y comprar de nuevo la que decidamos libremente...

La clave es "integrar"; somos ese combo de niña/lobo/madre/abuela/cazador. Si nos desprendemos de alguna de esas fuerzas, volvemos al desequilibrio que planteábamos anteriormente. Con el lobo tendremos fuerza instintiva en acción, sin el lobo seremos solo dulces corderos a merced de cuanta violencia externa nos ataque...

Una niña dotada

Tomo la expresión de Alice Miller. En su obra *El drama del niño dotado. Y la búsqueda del verdadero yo* nos alienta a romper con las ilusiones que engañan y nos alejan de construir la verdad sobre nuestra identidad. Soy una lectora agradecida a esa puerta que esta psicoanalista dedicada a los niños y niñas abre con sus experiencias profesionales: permite revisar creencias, nos habilita a poder ser diferentes a aquello que nuestros padres o educadores programaron para nuestras vidas ¡y no sentir culpa por eso!

Llegar hasta la llave que abre el real sentir que atravesamos en la infancia nos ofrece la posibilidad de derribar mitos sobre nuestros mayores. Respeto no implica que los endiosemos. Aceptar que se equivocaron y que pudieron lastimarnos es más sanador que vivir en la fantasía de "perfección" en la que muchos hijos e hijas colocan a sus progenitores. "Con ilusiones no pueden curarse las heridas", dice Miller.

Que la realidad puede ser intolerable de aceptar es cierto: si nos ignoraron, nos pasaron sus inseguridades, nos usaron, nos abusaron, nos exigieron, nos hicieron presenciar situaciones abominables, no nos protegieron de vivir ciertas experiencias... seguiremos heridos de por vida. Es preciso ver esa realidad, no taparla. Hacerse cargo es doloroso. Sí, muy penoso. Puede ser intolerable reconocerlo, pero es necesario pinchar la burbuja ilusoria y animarse a ver la realidad. Tenemos tan anestesiados aquellos sentires que hasta creemos que nunca hemos transitado peligros, escenas turbias, castigos o maltratos. No los registramos. Tan sepultados quedaron en nuestro inconsciente que no hay rastros en la memoria. Tan fuerte fue la represión para borrar o, mejor dicho, para arrinconar esos sentimientos.

Vaya un ejemplo: desde esta perspectiva ahora ya no nos parece tan "normal" que una madre envíe a una niña al bosque para llevar alimentos a la abuela. Nunca se nos ocurrió preguntar: "¿Y por qué no fue ella?".

Caperucita es una niña "dotada": fiable, comprensiva, amable, cordial. Casi una adulta. ¡Pero es una niña! Acepta todo lo que se pretende de ella para ser amada y por supervivencia. Por eso es para los adultos una niña ideal: "utilizable", disponible, manipulada.

Fuimos hijas e hijos sobreadaptados, dóciles, disponibles. Ahí estaban los adultos, padre y madre, arrastrando sus traumas irresueltos. El padre sin comprender el vínculo y las necesidades propias de un niño, una niña. Ante su inmadurez afectiva (porque ser padre lo colocaba de nuevo en la herida que vivió en la infancia) del progenitor, la posición de hijo queda expuesta a sufrir con extrañamiento la falta de cuidado, de respeto a los deseos o al propio ritmo de desarrollo. Ese dolor se acumula, se naturaliza y ya es tan normal que deja de perturbarnos la falta de abrigo, que no se valoren los logros o que siempre falte un poco más para alcanzar las expectativas. También la madre, reviviendo sus dolores de infancia mientras cría a sus hijos, los manipula: en el espejo que los niños le muestran ella vuelve a padecer su propio abandono, presión, vergüenza, soledad. Reaparece su niña herida. No pudo salir de ese cono de sombra antiguo y dormido que ahora la maternidad le reaviva. Se pone en escena su propia infancia desvalida.

Y lo mismo podríamos repetir ahora con nuestros hijos si no asumimos que es tiempo de tomar conciencia. Y hacer el duelo de aquello que nos inhabilitó cuando fuimos pequeños para no traspasar el trauma a las nuevas generaciones. Nuestros padres son personas, no dioses. Humanizarlos les quita la exigencia de perfección. Está en cada uno, en cada una, animarse a verlos como seres imperfectos.

Los adultos que de niños no tuvieron un ambiente familiar de confianza y seguridad serán padres necesitados de esa protección anhelada y nunca conseguida: buscarán toda la vida llenar ese hueco. Sus necesidades insatisfechas e inconscientes se reactualizan cuando les toca asumir el rol de padre-madre y es en los hijos en quienes encuentran la vía sustitutiva más a la mano. "Toda madre solo podrá ser empática cuando se haya liberado de su infancia… Lo mismo se puede decir del padre"[42].

El desarrollo sano en la infancia depende de unos adultos que ejerzan el maternaje/paternaje ofreciendo un alimento afectivo superador de viejas inseguridades, de sus propias carencias amorosas del pasado y de una gran cuota de respeto por ese sujeto que es el hijo.

No podemos cambiar el pasado: ya no somos niños. Podemos reparar los efectos del dolor observando de cerca nuestra propia (e incómoda) historia. Tapar, callar, ocultar no resuelven el trauma. Lo ahondan. Poner en la conciencia sentimientos antiguos no quiere decir deslealtad al clan, sino fidelidad a nosotros mismos. La historia no cambia, pero tenemos la posibilidad de transformar las consecuencias de un episodio amargo dotándolo de sentido.

Ver esta realidad no es grato, pero es necesario para recuperar la propia subjetividad: cerrar los ojos de la memoria afectiva lastimada cuando fuimos niños no colabora para la tarea de sanación. Es interesante introducir el término de C. Bollas: *normótico*. Muchas personas dicen haber vivido infancias bellas, amorosas, haber sido respetados en sus tiempos, escuchados y tomados en serio. Todo fue tan perfecto que no cabe ni una arenilla que interrumpa el clima paradisíaco construido a modo de fortaleza para no expugnar lo sufrido.

Lo normótico es una afección que consiste en ser "anormalmente normal": todo se idealiza para no sufrir, pero los efectos están a la vista. Sujetos robotizados que aseguran que todo marcha bien y que nada merece crítica o reevaluación.

"Si la afección psicótica se caracteriza por una quiebra en la orientación hacia la realidad —dice Bollas—, la afección normótica se singulariza por una ruptura radical con la subjetividad".

---

42 Miller, 2015.

Una paciente en plena crisis por la separación matrimonial luego de 12 años de relación me aporta una escucha clave: llora y —mientras narra su dolor presente— entremezcla otro discurso contrapuesto. El relato que contrasta a su vacío actual es "la bendición de mis padres tan unidos", "una casa en la que nunca hubo peleas", "la hermosa vida de mi infancia y la unión con mis hermanos", "la perfección del amor de mis padres".

Muy bonito... Una casa, unos padres y una perfección vivida que, sin embargo, no dotaron de estructura psíquica para afrontar el duelo que ella vive ahora como mujer adulta que atraviesa una crisis. Si ese primer refugio de confianza y respeto familiar hubiese sido tan perfecto, la crisis personal no estaría en los bordes patológicos que esta mujer de 50años arrastra hace meses sin superar el impacto de la infidelidad sufrida, deambulando a fuerza de ansiolíticos y con recaídas violentas con dos intentos de suicidio.

Está en tratamiento psiquiátrico con medicamentos antidepresivos por un lado y, por el otro, hace dos semanas inició terapia psicogenealógica. Se encuentra en pleno período de avance y retroceso. Por mi parte, confío en que superará este vacío, advierto que comienza a ver que estuvo siempre parada en una estrecha parcela de punto de vista. Que viene negando la realidad y que solo vio lo que quería ver. Su árbol está despejando otro paisaje. Siento que el análisis que llevamos adelante le está permitiendo hacerse cargo de su abismo actual (la decepción) y tiene recursos para renacer. Para eso este duelo presente debe aceptar las heridas del pasado lejano, ahora en vías de tramitarse. Inicia una capacidad desconocida: algo que la mueve de la fijación en su paraíso construido como un juego de naipes... Le queda animarse a dejar la medicación y volver a ser una persona autónoma. Tal vez esté muy cerca de ver y destapar el síntoma que aún la adormece con pastillas.

La toma de conciencia es aceptar que en la familia no todo fue ni tan ideal ni tan normal. Remontar escenas perdidas en el ramaje de un árbol con incestos, muertes prematuras y sumisión femenina; aceptar el reto de desidealizar; animarse a dar ese salto cualitativo respecto del clan. Esos son los primeros pasos para la recuperación del eje interior.

En consonancia con los conceptos de "dotado", "disponible" de Miller, la idea de lo normótico viene para hacernos reflexionar sobre nuestras actitudes sordas a los reclamos del niño o niña que quedaron atrapados en la frustración, ante la falta de comprensión de los adultos o la carencia del alimento afectivo.

Dime lo que llevas...

Familia y alimento se corresponden en este estadio de búsqueda e indagación. En "Caperucita Roja" no hay banquetes ni perdices, para llegar a esa etapa en la evolución falta bastante todavía. Somos niñas y "no hay carne". En esta "edad mítica" parece que la opción es vegetariana... Por ahora —y según las versiones— la cesta contiene pan y leche, o pasteles y vino, o manzanas, mantequilla y torta. Esos son los productos que se ven o, por lo menos, se mencionan. Pero la canasta contiene otros que permanecen tapados, secretos y, por lo tanto, de los que NO somos conscientes: creencias, mandatos, guiones, lugares cristalizados, expectativas...

Llevar la cesta implica una carga: una doble responsabilidad. Por un lado, cuidarse (sola en un mundo hostil como el bosque) y, por otro, cuidar la comida para la abuela. Nos preguntamos —insisto sobre lo ya anticipado— si estas actitudes nos resuenan normóticas: ¿cómo es posible que la señora madre, luego de hornear, expulse a los peligros del bosque a una niña? ¿Es una madre tonta o descuidada? ¿Cómo exponer al peligro a una cría pequeña? ¿No debería cumplir ella los deberes de hija con la anciana? ¿La madre de Caperucita funciona más como hija o como madre?

Invertir los roles, ocuparse de los mayores siendo niños, encarna una situación de riesgo. La parentización, cuando los hijos se comportan como cuidadores de los adultos, implica una inmadurez del mayor y una responsabilidad fuera de lugar para el menos preparado[43].

... Y dónde lo llevas

La cesta, canasta, espuerta o cesto es un recipiente con asa central por donde se pasa el brazo para llevarla con más comodidad. Se usa para transportar ob-

---

43 Sigo a Alice Miller para el concepto de "parentización": fenómeno patológico por el cual el adulto cede al niño la posta de la responsabilidad aunque por edad, madurez o capacidad emocional no se esté preparado para ser el sostén de su familia. La sobrecarga con roles que no le corresponden al menor deja en evidencia a los adultos incompetentes.

jetos. Suele estar tejida con mimbres, juncos, espartos u otras plantas. Abierta o con tapas, acompañó a las protagonistas de mitos y relatos anónimos en la historia de la humanidad. Como objeto sagrado —devenido profano— está presente en santuarios y altares.

La cestilla suele aparecer ligada a los ritos de iniciación femenina en honor a divinidades de la tierra. Las ofrendas de la agricultura, sus frutas y semillas son parte de los ritos paganos en honor al espíritu que protege los cultivos y la cosecha.

Aclarado esto, el objeto central, volvamos a la escena de nuestro personaje: sale de casa cargando una canastilla con alimentos. La madre la envía con el "encargo" y le "carga" una enorme responsabilidad: cuidarse y cuidar el contenido del cesto. Pero como no sabemos en verdad lo que llevamos —además de las vituallas entregadas por la madre—, deberemos hacer profundos caminos para abrir la conciencia. Busquemos ayudas…

Como tantas veces, la etimología es una gran cartografía para comprender los sentidos ocultos: *escusabaraja*[44] es un término sinónimo de *canasta*, *cesta*. Está compuesto por *escusa* y *baraja*, lo cual —si analizamos detenidamente el significado individual de cada uno de los componentes— nos conduce de manera indefectible hacia el significado de esta palabra. Así, *escusa* —que no *excusa*— proviene del latín *absconsus*: 'escondido', y *baraja*, en su segunda acepción en el DRAE, designa una 'gama amplia de posibilidades, cosas de uso común, u opciones'. De ahí *escusabaraja*: una cesta de mimbre, con tapa, que sirve para "esconder" una "amplia variedad de cosas de uso común".

¿Qué "escusabaraja" (cosas escondidas) tiene en la cabeza una madre cuando pone en función el poder de un mandato dirigido a su hija, a su hijo? ¿Con qué cargas ajenas sigue pesando la cesta que te "donaron" hace años? ¿Reflexionaste sobre la "herencia" que te tocó en suerte al asumir que serías el portador de la canasta familiar? Dar de comer sin velar por quien parece decir el relato en todas sus versiones. El cotidiano e inocente elemento —la cesta— es común a todos los relatos de Caperucita: puede faltar el cazador, pueden variar los alimentos, el escenario… pero nunca se omite la cesta que carga la niña.

---

44 http://365palabras.blogspot.com/2011/03/escusabaraja.html

Caperucita y sus "abuelas". Las versiones

El cuento con el personaje de Caperucita parece ser uno de los más conocidos en todo el mundo y tiene múltiples versiones. La más antigua de la que se tiene noticia proviene de la campiña francesa en plena Edad Media. Tal vez el dato más interesante se revela en la metamorfosis del título: la historia original contada entre los campesinos se conocía como "El cuento de la abuela". No es la única modificación respecto del que conocemos hoy: en aquel, el lobo no solo se comía a la anciana... ocurría algo más escandaloso: ¡La nieta engañada devoraba trozos de la viejita y bebía de una botella la sangre creyendo que era vino!

Antropofagia, canibalismo, escatología, violencia, ritual totémico: en la primigenia mentalidad para llegar a ser una mujer había que poseer la potencia de los mayores del clan, beberse su sangre. Tener la misma sangre no alcanzaba, debía agregarse "un suplemento"...

Aquel relato oral circuló por años de boca en boca, de pueblo en pueblo, de generación en generación. Fue divulgado por escrito inicialmente por Charles Perrault en el siglo XVII, que transformó al *bzou* (hombre-lobo) en animal feroz y se propuso una moraleja a las jovencitas, pues estaba dedicado al público adulto. Posteriormente, en el siglo XIX, Jacob y Wilhelm Grimm versionan la historia —tal vez la más popular— y ya pensando en público infantil.

Tenemos, pues, el relato oral de los campesinos franceses, luego sobre esa historia Perrault crea la primera versión escrita y, por último, la difundida para niños en el romanticismo alemán. ¿Qué tienen en común las tres versiones? Un mismo inicio y finales diferentes. Veamos.

En todos los comienzos hay una madre que termina de hornear u ordeñar y manda a la hija con una canasta a llevarle alimentos a su abuela. El más antiguo de tradición oral comenzaba así:

"Había una mujer que acababa de cocer pan. Le dijo a su hija: 'Ve a llevarle esta hogaza calentita y esta botella de leche a tu abuelita'. Y la niña partió"[45].

---

45 Relato oral tradicional tomado de Tenèze, 1957.

Perrault[46] lo expresaba con más adorno: "Había una vez una niñita en un pueblo, la más bonita que jamás se hubiera visto; su madre estaba **enloquecida** con ella y su abuela **mucho más** todavía. Tanto que le había mandado hacer una capa roja y le sentaba tan bien que todos la llamaban Caperucita Roja. Un día su madre, habiendo cocinado unas tortas, le dijo: 'Anda a ver cómo está tu abuela, **pues me dicen** que ha estado enferma; llévale una torta y este tarrito de mantequilla'. Caperucita Roja **partió enseguida al otro pueblo**"[47].

Y los Grimm lo dicen de esta otra manera: "Ven, Caperucita Roja, aquí tienes un trozo de pastel y una botella de vino, llévaselos a la abuela, está enferma y débil y con eso se pondrá bien. Marcha antes de que haga calor, **sé buena y no te salgas del camino**, si no, **te caerás, romperás la botella y la abuela no tendrá nada**. Y cuando llegues a su casa, no te olvides de **dar los buenos días** y **no andes curioseando por todos los rincones**"[48].

Los subrayados destacan nuestro tema eje y promueven algunas preguntas. ¿Qué mueve a una madre a enviar a su hija a *la boca del lobo*? ¿Te resuena inaceptable o normal que haya semejante desprotección con un hijo? La versión cortesana y moralista incluye la moraleja y la advertencia de no desviarse del camino, pero la casa de la abuela queda al otro lado del bosque. ¿Por qué incurre la madre en semejante descuido protector? ¿Por qué cumple tan livianamente su función de maternaje?

La raíz del asunto se agazapa en los lazos entre las tres generaciones de mujeres: mientras la señora que prepara la cesta es madre, no ha dejado de ser hija de la anciana que espera ayuda.

---

46 La versión de *Le petit Chaperon Rouge* publicada en 1693 y editada dentro de la colección *Histoires ou contes du temps passé y Mamá Oca*.

47 No agregaré comentarios, dejo para el ejercicio de los lectores advertir el simbolismo de los destacados: enloquecida, más todavía, pues me dicen, partió enseguida a otro pueblo…

48 Mismo ejercicio: parece que no queda otra opción que "traducirlo" así: "Sé educada, saluda, cumple este mandado que te encargo, y si te cayeras no importa si te haces daño, lo esencial es que los alimentos lleguen a destino". Con Alice Miller, diremos: no hay dudas, la pobre Caperucita es una "niña dotada".

Mandatos familiares

Ser a la vez hija y madre implica una doble división de funciones. Si crecemos aprendiendo de lo que vemos, debe de haberle resultado algo confuso el mensaje a la niña. Ser madre (la señora que hornea) es ocuparse de los mayores (la débil abuela), o sea, es ser hija. Entonces ser hija (la niña) supone estar al servicio de los mayores aunque quede expuesta a cualquier riesgo y peligro.

Pero algo debió de "hacerle ruido" a Caperucita y ese fue el motor de su paradigma: la curiosidad ante una madre que no mide la amenaza potencial de este mandato, un ser feroz y desconocido le habla amistosamente. Luego ve a una abuela demasiado peluda y enorme esperándola en la cama. Demasiadas ambigüedades. Extremas confusiones. La identidad es esencialmente lo que está en vilo: ¿quién es quién en esta historia? ¿Cuál es el rol correcto?

Caperucita indaga ante la perplejidad, por eso es la Gran Preguntona de los cuentos de infancia[49]. Advierte la cadena de situaciones turbias. Inquiere. Lo hace en actitud exclamativa, pero no esconde la duda, el asombro y la necesidad de obtener respuestas tranquilizadoras al *extrañamiento* que la conmueve.

"**Se extrañó** de que la puerta estuviera abierta y según entraba en la casa **se sintió tan rara**. Gritó 'Buenos días', pero no recibió respuesta. Entonces se acercó a la cama y descorrió las cortinas; allí estaba la abuela, tenía el gorro calado hasta los ojos y **parecía tan extraña**"[50].

Y como buena Curiosa, buscó explicaciones coherentes entre la realidad absurda y su propia lógica: "¡Qué uñas tan grandes tienes!", "¡Qué orejas tan grandes tienes!", "¡Qué boca tan grande tienes!". Cada exclamación encierra una misma pregunta: "¿Cómo puede ser?". Cada pregunta orienta la brújula para entender lo que hay debajo de la punta del iceberg: ¿Quién es? ¿Quién soy? ¿Cómo se construye una identidad?

---

49 También Alicia es Preguntona, pero sus dudas no parten del orden cotidiano porque ella pretende alcanzar razones más "filosóficas". Volveremos al punto en su capítulo.

50 Versión de los hermanos Grimm, recopilada dentro de la colección *Kinder-und Hausmämarchen* entre 1812 y 1815 con el título original de *Rotkäppchen*; es la que se ha impuesto sobre otras versiones.

¿Todos los lobos son malos?

El lobo salvaje o el hombre-lobo eran fantasías corrientes en la época en que circulaban estos relatos. Pensemos que por un lado en la Edad Media las leyendas sobre "hombres-lobo" estaban muy presentes y causaban terror en la población, pero además proliferaban los ataques de lobos verdaderos en muchas aldeas y campos. Hay testimonios de circulares enviadas a los agricultores con instrucciones para vigilar las tierras y cuidarse de los ataques. Por eso, para un campesino del siglo XV el enemigo era tanto la fiera como un villano que atentara contra la integridad de sus bienes (incluida la labranza, el ganado y el honor de la familia).

Robert Darnton sostiene que en esos relatos primitivos el final catastrófico no es el resultado moral a un castigo por la mala conducta. Caperucita no ha hecho nada para ser devorada por el lobo "porque en los cuentos campesinos, a diferencia de los cuentos de Charles Perrault y de los hermanos Grimm, ella no desobedece a su madre, ni deja de leer las señales de un orden moral implícito que están escritas en el mundo que la rodea. Sencillamente camina hacia las quijadas de la muerte. Este es el carácter inescrutable, inexorable de la fatalidad que vuelve los cuentos tan conmovedores, y no el final feliz que con frecuencia adquirieron después del siglo XVIII"[51].

Sin embargo, no deja de impresionarnos la dimensión trágica. Como en los mitos y relatos originales, la vida pendía de un hilo llamado destino. Luego el libre albedrío ocupó su sitial. Y aun así, nos hicieron creer que las mujeres seríamos redimidas gracias a la llegada de un señor armado (no amado). En la cotidianidad de nuestros días no andan por ahí unos señores calzados con escopetas dispuestos a matar a cuanto lobo se nos acerca, pero sigue vigente ese patrón de violencia. Y muchas veces el cazador bueno es solo una de las máscaras del lobo...

Y así lo vio Gabriela Mistral. Su poema, más cerca de la mentalidad realista medieval (tan parecida a veces a la actual pandemia de la violencia de género) que de la florida imaginación del romanticismo alemán, propone esta versión:

---

51 Darnton, 1987: p. 62.

> Tocan dedos menudos a la entornada puerta.
> De la arrugada cama, dice el Lobo: "¿Quién va?".
> La voz es ronca. "Pero la abuelita está enferma",
> la niña ingenua explica: "De parte de mamá".

Y en la última estrofa, el final no es feliz:

> Ha arrollado la bestia, bajo sus pelos ásperos
> el cuerpecito trémulo, suave como un vellón,
> y ha molido las carnes y ha molido los huesos
> y ha exprimido como una cereza el corazón.

Como sabemos, los finales son diversos: en la versión oral más antigua, el lobo se devora a la abuela, pero Caperucita logra escapar. Con Perrault, tenemos final desgraciado y aleccionador: mueren la abuela y la nieta. Será con los hermanos Grimm que la figura del cazador resuelve el final con el salvataje de las dos víctimas: muere el lobo y nace el "*happy end*". Recordemos que en su faena, el cazador le abre la panza al lobo y así rescata a ambas mujeres. Después, Caperucita llena la panza de la bestia con piedras, y cuando el infortunado animal despierta con sed y va a beber a un estanque, se desploma por el peso y muere ahogado.

La niña ha salido indemne del vientre de la fiera. Ser tragada y liberada conforma un proceso mítico. Mircea Elíade lo ha denominado *regressus ad uterum*: regresar al no-ser, permanecer en el reino de la muerte, para encontrar el significado de la vida. Como Jonás y la ballena bíblica o Pinocho en la panza del tiburón —reencontrando al viejo Gepetto—, en todos los casos se trata de un acontecimiento sagrado en el periplo del héroe en busca de su aprendizaje: peligros, pruebas, muerte. Ese renacimiento los devuelve a todos a una realidad nueva y a una conciencia madura.

Curiosear para saber

"Aullar con los lobos" es una expresión citada por Robert Darnton para referirse a un antiguo refrán de la Francia medieval en alusión a aceptar lo que hay para vivir, acatar la realidad. En una época cruel y sórdida como aquella, donde la supervivencia era una batalla diaria, a los lugareños no les quedaba más que "aullar con los lobos" para defenderse[52].

Pensemos en esa idea histórica como un símbolo del paradigma de la Curiosa: si aúllan los lobos es porque están cerca, tan cerca que tal vez estén en nuestro interior. Esa respuesta es sabia para quien está en proceso de búsqueda. Los aullidos no son de enemigos externos: habitan en nuestra psiquis y reclaman ser escuchados.

No se oyen en la tranquilidad de la casa, al cuidado del hogar, sino en el ámbito de lo diferente. El bosque es ese espacio privilegiado en los cuentos, nexo entre la casa familiar y la casa de la abuela, al otro lado, espacio oscuro y de transición que marca la entrada en lo desconocido. Cruzarlo implica un rito de iniciación hacia "lo otro", hacia el conocimiento: si algo hay detrás de toda curiosidad es el ansia de saber.

Volvamos al concepto de "serie", esa estructura personal y subjetiva en la que trazamos puntos de enlace entre diversos episodios o personajes. Las "hermanas" de Caperucita tuvieron diversos nombres en las distintas culturas y en cada tiempo: Eva, Pandora, la esposa de Barba Azul y Rizos de Oro son algunas de ellas. Todas curiosas empedernidas en busca de algún tipo de conocimiento; buscadoras, exploradoras y desobedientes. Forman una "serie".

La historia de la cultura nos ha dicho que eso —curiosear— tiene una validez negativa, que es sinónimo de fisgonear, y eso está mal. En cambio, cuando son los hombres quienes buscan y exploran, se dice que están desarrollando el mundo del saber. Revisemos este paradigma tan impuesto en nuestra sensibilidad.

"Eva y Pandora son así prototipos de mujeres que se atrevieron a pensar por cuenta propia porque no se conformaron con lo que se les imponía; para bien o para mal, asumieron que debían tomar una postura respecto a la norma y se abrieron paso en contra de ella siguiendo sus propios impulsos. Este impulso de curiosear en torno de lo prohibido no ha sido, como se ha venido creyendo, yerro de Pandora, quien abrió la famosa caja y dejó, al hacerlo, que escaparan todos los males del mundo, o de Eva, que al morder el fruto prohibido provocó la expulsión

---

52 Darnton, 1987.

del Paraíso; por el contrario, son precisamente ambos actos los que nos abrieron el mundo real, ese mundo misterioso y desconocido que requiere ser explicado"[53].

En "Barba Azul", la jovencita se casa con un hombre de honestidad dudosa, pero se encandila con sus bienes materiales y se niega a ver la realidad. Es un matrimonio donde se expone "la unión de lo dulcemente ingenuo con lo vilmente oscuro", dice la autora de *Mujeres que corren con los lobos*.

Efectivamente, el esposo degüella a todas las mujeres que se atreven a abrir la puerta prohibida de la habitación secreta. La moraleja de Perrault era clara al respecto: "La curiosidad, teniendo sus encantos, / a menudo se paga con penas y con llantos".

Cuando Charles Perrault escribió "Barba Azul" a fines del siglo XVII, armó el personaje sumando dos hombres históricos: un asesino serial cuyos crímenes eran famosos y el mejor escudero que tuvo el ejército dirigido por Juana de Arco, el temido barón Gilles de Rais, cuyo proceso ocurrido en 1440 seguía inquietando a los franceses dos siglos después.

Pero esos datos no deben confundirnos en la empresa que nos trazamos ahora. Insisto en que la tarea consiste en poner una mirada novedosa sobre algunos personajes, no ver lo que "muestran", sino sus arquetipos. Por ejemplo: el rico y misterioso hombre que asesina a sus esposas es un reflejo, se puede asociar o tiene identificaciones con la imagen de la madre descuidada de Caperucita. Hay que hacer el trabajo de metaforizar los "vestidos" de cada personaje: en un punto el malvado de barbas azules puede ser otra máscara de la madre de la tierna caperucita...

Con potencia ánimus (masculina) o ánima (femenina) cada personaje conforma la zona no reconocida de la conducta de las protagonistas. Ambas (Caperucita, la doncella que abre la puerta prohibida) pueden obedecer a sus perfiles controladores, sumisos o estructurados (representados por la madre o el señor de barbas azuladas), pero deciden ser transgresoras y "curiosear".

Esos personajes controladores constituyen la oportunidad de revisar las propias conductas y asumir los riesgos que implica la libertad de elegir. "Es pues, la barba azul del asesino de sus esposas, el equivalente al llamado a buscar en el

---

53 Salmerón Jiménez, 2008.

interior, a iniciar el recorrido necesario para llevar a cabo el proceso femenino de individuación. [...] Si ella obedeciera [...] sería un suicidio espiritual"[54].

Recordemos que al abrir la puerta prohibida y descubrir la verdad, ya no tuvo modo de ocultar su saber: la llave no dejaba de manar sangre y esa evidencia la delató a los ojos de su marido que —por desobediente— la condena a muerte. Pero como el ánimus tiene un lado positivo, despierta la creatividad y la actitud transformadora. Cuando la joven esposa reconoce la cercanía de la muerte (que trae toda transformación como paso al renacimiento), comienza un intenso diálogo con la Sombra, nos dice Pearson[55].

Como con las enfermedades, las crisis y los horrores sociales de la Historia, los límites nos conectan a la experiencia creativa, el saber, la compasión y la fuerza del Guerrero que habita en todas las personas.

"Es la única forma de acabar con la fuerza destructora: abrir la puerta de la psique, contemplar su propia muerte, las partes de su naturaleza femenina que han sido asesinadas, pues al comprender lo atrapada que está, es que logra estar en condiciones de imponerse con toda su fuerza"[56].

Rizar el rizo

Otra nena que pertenece al "club de las Curiosas" es Rizos de Oro. Como Caperucita, sale de su casa a pasear por el bosque y se pierde. No lleva un encargo, pero sale a averiguar de qué se trata el ritual de la mesa y las relaciones interpersonales. Trata de encontrar un lugar: "su lugar". Cruza el bosque y, lejos de asustarse, entra en la casa que aparece en el blanco de la espesura. Es un hogar ordenado, prolijo y donde hay un espacio diferenciado para cada integrante: el símbolo universal del tres se encarga de mostrar la escena edípica por excelencia.

Recordemos: Rizos (o Anita según las versiones) entra a la casa y primero ve tres tazones de leche. Prueba el más grande y lo deja porque le resulta muy ca-

---

54 Bringas, 2006.

55 Pearson, 1992.

56 Bringas, 2006.

liente, el mediano está muy frío y se toma el más pequeño que sí le agrada. Luego ocurre algo semejante con las tres sillas: una es muy dura, otra muy blanda, por eso decide sentarse en la más chiquita, pero la pata no resiste y se rompe. Finalmente llega al dormitorio: de nuevo elige la cama que encuentra más a su medida.

Curiosa, probadora, degustadora, experimentadora y con capacidad para elegir, no mide las consecuencias: el enfrentamiento con la "sombra" representada por los tres osos dueños del hogar: mamá, papá y osito. Pero ¿qué estaba buscando Rizos? Un alimento que no está en ninguna canasta, una proteína única: el conocimiento sobre cómo se arma una familia, cómo se construye la identidad, cómo se asume el lugar en el clan.

Entrometida, intrusiva y fisgona, algo busca esta niña de la que no sabemos nada respecto de su grupo. Evidentemente le atrae lo que no tiene: una familia. Intenta encontrar "un orden". Los osos humanizados que usan utensilios de cocina y tienen una casita primorosa en el mobiliario y la decoración conforman un linaje armónico y unido.   Aprender el lugar de cada uno en una familia lleva a experimentar frustraciones y disgustos. Hay quienes se quedan en esos sentimientos. Rizos asume la libertad de elegir lo que siente a su gusto y corre el riesgo. La fuerza bestial de los osos —aunque se muestran amables— intimida a la niña. Huye asustada, pero ya es otra. Regresa al camino del bosque transformada. El sueño en la cama del osito puede leerse como "una pequeña muerte", símbolo de aprendizaje y renacimiento.

Considerada como una historia folclórica anónima, tal vez de origen escocés, vuelven a ser los hermanos Grimm quienes difunden este relato en 1837. Pero existen otras versiones más antiguas que cambian a la invasora de niña a vieja maligna. Cuando llegan los dueños, la bruja se resiste a salir y dejar la casa. Esto obliga a los osos a expulsarla violentamente: arrojándola al fuego o intentando ahogarla, hasta que la dejan colgada de la torre del campanario.

La metamorfosis que va desde la vieja intrusa hasta una niña de cabellos dorados es un disfraz de personaje. En verdad, niña o vieja, se puede sentir la potencia de un mismo arquetipo: la Curiosa está activada porque el proceso de conciencia reclama una búsqueda, un conocimiento, un determinado saber. Y en el caso de la infancia ese saber ansiado ronda el misterio original: la escena primaria, la ubicación del propio lugar en la familia, la relación edípica, el lazo con el matriarcado y la posibilidad de dejar entrar "la ley", lo paterno.

A diferencia de Blancanieves, cuando profana la casa de los enanitos y se instala a vivir con ellos, ni Caperucita ni Rizos permanecen en la casa donde se desata la crisis. Es apenas un escalón en el trabajo de autoconocimiento: el escenario de la lucha con "lo otro". Más adelante volveremos a Blancanieves para señalar la diferencia que ejerce ese arquetipo y su mandato con respecto a estas Curiosas.

La toma de conciencia varía en cada sujeto y despierta las diferentes partes de la psique (fuerzas y debilidades) simbolizadas tanto en el deseo de evolución como en los estadios creativos, tanto en el encuentro con la verdad revelada como en la lucha con el lobo, los osos, la madre despreocupada o el esposo depredador. La prohibición de desviarse en el bosque o de entrar a la habitación prohibida son llaves hacia la conciencia, el despertar de la naturaleza intuitiva, instintiva de loba, de osa, al decir de Pinkola Estés.

El itinerario de cada uno (Héroe/Heroína) traza un recorrido según sus recursos, enfrenta sus miedos, invoca sus guías, se anima a transgredir y a someterse a las zonas más oscuras.

Lo que nos reprime en el inconsciente personal —censuras varias vestidas de arquetipos— se pondrá en marcha cuando estemos preparados, cuando dejemos actuar en libertad los dones que poseemos y cuando el proceso de evolución tenga la oportunidad de enfrentar la parte oscura: todos los arquetipos tienen su zona de "sombra".

Una vez más: llamamos "sombra" a lo que nos cierra el paso de aceptarnos de manera completa, lo que nos invita a morir a la inocencia y la sumisión, salir de la comodidad. Vivir y aceptar la zona de oscuridad es el final de una etapa para renacer a una nueva conciencia.

Ese itinerario es de cada sujeto. No hay tiempos cronológicos. Podemos tener 60años y estar atravesando el paradigma de Caperucita o cualquiera de las otras Curiosas. Podemos tener menos de 20 años y asumir la sabiduría de las ancianas Sanadoras.

To be or not to be?

Volvamos al comienzo: el paradigma de Caperucita se autointerroga sobre el ser. Indaga en el inconsciente colectivo buscando respuesta a la pregunta

¿qué es ser mujer? Mira a la abuela, a la madre y se observa, desdoblada, como si fuera otra. Es ella, la niña Curiosa, y es también sus modelos de mujeres mayores. Debe construir su propio camino. Puede seguir la cadena ancestral y perpetuar el guion o producir algún corte.

Volvamos sobre sus pasos: vence a la oscuridad (el bosque, el lobo, el miedo, la muerte) y toma conciencia. El mito personal de la Curiosa no espía rincones o estantes, cajas y cajones, escondrijos y casas ajenas. Cuando Rizos hurguetea en la casa de los osos, pone en escena una búsqueda interior: la Curiosidad mira hacia adentro para comprender el afuera. Consulta a su propia psiquis, va en busca de la identidad: "¿Qué es ser yo?".

¿A qué edad se cuestiona este arquetipo? En parte comienza a poner interrogantes en la tramitación del complejo de Edipo, luego entra en latencia y suspende las dudas, y puede ser que en la adolescencia resurja la fuerza inquisitiva sobre la identidad. Pero como dijimos: el arquetipo no tiene edad. Atraviesa integralmente los diferentes momentos de construcción del sujeto. Asumir roles en cada momento de la vida: ser hija/o, esposa/o, amante o madre/padre se conjuga con otras problematizaciones. Cada mito personal se supera o se "guarda" en el inconsciente para recurrir a su potencia cuando las circunstancias lo reclamen.

Creemos que hay paradigmas de base que nos reflejan. Podemos ser eternas Curiosas o pasar a las inquietudes y respuestas de otro modelo. "Al final de un análisis (de una introspección, agrego) el sujeto deja a un lado las preguntas para dar cuenta de que no todo se puede saber en la vida, de que siempre va haber un agujero en la estructura y que con eso hay que arreglárselas"[57]. Pero para llegar a esta clarividencia respecto del propio conocimiento, hay que atravesar primero varios bosques y descensos al infierno... Morir y renacer.

Una versión que integra

Cerremos con esta Caperucita que muestra una versión "moderna" y pone en escena la integración de los dos mundos. Veamos algunos párrafos del cuento de

---

57 Larrahondo Arana, 5° clase, p. 19.

James Finn Garner[58], donde el humor, la crítica al sexismo y la ironía lo dicen todo.

> Érase una vez una persona de corta edad llamada Caperucita Roja que vivía con su madre en la linde de un bosque. Un día, su madre le pidió que llevase una cesta con fruta fresca y agua mineral a casa de su abuela, pero no porque lo considerara una labor propia de mujeres, atención, sino porque ello representa un acto generoso que contribuía a afianzar la sensación de comunidad. Además, su abuela no estaba enferma; antes bien, gozaba de completa salud física y mental y era perfectamente capaz de cuidar de sí misma como persona adulta y madura que era.
> [...] [El lobo] Tras irrumpir bruscamente, devoró a la anciana, adoptando con ello una línea de conducta completamente válida para cualquier carnívoro. A continuación, inmune a las rígidas nociones tradicionales de lo masculino y lo femenino, se puso el camisón de la abuela y se acurrucó en el lecho.
> [...] Caperucita gritó; no como resultado de la aparente tendencia del lobo hacia el travestismo, sino por la deliberada invasión que había realizado de su espacio personal. Sus gritos llegaron a oídos de un operario de la industria maderera (o técnicos en combustibles vegetales, como él mismo prefería considerarse) que pasaba por allí. Al entrar en la cabaña, advirtió el revuelo y trató de intervenir. Pero apenas había alzado su hacha cuando tanto el lobo como Caperucita Roja se detuvieron simultáneamente...
> —¿Puede saberse con exactitud qué cree usted que está haciendo? —inquirió Caperucita.
> [...]
> —¡Se cree acaso que puede irrumpir aquí como un Neandertalense cualquiera y delegar su capacidad de reflexión en el arma que lleva consigo! —prosiguió Caperucita—. ¡Sexista! ¡Racista! ¿Cómo se atreve a dar por hecho que las mujeres y los lobos no son capaces de resolver sus propias diferencias sin la ayuda de un hombre?
> Al oír el apasionado discurso de Caperucita, la abuela saltó de la panza del lobo, arrebató el hacha al operario maderero y le cortó la cabeza. Concluida la odisea, Caperucita, la abuela y el lobo creyeron ex-

---

58 Garner, 1994.

perimentar cierta afinidad en sus objetivos, decidieron instaurar una forma alternativa de **comunidad basada en la cooperación y el respeto mutuos** y, juntos, vivieron felices en los bosques para siempre[59].

He aquí un valioso ejemplo de humor y puesta en escena de aquello que por siglos era impensado. Vaya un aplauso para quienes se animan a dar vuelta el telón y mostrar que hay otras escenas posibles...

Mandatos transgeneracionales

Hora de autocuestionarnos: ¿Te sentís cargando una cesta ajena? ¿Te pesa llevarla? ¿Qué contiene? ¿Te tomaste el trabajo de revisar? (Revisar quiere decir 'ver de nuevo').

No pensemos en lo más evidente: "Llevo la vocación irresuelta de músico de mi abuelo paterno", "Tengo encima la frustración de no acceder a comprar mi propia casa, como le ha ocurrido a mi padre". Eso es más sencillo de enunciar... La tarea consiste en ver más allá de ese nivel de percepción: "¿Tengo deseos de ser músico o persigo esa disciplina por complacer a otros?"; "¿Creo que comprar mi casa y superar a mis padres en ese logro me coloca en un lugar de deslealtad con mi clan?".

Nos han colocado en la canasta varios objetos, sabores, expectativas, mandatos. Muchos son positivos, nos han hecho llegar hasta acá con algunos recursos. Otros son tóxicos: hacer lo que no deseamos, cargar con la deuda infinita de amor sin límites hasta arrojarnos a las fauces del lobo, donar hasta nuestros órganos por cumplir con el deseo ajeno, enfermar de la misma dolencia para enlazarme al mismo ramaje, repetir la historia como un cuento que leo y releo sin procesar...

A cierta edad ya no vale decir "llevo una cesta de adoquines que me dobla la espalda". Reconocerlo es el primer paso para invertir la carga. ¿Cómo? Viendo qué contiene y devolviendo a cada integrante de la familia su piedra. Nadie está obligado a portar el peso de todo un grupo. Sin embargo, la consulta me permite ver qué mal equilibrados aparecen ciertos árboles: de una misma raíz crece un tronco que empieza a debilitarse en una zona y a fortalecerse en la

---

59 Los destacados en negrita son míos.

otra. Los frutos nacen siempre de las mismas ramas, las hojas secas y la decadencia quedan en las del otro lado...

Tomar conciencia es decidir actuar. Quitarse la capucha roja, revisar el contenido de la canasta, animarse a curiosear los caminos marcados por los mayores y encontrar que hay huellas que conducen a otros destinos.

Los mandatos nos ahogan. Toda la vida sumamos rencillas con hermanos porque replicamos las rivalidades que tuvieron nuestros padres con sus propios hermanos, regresan dolencias y miedos, frustraciones y sobrecargas que se instalan y cristalizan. Hasta tanto no nos tomemos una nueva "foto" que —aunque desmienta la original— nos refleje más genuinamente, seguiremos recibiendo toneladas de "mercadería" (agobio, tristeza, baja de defensas, herencias fraudulentas, imposibilidades profesionales o vinculares sanas, exilios forzados, penurias económicas, excesos varios) que no deseamos ni nos pertenece.

Dos grandes potencias teóricas funcionan de marco a estas reflexiones: la psicogenealogía y la epigenética. Reitero, pues, esos anclajes para que cada lector, cada lectora haga su recorrido entre los "casos", la apoyatura teórica y su propia biografía celular...

Realizar el genosociograma o árbol relatado/informativo nos ayuda a ver más claramente en qué miembro del clan quedamos congelados, o si somos su doble o si nos sentimos ligados por una misma deuda que nos gobierna, si advertimos que llevamos un muerto encima porque nacimos para reemplazar al que murió en el camino antes de ver la luz, si clausuramos la libertad de soltar los mandatos, o si los sostenemos aunque en ello se nos vaya la vida...

Para no asumir que la asfixia es "natural", para quitarnos capuchas que ahogan, para soltar mandatos que encierran la libertad contamos con una enorme ayuda: la toma de conciencia. Luego, sabemos que ante esa nueva realidad no estaremos en soledad, que en esa otra postura frente al mundo —la familia/la pareja/los hijos/el trabajo/los amigos— podremos adquirir nuevas conexiones cerebrales. La neuroplasticidad permite transformaciones que nos impelen a cambiar de situación, lugar, contexto. Las nuevas sustancias químicas que nuestro organismo produzca a partir del cambio de paradigma tienen la clave. Y es entonces cuando dejamos de soportar cestas ajenas para ser dueños de nuestro destino.

La Justicia / Poner la casa (de dulce) en su lugar / GRETEL (la hermana de Hansel)

¿Por qué el arquetipo de Gretel es la justicia?

Porque en una familia donde se teme el abandono de quienes deben cuidarnos o se viven gestos violentos que rozan la sensación de infanticidio, y hasta la amenaza de canibalismo como metáfora de peligro inminente, puede instalarse el personaje que expresa "Soy el Justiciero/la Justiciera" y es entonces cuando funciona este paradigma.

- ¿Quién asume en tu grupo toda la responsabilidad de justicia por mano propia?
- ¿Algún episodio traumático ligado al hambre gobierna todavía la escena de tu clan y perturba la sensibilidad presente?
- ¿Quién te describe como un sujeto de "armas tomar"?
- ¿Cómo y cuándo te nace el impulso de restablecer el orden familiar ante situaciones de violencia para salvar a otros o sobrevivir?
- Atravesar el bosque, burlar a la bruja, asesinarla. ¿Vale todo para salvar a alguien de mi árbol genealógico?
- ¿Cómo regresar al hogar con los bolsillos llenos de (aprendizaje) piedras preciosas sin torcer el propio deseo?

¿Es Gretel tu mito personal?

No existen alternativas a la verdad,
es decir, a enfrentarnos con nuestra historia personal o colectiva.
Solo si conocemos nuestra historia estaremos
a salvo de la autodestrucción.

ALICE MILLER

Dado que ya atravesaste el arquetipo de Caperucita, muchas argumentaciones sobre la lectura simbólica son parte de tu conocimiento. Pero —ya que didácticamente la reiteración siempre refuerza— habrá conceptos que volverán a aparecer en cada capítulo.

Merece reiterarse que en Gretel no vamos a volver a leer la historia que conocés de los cuentos de infancia, literalmente: ya no vemos a la nena abandonada en el bosque, temerosa y de la mano de su hermanito, niños que sufren el pacto asesino de los adultos y hallan la casa de dulces y turrones, anzuelo de la bruja para cazarlos indefensos.

En la lectura que proponemos intentamos *des-aprender* lo ya sabido, cuestionar los lugares de "malos" y "buenos" y atravesar los muros de creencias ya instaladas. Iremos desbrozando las capas del arquetipo para averiguar si el de la Justicia es tu mito personal y si "te compraste" este personaje. Es decir, procuraremos develar si acudís a ese comportamiento en las circunstancias diversas de la vida que reclaman tu participación, si asumís ese disfraz tomando las riendas en soledad, resolviendo los conflictos de los otros, especialmente en el tema referido a la subsistencia y al cuidado de los más vulnerables.

Gretel es tanto la nena como el varón, conforma la suma de la fuerza femenina y de la masculina (representada por su hermano Hansel). Esta fratría aparece expresada en la pareja de niños como una metáfora de la pareja idílica del padre y la madre. La Justiciera encarna a la vez el arquetipo del desamparo e intemperie generado por idea de la madrastra a consecuencia de la extrema situación de hambre y exhibiendo la primitiva conceptualización que avalaba el canibalismo como ritual totémico.

Gretel no sucumbe a esta cadena de terrores inconscientes y es tanto la víctima como la heroína. Los aspectos negativos que debe atravesar exhiben su parte oscura, la sombra, de la cual emerge renacida: la salida del hecho traumático la convierte en quien pone la casa en su lugar.

Es momento de mirar introspectivamente y registrar cómo funcionás en la espesura de estos bosques. Tal vez el mensaje mudo (a gritos en tu inconsciente) con el mandato seguramente se viene repitiendo en tus emociones: se activa ese "personaje" cada vez que sentís que está en tus manos recuperar la paz perdida del clan.

Es cuando se incrusta en el sujeto el personaje de la Justicia. Y aunque sea a contra viento, encarnás el lugar de Robin Hood, de Don Quijote, de El Zorro (el preferido de mi infancia en el televisor blanco y negro), de Rodrigo Díaz de Vivar —el Mio Cid— o de esta niña de cuento de hadas que tal vez nunca "leíste" desde el mandato de "sacar las papas (de la familia) del fuego" y "poner la casa en orden", como Gretel.

> *En su corcel cuando sale la luna / aparece el bravo Zorro. / Al hombre de mal él sabrá castigar / marcando la zeta del Zorro.* La música resuena con solo leer estos versos.
> El Zorro es un personaje que adoro. Aunque no parecía ser apropiado para público femenino, yo estaba firme la hora del capítulo diario. Mis primos —Reinaldo, Claudio, Dani— tampoco se lo perdían. Pero había otro sentido más profundo en mi elección, que más tarde se me develaría...
> La serie ganaba —entre las otras opciones de esos años— siempre el mejor lugar, por delante de *Lassie, El llanero solitario* y otros programas de fines de los 60. No sabía entonces que mi personaje justiciero era una creación de 1919 para una revista de historietas. Para mí siempre fue el gran héroe de la tele, valiente y vengador de injusticias.
> ¿Qué resultaba tan atractivo si los espectadores conocíamos su doble identidad? El Zorro era la máscara que ocultaba a Don Diego de la Vega. El Zorro era el clandestino jinete sobre Torna-

do, mientras el noble joven vestía bordados trajes de hacendado rico. Uno, perseguido y encapotado, vestido de negro; el otro, delicado y cortés. Uno, audaz en la defensa de la gente pobre y humillada; el otro, inseguro, casi cobarde, frívolo, indiferente a las injusticias.

La infancia quedó atrás cuando, por alguna razón que viví como "injusticia", me arrancaron del barrio donde nací: mi familia dejó intempestivamente Villa Luro y nos fuimos a vivir a San Justo. (¡Ay! ¿Justo en San Justo? ¡El lenguaje, cuánto encierra!).

Fueron tiempos complicados. El primer desarraigo de mi vida y los duelos inacabados que todo exilio genera. El nuevo barrio en la provincia de Buenos Aires se me figuraba otro continente. Mi amado colegio de monjas, las calles de Versalles, el club Vélez, las amigas de siempre quedaron lejos como la armonía, la ilusión de una familia completa o el bienestar básico. Terminaba la infancia sin bombos ni platillos. No eran tiempos felices...

Corría 1970 y yo tenía 12 años. Cada tanto seguía disfrutando de los capítulos repetidos de *El Zorro*, aunque sin la emoción de antes. Una mañana, camino de vuelta de la escuela sentí la primera sangre. Un calor desconocido y pegajoso me corría por las piernas. Tuve vergüenza. Y aceleré el paso para llegar a casa. Al doblar la esquina, en el paredón leí una inscripción y un dibujo que el día anterior no había visto: una estrella y tres letras, ERP. Ese es mi primer recuerdo vinculado al mundo de la política.

Llegué y le anuncié a mi mamá que *ya era señorita*, y que había leído algo raro en la pared de la esquina. Todo junto. Iba como en el mismo paquete. "¿Qué quiere decir ERP?", indagué. "Nada, nada", me interrumpió mi madre más conmovida por mi primera menstruación que por la pregunta. Insistí. Y entonces escuetamente aclaró: "Es un grupo guerrillero", y puso una cara como previniéndome de algo malo.

Me tranquilicé. Al contrario del tono de advertencia de su gesto, me sentí cuidada. Supe que por las noches, cuando en las casas estaban encendidos los televisores, algunos hombres y mujeres hacían pintadas marcando territorio para luchar contra las injusticias. Como El Zorro.

Va marchando al combate / por el camino del Che rezaba la marcha del ERP. Eso tampoco lo sabía entonces. Fue luego, en los años de la facultad, cuando asocié las viejas imágenes con la realidad agobiante de fines de los 70. Esos, los guerrilleros del ERP, eran los que se habían aliado al MIR de Chile, a los Tupa de Uruguay... Clandestinos, encapotados, nocturnos. Buscaban un mundo más justo.

En julio de 1976 otra vez en mi clan preocupó más la sangre familiar que la social: en el mismo edificio donde vivía —recién casada— mi prima Mabel, en Villa Martelli, habían acribillado al jefe del movimiento, Mario Roberto Santucho. El noticiero de la noche mostraba en la pantalla la fachada que yo conocía. Gran revuelo por el tiroteo a escasos metros de las ventanas de su departamento. Para ella, sin consecuencias graves más que unos cristales rotos y la anécdota.

Hoy puedo evaluar aciertos y errores de esos grupos armados, pero en esos años yo era una adolescente y sin duda los 70 tenían un aire de romanticismo y arrojo que me seducían. Actuaban para ganarle la lucha a la injusticia.

Pude haber tenido otro destino, trágico como tantos compañeros en los "años duros" mientras estudiaba en la facultad de Filosofía y Letras en la provincia de Buenos Aires. Inmersa en otras batallas diarias (sobrevivir a la intemperie familiar), estaba salvándome de ser una víctima más de la violencia de Estado. No engrosé la lista de desaparecidos aunque estuve cerca de quienes soñaban un mundo más justo.

Hoy, aquella organización armada ya no existe, pero en mi imaginario siguen unidas la primera sangre y las tres letras que ostentaba el grupo.

Hoy, tanto camino recorrido, sé que lo privado es público.

Hoy, el recuerdo de ese calor de la sangre propia y de la social dibuja una estrella que bien podría haber sido la marca tatuada en la pared por El Zorro.

Otro personaje, otro bosque

¿Cómo averiguar si quedaste atrapado en el paradigma de la Justiciera/el Justiciero? Examinemos datos fundamentales. Este mito está ligado al tema de la lucha en defensa de los más vulnerables, castigados, hambreados. En defensa de los derechos del prójimo, y entre ellos el derecho fundamental a la comida, como metáfora vital, el Justiciero arriesga los límites hasta poniendo en juego la propia supervivencia.

¿Qué apego o imán o impulso a luchar por otros te generan ciertas imágenes que vivís como "la injusticia"? ¿Te devuelve el espejo interno alguna resonancia con los personajes que encarnan los justicieros? ¿Con cuál miembro de tu árbol familiar hace eco ese gesto de arriesgar lo propio por el bien común?

Aunque hay muchos héroes justicieros, queremos tomar el arquetipo que habita en Gretel, porque en los personajes de infancia se graban los efectos que nos marcan como tatuajes o grafitis. Volvamos al cuento.

La escena es conocida: los dos hermanos son expulsados del hogar con mentiras. La primera idea de abandono paterno fracasa porque Hansel, muy astuto, marca con guijarros el camino de vuelta a la casa: su incapacidad para abandonar el hogar queda determinada por la vuelta sobre los pasos y el regreso "a la seguridad". Pero la segunda tentativa de la madrastra logra el cometido: los niños no pueden desandar sus pasos y quedan sumergidos en la encrucijada de morir o sobrevivir. No hay lobos. La vieja de la casa de dulces es la representación bestial que gobierna el mundo oscuro del bosque. Lo que expresa la malvada bruja es el eco de la madrastra que los obliga a irse del refugio y los arroja a ser "buen bocado de lobos".

En la Edad Media hubo muchas Gretel

> *Los deseos toman la forma de comida en los cuentos campesinos, y esto nunca es ridículo.*
>
> Robert Darnton

Era la Edad Media... Hambre, pestes, fieras y abuso infantil. "Nadie los consideraba criaturas inocentes, ni la infancia se consideraba una etapa distinta de la vida. [...]. Lejos de condenar la explotación del trabajo de los niños, parecían indignarse cuando esto no ocurría"[60].

---

60 Darnton, 1987.

Si en "Caperucita Roja" el conflicto básico era superar los peligros de llevar alimentos a través del bosque donde aúllan los lobos y el arquetipo de la Curiosidad logra vencer las pruebas, en "Hansel y Gretel" el mayor peligro no estaba afuera, sino en el mismo seno del hogar. Efectivamente, el enemigo dormía con los hermanitos: las versiones más primitivas dicen que la idea del abandono es de la madre, las siguientes alivian el impacto perverso nombrándola como madrastra[61].

El monstruo era siempre el alimento escaso y el trabajo forzado hasta de los más débiles para sostener la casa. El arquetipo de la Justicia intenta reparar esas atrocidades, todos los abusos que infligen los fuertes sobre los más vulnerables. Quien se identifica con este mandato se siente "responsable" del dolor de los otros, heredero universal del título de "salvador" ante los oprimidos. Y sale al ataque y se cree con "el poder" de (im)poner las cosas (y la casa) en su lugar.

Los cuentos representaban para los campesinos de ayer un recurso para ver y comprender el mundo. Esos relatos los dotaban de estrategias y recursos para hacer frente a las adversidades. Lo mismo significaron para nosotros: ya narrados por la voz materna antes de dormir o leídos en el recreo de la escuela.

La contracara del hambre es una casa de dulces: los ingredientes cambian según las versiones: "... y al acercarse vieron que la casita estaba hecha de pan y cubierta de bizcocho, y las ventanas eran de puro azúcar", pero como con "Caperucita", seguimos en la dieta sin carne y en su mayoría dulces: se trata de infantes.

Sin embargo, con la aparición de la bruja antropófaga la dieta sí incluye carne (humana y de niños). "En una sociedad de facto vegetariana, el lujo de los lujos era hincarle el diente a un pedazo de carnero, de puerco o de res", afirma el historiador Robert Darnton.

Recordemos algunas imágenes del texto: la decisión de abandonar a los

---

[61] Al relato primitivo le siguieron dos versiones de los hermanos Grimm recuperadas de la tradición oral germana: la de 1812, más brutal dirigida a público adulto, y la de 1825, suavizada la madre en madrastra, en la versión para los niños.

niños porque la miseria del hogar había llegado a una instancia extrema, las migas de pan arrojadas al camino para guiar el regreso, el encuentro con la casa de turrones y chocolates de la bruja, el afán caníbal de la vieja.

Imaginemos la escena: los chicos saben que serán abandonados por falta de comida y en el infierno de la intemperie aparece lo más anhelado: alimentos y golosinas. El cuento parece decirnos que no todo lo que brilla es oro: el señuelo está al alcance de la mano y el precio se paga con el propio cuerpo.

La historia que se ha popularizado es la de los hermanos Grimm, pero como en otros casos deriva de antiguos relatos transmitidos a través de los años por vía oral. La Edad Media conforma el contexto de la narración y en aquellos tiempos conseguir el sustento y ganarle la batalla al hambre eran temas de preocupación cotidiana. Saqueos y guerras, aldeas en peligro y niños tomados como adultos para realizar trabajos pesados, que, si no contribuían lo suficiente en la economía familiar, se convertían ellos mismos en una carga. "La vida era una despiadada lucha contra la muerte por doquier, en los albores de la Francia moderna", dice Robert Darnton, las madrastras eran comunes en las familias fragmentadas y los medios hermanos no eran vínculos extraños.

Hoy, a la distancia, puede resultar difícil imaginar la epopeya de una niña tan osada como Gretel, valiente y decidida, en tiempos medievales. Para acercar aquellos horizontes, los estudios sobre historia de la vida cotidiana arrojan datos que pueden ser espeluznantes. Los niños, recordemos, no eran considerados como tales sino como "adultos en miniatura"; el concepto de infancia no aparece tal como lo entendemos hoy. El día a día de los chicos se repartía en juego y labranza, pero eran tiempos de guerras y escasez. No faltaba un sinnúmero de apresados y muertos en cada familia, los alimentos eran saqueados, las tierras arrasadas, las aldeas incendiadas. Se vivía en medio de todo tipo de hostilidades. Ese es el paisaje social en el que surgen estos relatos, perfectas radiografías de la mentalidad en un momento histórico.

En el presente, la subsistencia parece distinta, pero el mito ha dejado grabado en el inconsciente colectivo las reacciones de nuestro cerebro más primitivo: el que se pone en alerta ante el peligro y —además de buscar seguridad y alimento— rompe lanzas por otros que atraviesan la misma penuria.

El gesto de Gretel al tirar a la bruja a las llamas —donde la vieja iba a cocinarlos a Hansel y a ella— la erige como Justiciera. Y eso la carga de más de una responsabilidad: "salvar" a su hermano de las garras de la depredadora, y a su padre de la debilidad ante una realidad adversa.

Tiempo de preguntas

¿Te ha tocado calzar la máscara de alguien diferente a lo que quisieras ser y tuviste que salir "como un tornado" a salvar a otros de sus calamidades? ¿El susurro brutal de las expectativas ancestrales te dijeron a gritos que eras el "salvador" de tu clan? ¿Salir a buscar el sustento propio y ajeno es la acción que te determina? ¿Te ves obligado a autogestionarte para sobrevivir sin recibir ayuda? ¿Te han (im)puesto el cartel de sostén de tus mayores? ¿Sentiste alguna vez que eras responsable de la carga del plato de comida que te tocaba en el reparto? ¿Viviste situaciones de vulnerabilidad tan aterrorizantes como el desamparo y, en lugar de paralizarte, te animaste a empujar todo ese miedo al horno?

Gretel no lleva una canasta de alimentos a un adulto mayor, le lleva a su padre "una casa de comida". Redobla la apuesta de Caperucita: las piedras preciosas que toma de la vivienda de la bruja le resuelven la situación económica al progenitor.

El cuento termina con estas palabras: "... el bosque les fue resultando cada vez más familiar, hasta que, por fin, divisaron a lo lejos su hogar. Entonces, los hermanos echaron a correr, entraron en la casa y se abrazaron a su padre. Desde que abandonara a sus hijos en el bosque, el pobre hombre no había tenido ni un momento de descanso. La madrastra, entretanto, había muerto. Gretel se sacudió el delantal, y las monedas, las perlas y las piedras preciosas se esparcieron por toda la habitación. Al mismo tiempo, Hansel sacaba a puñados las riquezas que llevaba en los bolsillos del pantalón. A partir de aquel día, se acabaron las penurias para la familia y los tres vivieron felices".

¡Cuántas incógnitas! ¿Cómo muere la madrastra y por qué? ¿Es por la viudez que el padre no tuvo un momento de descanso? ¿Era por culpa o soledad? ¿Se apiadó la niña del gesto cobarde del padre y lo perdona, y —además— lo premia con el tesoro que le entrega?

El arquetipo de la Justiciera reúne la prueba de iniciación en los rituales de la familia como pasaje de la infancia a la adultez y los trabajos para la obtención del alimento. ¿Ves "familiar" el arquetipo que encarnan Gretel, El Zorro, Don Quijote, Robin Hood? ¿Te identificás con los Justicieros? ¿Te sentís siempre impelido a salir al rescate de los miembros de tu tribu? ¿Creés que los lazos de sangre te obligan a perdonarlo todo y aceptar cada mandato aunque represente una violación a tu seguridad y subsistencia?

La autoafirmación del sujeto sobre la voluntad social-ancestral de infanticidio (en todas sus vertientes: no solo la muerte de un niño, sino el abuso, el maltrato, la desconfianza, la imposición de responsabilidades fuera de su alcance, la violencia), la conducta de "poner la otra mejilla" y llevar el sostén a la casa puede ser el Gran mandato incrustado en nuestro modo de funcionar. Examinar nuestros deseos y conductas sobre este rol familiar devela insospechadas conexiones con nuestros triunfos, fracasos, frustraciones, anhelos y dolores.

Bella, otra "hermana" de Gretel

Nuevamente armemos una "serie". Una "hermana" de Gretel —otra sacrificada/salvadora del abanico arquetipal que asume el rol de Justiciera— es Bella, no la que duerme sino la que acepta por esposo a Bestia. Recordemos el cuento: el padre de Bella ha perdido su fortuna y debe mudar a toda la familia al campo. La niña en medio del cambio de situación activa su arquetipo de Salvadora. Mientras tanto, las hermanas no asumen la nueva realidad y reprochan el cambio de estatus. No aceptan la derrota al bienestar y ahondan la herida. Entonces, ¿cuál es el justo equilibrio? ¿Ser insensible y negar lo real, mantenerse en la misma situación aunque las condiciones hayan cambiado o asumir la responsabilidad? Ambas actitudes forman las dos caras de la misma moneda: la luz y la sombra.

La desmentida ante la impotencia, la borradura de la realidad, el sentimiento hostil que ciega es una "sombra" que debe vencerse con intensidad: eso mismo que potencia una actitud de confianza y nos hace sentir que somos "todopoderosos" puede hundirnos en la oscuridad. En esa batalla interior, el regalo solicitado por Bella —una rosa blanca— a su padre, que sale de viaje para solucionar los asuntos financieros de la familia, resulta tener un alto precio. La rosa blanca es el símbolo que condensa "la comodidad" del padre, que se cree asistido por hadas bondadosas y se aprovecha de la hospitalidad de la Bestia cuando este le ofrece descanso, confort y comida sabrosa. Sin embargo, el hombre regresa vencido porque no apela a su costado femenino, no deja resurgir el ánima y transgrede las normas del Dador que representa la Bestia.

Pero volvamos la mirada a nuestra protagonista: Bella se muestra en extremo femenina, pide a su padre que al regresar le traiga una flor. La niña todavía no se ha enfrentado a su parte masculina, instintiva y bestial. La "sombra" es una entelequia en su vida y —ya sabemos— representa lo reprimido en el ego que puja por salir. El mundo en sus aspectos hostiles y rechazados no ha hecho su aparición y la tormenta de crecimiento interior se avecina.

El padre pacta con la Bestia y se salvará de las garras del monstruo si entrega a una de sus hijas para morir en su lugar. La Bestia —que es ahora la imagen de la Justicia que duerme en la Bella— exige movimiento interior, transformación. Da al viejo afligido por su error de cortar la rosa del jardín un cofre con monedas a cambio de que regrese en tres meses o envíe en su lugar a una de las hijas. Es preciso pagar la transgresión con la muerte.

A esta altura de nuestras páginas sabemos que "morir" significa dejar una etapa atrás y recomenzar otra en la ruta del aprendizaje con una nueva conciencia. Bestia es la "sombra" de Bella. Las hermanas codiciosas son otra máscara de la "sombra".

Nuevamente, como en el personaje de Caperucita y su arquetipo de Curiosa en busca de la identidad, Bella tiene que integrar los opuestos, hacer convivir ánima y ánimus. La Justiciera se pone en marcha, sensible a las necesidades del grupo y compasiva, decidida a afrontar la adversidad. Como la Bestia en su faceta bondadosa, ahora es la etapa en la que Bella brinda su energía sin medir las consecuencias: debe atravesar las pruebas para llegar al nivel más profundo de su psiquis, metaforizado en el castillo del agresor.

El periplo iniciático ha comenzado y debe aceptar la boda con el monstruo. Maridaje perfecto de luz y oscuridad. Ese es "el bosque impenetrable y amenazante" de quien busca justicia a toda costa. Ya no la naturaleza cruda en medio de la noche y el desamparo. Su "bosque" tiene tapices de terciopelo y manjares en la residencia de la Bestia. Sentimientos de hostilidad, miedo, tristeza por su padre son los que invaden a la joven. Son pruebas que necesita vivir.

Una vez más la ecuación de la conciencia nueva se corresponde con cruzar el umbral de las experiencias temidas pero necesarias: transformar e integrar. Metamorfosis de la conciencia y lo inconsciente integrado al sujeto. Ya no es ni puro ego (ella y su familia) ni todo temor al castillo bestial. Algo de Bella se ha repartido entre dos niveles de conciencia y ha empezado a tender puentes entre ambas zonas de su individuación.

La conmoción, la empatía, la inteligencia emocional y la compasión le dicen que no puede dejar morir de dolor a la Bestia por incumplir su palabra y abandonar el castillo para regresar al apego del hogar. Concluye su viaje interior. Acepta la unión con la Bestia y madura como ser humano.

Como Gretel, que ha integrado los dulces y las joyas de la bruja a su ser más inocente, Bella deja habitar a la Bestia en su subjetividad, que es como su castillo interior. Ambas niñas asumen sus sombras y completan su periplo. El paradigma de la Justiciera que la representa proviene de la responsabilidad de adultos inmaduros que la sobrecargaron con una misión muy difícil. Estas heroínas han hecho su recorrido y han impregnado la subjetividad del personaje.

¿Serás siempre quien salga al bosque o entre al castillo bestial para encontrar las soluciones de los demás? Si en cada situación de la vida debemos hallar recursos propios en las experiencias vividas como en un buen reservorio, buscar esas herramientas internas para accionar por los demás, sin medir las consecuencias, podría ser una trampa.

Cuando desoímos el deseo personal porque el aullido de los lobos o los cantos de sirenas nos aturden con voces ajenas, nos perdemos sin encontrar la propia voz.

La casa comestible

Podemos salir a prestar auxilio a quienes tienen hambre y sed de toda clase: de alimentos, de afecto, de libertad, de protección, de justicia. Podemos ir en ayuda de otros y negar los agravios con que se nos paga; podemos ser ciegos ante el abuso que los demás nos exigen y "hacer la vista gorda". Claro que podemos, las Justicieras y los Justicieros lo saben bien, pero los costos pueden ser muy altos. Cuando la exigencia sufrida, el maltrato o la indiferencia se instalan como "naturales", es difícil discernir los límites y la capacidad de autodefensa.

La violencia de género, la niñez castigada, el abuso de autoridad contra los más débiles suelen ser los detonantes para que el mandato de Justicia se ponga en acción: el deber nos llama a salir sin medir, a poner las cosas en su lugar.

Las arremetidas de quienes asumen —automáticamente y sin mediar la reflexión y el análisis— la actitud justiciera traen mucho malestar y malentendidos a los heroicos gestos. En pos de ofrecer a otros "la ansiada casa comestible" pueden terminar siendo presas de la voracidad ajena, morir de hambre (biológico) y sufrir "hambruna emocional".

La Justiciera, el Justiciero se creen en la obligación de darlo todo, hasta el sacrificio. Asumen la máscara de Robin Hood, El Zorro, La Madre Naturaleza. Funcionan como lo que el Otro desea que actúe. Pendientes del deseo ajeno, reservan para más adelante el propio. Y siempre se corre la frontera, lo propio no llega nunca porque el afuera demanda cada vez más. Nos transformamos en verdaderas *Amélies*. Y eso que tiene tanta luz puede transformarse en un paradigma patológico: cuando damos y nos dejamos usar, estamos atentando contra nosotros mismos. Igual que hace el organismo cuando nos autoatacamos en medio de una enfermedad autoinmune. El peligro está dentro de nosotros, no lo reconocemos y actuamos para castigarlo (castigarnos...).

Una chica de película

La película del francés Jean-Pierre Jeunet (Francia-Alemania, 2001) titulada originalmente *Le fabuleux destin d'Amélie Poulain* trata de una chica de extraña belleza, encantadora y de costumbres —por lo menos— "raras" a la vista de los demás. Tiene una forma particular, casi "extranjera", de considerar la vida de los otros y funciona socialmente con algunas dificultades a causa de una extrema sensibilidad por lo que le sucede a la gente que la rodea. Es absolutamente permeable al deseo de los demás porque sabe leer los detalles.

Amélie (criada con un padre frío que queda viudo cuando la niña es muy pequeña) es la protagonista de una historia sobre las mujeres que "lo dan todo y están siempre listas". Ya su nombre vino a reemplazar al de Juana de Arco como "síndrome" ligado a un altruismo desmedido[62]. Es detallista, empática, servicial, virtudes que hacen de ella un ser excepcional aunque Amélie se siente "normal" y disfruta ofreciendo que los sueños de la gente se tornen reales o —por lo menos— que se vivan con menos crudeza los contratiempos del destino.

¿Por qué el personaje puede asumir esta conducta de Justiciera y siempre anónima? Posiblemente porque ha sufrido intemperie emocional y sabe de la herida que duele en el prójimo porque ya vivió ese dolor anteriormente. "Solo el herido puede curar" rezaba una máxima délfica. Entiende el desamor, la soledad, el abuso contra los débiles mejor que nadie.

Las empresas que se propone pueden parecer disparatadas, arbitrarias o sin sentido. ¿A quién le importa que una caja con recuerdos de la infancia regrese a su dueño original? A nadie, salvo al propietario de esa memoria afectiva. ¿A quién le interesa inventar cartas supuestamente enviadas desde el frente de batalla a una novia abandonada? Por supuesto que es insignificante para el conjunto social a más de sesenta años de terminada la contienda, pero le cambia el destino a la anciana que seguía aguardando noticias de su enamorado como cuando eran jóvenes.

El clima mágico de la película —con narrador omnisciente incluido— logra el efecto de un cuento de hadas y evoca las acciones de cualquier heroína, pero ambientadas en la actual ciudad de París.

¿Viste la película? ¿Te identificaste con la chica del curioso corte de pelo, a "lo Juana de Arco"? ¿Ves la semejanza con Gretel, una verdadera *scout* siempre dispuesta a salir a *desfacer entuertos* cual una Quijote? ¿Sos "la orquesta del Titanic", que no para de tocar y dar belleza en medio del naufragio? Bien, es un arquetipo que habla de solidaridad y sensible encuentro con las carencias de los demás. Pero... ¿y por casa cómo andamos? ¿Te sobran "caramelos" en techos y ventanas, tenés abundancia de paredes de chocolate y turrón? ¿O la intemperie ya voló los cimientos básicos de la (propia) seguridad? ¿Es una decisión libre montar en Tornado, el corcel negro, y salvar al prójimo de estafas, violencias varias, imposibilidades e incapacidades de todo tenor? ¿O tu impulso de arrojo justiciero es una imposición, un mandato del cual no ves la manera de salir?

---

62 Típicas actitudes del escultismo, tanto que todavía hoy "la Doncella de Orleans" es la patrona y guía de los Scouts, los "siempre listos".

Si en tu mito personal El Zorro, Gretel, Amélie, Quijote, Bella dirigen tus "guiones" de conducta, es hora de revisar qué partes del arquetipo siguen sin superar la "sombra". Aceptar que la soberbia de "todo-lo-puedo" no es más que un ego inflado de superioridad. ¿No será hora de empezar a decirle a todos algunas frases novedosas? Te propongo algunas: "ya no puedo", "ahora que otro tome la posta", "yo tengo otras prioridades"...

Ver ese costado ensombrecido ayuda a que el paradigma del dador sea genuino y no desmadrado... Muchas veces ese patrón es directa consecuencia de la parentización (de la que ya hablamos en Caperucita), es decir, la exigencia de asumir, siendo niños, roles adultos, responsables de cuanta crisis se atraviesa en el mundo de los mayores.

Las responsabilidades y compromisos que exceden la capacidad para hacerse cargo a determinada edad aplazan o suspenden la infancia o la juventud. La niñez termina abruptamente o la adolescencia se saltea, no se concreta nunca si el paradigma urgente se pone en marcha para resolver las necesidades básicas de los demás. La identidad se cristaliza en una autoimagen de poder absoluto y "casi mágico" de poderlo todo.

Este error hace confiar en que "siempre se puede". Es lo que vive la madre omnipotente que asume como posible responder a todas las demandas del niño, siente que como madre tiene "con qué" y que es invencible. Esa madre "policía del cuerpo"[63] que sabe comprender los requerimientos sin voz propia del bebé acude a restaurar los imperativos de regulación. Eso es correcto, al "cachorro humano" hay que calmarle la ansiedad, pero ese salto automático tiene que desactivarse luego de dar contención en ese primer estadio. La alarma no puede permanecer inalterable, atada, sojuzgada a la tiranía del exterior que siempre va a pedir más, incansablemente más porque nunca se llena, nunca se satisface. Superado el momento mítico del bebé —el grito, el llanto, el llamado—, el sujeto madre cede espacio para que la necesidad se torne demanda, lenguaje. Dar de más es responder a cada solicitud haciéndose cuerpo con el Otro, lo que Lacan llama "la madre omnipotente" que cristaliza en conductas que hacen del mundo un bebé encendido. Mucho más grave es si se invierte: si es un mayor quien

---

63 Soler, 2006: p. 126. y p. 132.

siempre reclama o espera o depende de los más jóvenes: la demanda nunca queda saciada y el reclamo de más aparece normalizado, naturalizado...

Esa es la sombra a derrotar por la Justiciera. Aceptar que no somos siempre un sujeto en estado de alarma con toda la humanidad, aceptar los límites, dejar la soberbia de "Chica Todopoderosa" y poder decir —cuando el esfuerzo a realizar sea desmedido— "¡Ya no más!". Poder deconstruir el "absoluto-hija" y liberarse del vínculo agobiante es una de las tareas a realizar para crecer.

Gretel encarna el arquetipo de la que puede siempre un poco más: vive la intemperie producto del hambre, sobrepasa el temor al abandono, se alimenta de frutos secos durante los tres días que deambula perdida en el bosque, finge aliarse a la bruja que le ordena cargar agua, avivar los leños y preparar el horno para devorarse a los niños, se deshace de la bruja y regresa a casa con monedas y perlas que salvan la pobreza familiar y el desamor con los que fue arrojada del confort familiar, al principio de la historia.

¿A quién responde la niña con sus gestos de Dadora? A la "madre insatisfecha"[64], que inviste al hijo de narcisismo para que siempre responda satisfactoriamente. Es la insaciable madre que todo lo devora, como la bruja que tiende el señuelo de la casita de chocolate en medio de la hambruna feroz. Cuando la Justiciera aprende a ver la "sombra" del siniestro deseo adulto, del reclamo, mudo pero pertinaz, podrá dejar ese lugar "mágico" de *poderlotodo* para empezar a vivir el propio deseo.

Lacan lo expresa así: "El papel de la madre es el deseo de la madre. Esto es capital. El deseo de la madre no es algo que pueda soportarse tal cual, que pueda resultar indiferente. Siempre produce estragos. Es estar dentro de la boca de un cocodrilo. Eso es la madre. No se sabe qué mosca puede llegar a picarle de repente y va y cierra la boca. Eso es el deseo de la madre"[65].

Habrá, pues, que revisar el vínculo a la luz de esta idea tan contundente del psicoanalista francés...

---

64 Lacan, 1994: p. 197.

65 Lacan, 1992.

Integrar destellos y brasas

Juana de Arco, otra Justiciera, no se salvó de la hoguera en el siglo XV. La niña nacida en el pueblito de Domrémy que dirigió un ejército en plena adolescencia para llevar al Delfín a Reims, y luego a París para coronarlo rey de Francia, fue carne castigada. Era una contemporánea de Gretel. La historia de Juana rodó en aquellos años entre las aldeas junto con la de los hermanitos abandonados en el bosque por la madrastra.

Contemporáneas, Juana y Gretel responden a un arquetipo que las impulsó a hacer justicia por mano propia en medio de la violencia de la Edad Media. Pero algo más las unifica: el fuego.

En los cuentos de hadas se cuecen hervores de mil ingredientes. El "caldero" donde hervía el agua para cocinar a Hansel, el horno donde la bruja planificaba arrojar a Gretel y la hoguera levantada en el Viejo Mercado de Rouen, en la Alta Normandía, para castigar la herejía de Juana hablan de fuego que purifica, da muerte y permite renacer.

Otra para la "serie"

Hay una Gretel para chicos de hoy. La película *Hansel y Gretel: cazadores de brujas* (*Hansel & Gretel: Witch Hunters*, 2012) es la nueva versión cinematográfica de Paramount Pictures, dirigida por Tommy Wirkola, del clásico de Grimm.

Narra la historia de los hermanos quince años después del abandono y la huida de la casa de dulces en el bosque. Hansel y Gretel se han convertido en un formidable equipo de cazarrecompensas. La experiencia vivida les da el valor para asumir el juego de Justicieros, pelear por el rescate de los niños raptados por las fuerzas del mal.

Con 15 años más, Hansel —que sufre de diabetes por aquella experiencia "acaramelada" de la infancia— y Gretel —dueña de un descubrimiento poderoso— son expertos luchadores para cazar a malvadas brujas que en ritos de luna roja sacrifican niños y niñas.

El dato interesante, más allá de ser una película de terror y aventuras muy efectista, es que Gretel descubre un secreto fundamental: es hija de una bruja blanca y ella misma es bruja blanca. Esta condición es muy codiciada por las brujas malvadas porque el corazón de bruja blanca es el ingrediente básico para preparar una poción que las hace inmunes al fuego.

Lástima que Juana de Arco no tomó un sorbo de aquella poción para ser inmune a la hoguera del poder levantada en su contra. La Historia no maneja los trazos mágicos de la fábula... Y el complot de la Iglesia en aquellos tiempos no tenía miramientos con una adolescente que salvó el estandarte de la flor de lis.

Cerremos el mito: ahora en el filme, Gretel ha crecido, puede capturar a quienes agreden a la niña interior que ella guarda herida y —lo más importante— ha integrado a su genealogía la esencia de bruja.

Poder integrar algo diferente de lo que traemos en la memoria celular del clan es posible porque sabemos que la epigenética nos habilita a mutar lo que creíamos fijo; porque ya sabemos que los cambios en el "ambioma" generan modificaciones en las sustancias químicas que emite nuestro cerebro y que envían mensajes a determinados tejidos de nuestro organismo: podemos sanar o enfermar de acuerdo con las sustancias que "fabricamos" con las creencias y paradigmas que nos gobiernan...

Soñar / Participar del té (de locos) / ALICIA

¿Por qué el arquetipo de Alicia es la soñadora?

Porque, de las tres niñas de este capítulo, es la que se anima al extravío, es quien se atreve a salir de la seguridad de la casa para conocer otras madrigueras, "alcanzar la plenitud *antidoméstica*", diría Savater.

- ¿Te resuena este paradigma?
- ¿Qué hacer cuando el cuerpo no encaja, está incómodo, es muy grande o muy pequeño, cuando nuestra natural manera de sentir no es entendida por los adultos?
- ¿Quién autoriza en tu clan a transgredir las coordenadas de lo "real" y cuestionar los mandatos?
- La identidad puesta en la encrucijada: "Me temo no poder explicarme a mí misma, señor oruga, porque yo ya no soy yo", "Yo soy... Yo era... Soy otra".
- Absurdo total y reinado de la dimensión onírica, ¿sentís que ante situaciones cotidianas estresantes o conflictivas aparece tu personaje de maravillas para enfrentar el conflicto?
- ¿Elegís en tu familia ser quien juega la batalla por la "libertad"? ¿Qué precio tiene ser libre?

¿Es Alicia tu mito personal?

Lo más notorio del sueño es que reproduce al detalle el dibujo básico de la fórmula mitológica universal en el camino del héroe.

J. CAMPBELL

Humor, caos y absurdidad: el arquetipo de Alicia impacta fuertemente en algún momento de nuestro desarrollo personal: sus efectos empiezan cuando hacemos la primera lectura y sigue derramando sus "maravillas" a lo largo de los años...

Es atrevida, se anima a la paradoja y a la incerteza, por eso "parece loca". Es una niña y es además como una "liebre de marzo"[66]. También es como el sombrerero poco cuerdo que toma té continuamente porque su reloj quedó parado en la *hora del té*, de modo que puede seguir tomando la merienda todo el tiempo. Sin dudas, un verdadero sombrerero loco. Y es también una niña-gato, no cualquier gato, sino uno que sonríe y se esfuma en el aire y funciona como su Maestro interior. Todos personajes hipnóticos, como la propia Alicia.

¿Quién transgrede más que un loco? ¿Quién dice la verdad más que un loco? ¿Quién funciona de modo más loco que alguien que sueña?

Imaginativa, audaz, dueña de "otra lógica", Alicia es una exploradora de la sinrazón, casi una alquimista: al contacto de sus transgresiones la realidad se transforma. Preadolescente en busca de la identidad, Alicia es suficientemente inteligente para advertir que "el orden" es una construcción social, que es posible un mundo al revés, y que hay que ser Soñadora/Soñador para indagar en la identidad cuando se crece y también cuando se está en crisis; es la iniciadora de nuevas dimensiones estéticas, su espíritu está al servicio de ver más allá, inaugurando las vanguardias.

---

66 La expresión "liebre de marzo" es un dicho común en la Inglaterra victoriana para referirse a quien está en frenesí, asociado este comportamiento a las liebres en el mes de apareamiento.

¿Hay que ser mujer y tener 12 años para ser una "Alicia"? ¿Se debe estar en la etapa de despedirse de la infancia para encarnar el arquetipo de la Soñadora? De ninguna manera. Los chicos también atraviesan esos espejos y asumen ser en el clan los Soñadores. En cada situación de ruptura de la armonía, de desfasaje del equilibrio, de profunda convulsión ante los cambios aparece este arquetipo.

¿Considerás que vivís en estado de hipnosis creativa, en un permanente estado onírico? Ese es el mito personal que hay que revisar. La vida tiene necesidad de esa fuerza vital que es el mundo del sueño, el reino del inconsciente por excelencia, que revela ese nivel de verdad ausente en la vigilia. Pero ¿cómo se entra y se sale de ese estado?

Ni pura vigilia ni sueño absoluto. Ser Alicia es saber entrar y salir a través del espejo, puesto que quedar atrapados en la desorganización psíquica es sucumbir al poder de la "sombra". Cuando pierde su potencia creativa —del sueño, del inconsciente—, equivale a acotar la percepción de la realidad, empobrecer el punto de vista; pero cuando gobierna día y noche solamente el código onírico, se naufraga en lugar de navegar. Mientras el poeta crea —recordemos— el psicótico sufre..., nos alertó Joyce, autor de la novela *Ulises*, comparando su actividad literaria con las conductas de su hija esquizofrénica.

Vamos a desandar las cualidades y sombras del arquetipo que nos ocupa ahora...

"El sueño es el mito personal"[67]

El mito es la entrada secreta por la cual las inagotables energías del cosmos se vierten en las manifestaciones culturales humanas.

J. CAMPBELL

Alicia es la gran metáfora del Soñador/la Soñadora. Podemos caer en la ilusión literaria y creer que el cuento de hadas por excelencia que se refiere al mundo onírico es el de la Bella Durmiente, pero es una trampa: la princesa que se pin-

---

67 Campbell, 2008.

cha el dedo con un huso y cae desplomada por cien años no sueña, duerme... que no es lo mismo.

Productos "espontáneos de la psique", los símbolos guardan secretos para revelarlos desde el origen de los tiempos hasta el presente, porque aunque la modernidad haya avanzado hasta lo inimaginable, la psiquis humana conserva su matriz colectiva y original. En ese humus, los sueños privados, individuales escriben con letra propia, y tanto nos revelan joyas en cofres ocultos como "esos perturbadores visitantes nocturnos del reino mitológico que llevamos dentro", al decir de Campbell.

La madriguera del Conejo, los hongos donde fuma la Oruga, la mesa del té, los acertijos del Sombrerero, el castillo de la Reina de Corazones no son espacios reales ni circunstancias ordinarias, señalan "estados alterados" de la conciencia, son figuras del laberinto interior, del viaje emprendido por la Heroína en su camino hacia la transfiguración.

Extravíos

En el mundo de la vigilia la lógica nos vigila. En el mundo onírico, despertamos a una realidad *extra-ordinaria*, de ensueño, y a "otra" ley que podríamos identificar con el juego de palabras llamado *nonsense* ('disparate'). Género literario creado por la Inglaterra victoriana, es un discurso de provocación que desmantela la ley humana por excelencia: el lenguaje. Y ese es el instrumento central de la obra de Lewis Caroll.

Recurso lúdico de asociación libre, más tarde conocido con el nombre de surrealismo en Francia, su efecto hace añicos conceptos como "seguridad", "certeza", "comodidad". La palabra rompe la norma del diccionario: adopta una ley nueva, destruye la arbitrariedad aceptada entre un significado y un significante y produce una estructura con otra lógica, de sustitución a las normas cotidianas y de gobierno del inconsciente en el juego de sentidos. El sueño, reino absoluto del inconsciente en su mayor expresión.

¿Qué relación hay entre tu modo de funcionar y el mundo onírico? ¿Te dejan mensajes sobre la almohada los sueños que arrastrás desde la noche? ¿Son botellas al mar que nunca recogés? ¿Son equivalentes, en tu descodificación del sueño, tanto los problemas que te aturden como las soluciones que te muestra? El sentido que le damos al sueño hace el cambio: somos más o menos permeables a considerar que hay Otra realidad en la realidad... porque ahí tiene su sede central el País del Inconsciente.

"Es el reino que penetramos en los sueños, lo llevamos dentro de nosotros eternamente. Todos los ogros y los ayudantes secretos de nuestra primera infancia están allí, toda la magia de la niñez. Y lo que es más importante, todas las potencialidades vitales que nunca pudimos traer a la realización de adultos. Esas otras porciones de nuestro ser están allí; porque esas semillas de oro no mueren. Si solo una porción de esa totalidad perdida pudiera ser sacada a la luz del día, experimentaríamos una maravillosa expansión de nuestras fuerzas, una vívida renovación de la vida, alcanzaríamos la estatura de la torre"[68].

Alicia sueña. Como personaje se retira del mundo "cómodo" de la vigilia, del control de la conciencia (representada en su hermana) y se sumerge en la primera ruptura lógica: el lenguaje. El mundo causal abandona la comprensión estándar y da lugar a otra ley: anárquica, poética, simultánea. Otra vía de conocimiento que el sueño invita a recorrer: los sueños son individuales, pero su materia es universal y por eso escenifican los mitos válidos para toda la humanidad.

¿Corona o sombrero?

Subirse a ese vértigo no resulta tranquilizador, habrá que aprender todo de nuevo. Habrá que aprender a mirar todo como por primera vez. Dos personajes funcionan como opuestos en la historia de Alicia: la Reina y el Sombrerero.

La enorme cabeza de la Reina de Corazones muestra los costados "falsos" que rodean su soberbia de poder absoluto (falsa nariz, falso rostro). Es un personaje incompleto: no ha podido desprenderse de la lógica racional y alcanzar el plano intuitivo/imaginativo. Vanidosa, egocéntrica y torpe, la Reina de Corazones se muestra fría y autoritaria, no le permite expresarse a su corazón. No puede despertar a una nueva conciencia ni ser puente para que Alicia

---

68 Campbell, 2008.

crezca. En cambio la potencia masculina fuera del estándar, que representa al Sombrerero, aporta una dimensión de despertador de conciencias.

La cabeza tiene riendas hacia los corceles racionales de la Reina egoísta, pero también puede virar hacia la fantasía: esa es la cabeza de quien trabaja para ella de otro modo. El Sombrerero maneja diversos materiales, adapta ideas, cambia las formas: todas las cabezas no tienen la obligación de lucir coronas de latón o de mostrarse iguales. La plasticidad del juego del loco es la oposición a la dureza de la Reina.

Alicia observa y avanza en su viaje: está aprendiendo a mirar con ojos de oruga azul, veladamente, a través del humo chamánico que la Oruga suelta de su narguile mientras le hace preguntas y pone en cuestión su identidad. La Oruga es precisamente un animal con capacidad de cambio, de plasticidad en el andar, que la cuestiona sobre crecer o menguar; es un verdadero *transformer*. La Oruga es mientras es, luego pasa a ser otro ser. Lo mismo intenta transmitirle a Alicia, ofuscada por no comprender tan fácilmente las leyes oníricas. Ya andará lo suficiente para desarrollar la capacidad propia de la Oruga: la plasticidad para ser y mudar, volver a ser y renovarse...

Pero vayamos al inicio del cuento...

Itinerario iniciático y soñado

El descenso por la madriguera marca el tiempo escandido entre el espacio de la vigilia y el del sueño. Así comienza el viaje de Alicia cuando ve pasar de prisa al conejo. Lo sigue y desciende al pozo. Él va mirando un reloj de bolsillo, pero a la niña no le parece una situación rara: ya estaba inmersa en el mundo onírico aunque el relato no lo exprese. La novela efectivamente se inicia unas líneas antes: la hermana mayor lee sentada a orilla de un río, mientras Alicia se aburre y cuestiona el libro porque tiene puro texto, sin dibujos ni diálogos.

"En realidad no había *nada* de extraño en ello y Alicia no se sorprendió *ni siquiera* cuando le oyó decir: —¡Ay, Dios mío, qué tarde se me está haciendo!".

En la infancia, el mundo de los adultos es incomprensible, racional, esperable y concreto, lo que equivale a decir tedioso. Aburrido como un libro sin ilustraciones. El único modo de escapar de esa estructura es transgrediéndola. El sueño es una de las vías posibles para esa huida.

En el medio, se suceden los episodios ya conocidos e ilógicos que gobiernan el país de las maravillas; y en las líneas finales la hermana ha terminado de leer. Su tiempo es cronométrico, real y objetivo. Los lectores volvemos con ella a la realidad. También estamos terminando el libro, pero venimos de acompañar a Alicia. No sabemos qué leyó su hermana, en cambio sí conocemos el mundo subterráneo de la fantasía.

La hermana observa enternecida a Alicia despertando de un viaje en el que ella estaba fuera de escena. "Finalmente trató de imaginarse cómo sería su hermanita convertida ya en mujer adulta. Y cómo guardaría a lo largo de su vida el alma cándida de cuando era niña. Trató de imaginársela rodeada ya de hijos, contándoles alguna historia que encendiera la luz de sus ojos, contándoles quizá aquel viaje suyo al País de las Maravillas... Sabiendo que Alicia reviviría entonces, en la alegría y la tristeza de sus hijos, aquellos dulces días de su niñez...".

Mirada racional que repite mandatos culturales la de la hermana mayor: crecer, casarse, tener hijos, tal vez plantar un árbol y escribir un libro... Alicia parece haber elegido otros caminos... ¡Qué lejos de la proyección adulta está el paisaje en el cual, ante un conejo que cruza veloz por delante de sus narices, Alicia va tras él! Se deslizó "sin tiempo para pensar en detener su caída, se precipitó por lo que parecían las paredes de un pozo muy profundo". Ya estamos en el dominio del sueño.

Nos planteamos en la introducción de nuestro trabajo relacionar los arquetipos con los rituales del alimento, pues Alicia no ha tocado fondo en la caída cuando se le presenta una oportunidad única: alcanza a tomar de un estante un frasco en el que lee "mermelada de naranja", pero dispuesta a saborearlo advierte que está vacío.

Esta primera desilusión marca la disyuntiva entre palabra y realidad, el lenguaje pone todo patas para arriba y ya nada volverá a ser posible de ser medido según los conceptos de "latitud" y "longitud".

"—¡A lo mejor atravieso la tierra y caigo del otro lado! ¡Qué divertido sería si saliera por el país donde la gente anda boca abajo!". Solo más adelante leemos: "Una **dulce somnolencia** se había apoderado de la niña, lo cual no le impedía continuar su perorata, aunque de forma algo **inconexa**"[69].

Sin embargo, tuvo tiempo de acordarse de su gata Dina y al caer sobre un colchón de hojas secas volvió a ver al Conejo Blanco: "¡Por mis barbas y mis bigotes! ¡Se me está haciendo tardísimo!". Y en un abrir y cerrar de ojos, el conejo había desaparecido.

La escena es mítica en la memoria de los lectores de infancia que fuimos, pero sigue resplandeciendo... Hora de mirar hacia adentro: ¿en qué sentido podemos apreciar si somos hoy adultos transgresores e imaginativos? ¿Brilla la incandescencia del mundo onírico en nuestra vida cotidiana?

Develemos algunas pistas...

Recordemos que apenas tocar tierra y ver la puerta pequeña y la llave, "a Alicia le habían ocurrido cosas tan extraordinarias, que ya nada le parecía imposible", pero seguía manteniendo algo de "lógica": ¿cómo beber el contenido de una botellita cuyo cartel ordenaba: "Bébeme"?, ¿y si fuera veneno?

Supo que ya el lenguaje era una representación vacía (como el frasco de mermelada) y que una botella podía contener "un sabor muy agradable, algo así como una mezcla de pastel de cerezas, flan, piña, pavo asado, caramelo y tostadas calientes con mantequilla". Luego ante sus ojos, otro pastel y otro letrero: "Cómeme".

Beber y comer, crecer y achicarse. Transformaciones en estado puro, vertiginoso y antinatural. Revisemos el menú: sabe a pasteles y tostadas con mantequilla como los que llevaba Caperucita a la abuela, huele a carne asada como la que intentaba comer la bruja del bosque de la casa de caramelos. Pero no hay miedo. Si algo no se percibe en la experiencia que vive/sueña Alicia es amenaza. Ni lobos ni osos (en cambio, Conejos Blancos) ni madrastras abandónicas (en cambio una hermana leyendo) ni hornos para devorar niños asados (en cambio jarabe, que es un licuado de todos los sabores que agradan...). En el mundo onírico, todo es posible y apacible.

---

69 El destacado en negrita es mío.

Soñar para construir la identidad

Vencer el tedio, el aburrimiento y el sinsentido existencial tiene su estrategia de escape en la fantasía, el arte, las ensoñaciones, las proyecciones. ¿Te resuena este ardid para darle la espalda a los compromisos y las responsabilidades? ¿En qué circunstancias sentís que el arquetipo de Alicia mueve tus decisiones y actitudes?

Cuando crecemos de golpe y quisiéramos beber la botellita que encoge, cuando estamos hartas de ser tratadas como niñas y anhelamos el pastelito que nos agiganta, cuando nos vemos obligados a nadar en el charco de nuestras propias lágrimas para no naufragar, estamos recorriendo el periplo de Alicia. Este, como todo arquetipo, guarda su "sombra". La oscuridad misma es el sueño en el que podemos extraviarnos si no reconocemos los límites de lo real; el otro lado del espejo puede trocar las maravillas en pesadillas: es solo una cuestión de letras...

La identidad sigue siendo el verdadero enigma a resolver. Se puede alcanzar alguna revelación desde la mirada de la Curiosa de Caperucita que se interroga sobre "qué es ser mujer, ¿cómo me vuelvo mujer?". Se puede atisbar una respuesta con las agallas de Gretel, la Justiciera: soy la que vence los obstáculos, la que cruza el bosque y se lleva los preciados tesoros de la casa comestible. Pero si soy Alicia, ¿cómo arribar a una definición de sujeto?

"Ayer todo era tan normal —se dice Alicia en medio de lo asombroso que vive—, ¿cuándo sucedió el cambio? Y si ya no soy la misma, ¿quién demonios soy?".

Podemos esquivar el asunto, pero en alguna circunstancia el espejo delante de nuestra mirada impone la Gran Pregunta. Si la Curiosa pregunta a sus lazos maternos sobre qué es una mujer, y la Justiciera decide sostener el techo familiar a pesar del abuso, Alicia va más adentro: su cuestión es existencial, "¿Quién soy?".

Gnosce te ipsum

El oráculo de Delfos es imperativo: "Conócete a ti mismo". ¿Es fácil aceptar la etapa que requiere dar respuesta a ese universal mandato humano? Claro que no, es muy difícil, es una empresa lenta, con escollos, con avances y retrocesos permanentes. Por eso somos Alicia y su arquetipo en diversos momentos de la vida. Más de una vez en el proceso de individuación.

La tarea de un sujeto dirigida al autoconocimiento es la transformación de las creencias y las verdades cristalizadas y significa una enorme energía de aceptación de las sombras que ocultan el verdadero camino hacia la madurez.

Ya lo mencionamos, pero merece ser recordado una vez más: Jung denominó "sombra" al conjunto de zonas negativas que proyectamos en el afuera y que son inconscientes, son tanto personales como universales. Los prejuicios, creencias y fijaciones entorpecen el trabajo de llegada al interior.

El tema de la identidad aparece revelado en los sueños como un mensaje "loco" y descifrarlo implica destrezas que no nos enseñan ni en la familia ni en la escuela. Para Freud, los datos provenientes del mundo onírico son la "vía regia para acceder al conocimiento de lo inconsciente". Cuando traspasamos la barrera de la conciencia, somos capaces de desnudar el enigma de la subjetividad. El sueño tiene el poder condensador de aglutinar más de un nivel de sentido: es enigma y solución a la vez. Nos sitúa en un escenario ominoso, señala un camino distorsionado en los planos "reales" que manejamos a diario y nos obliga a hallar la salida del laberinto. Pero no nos encierra en la caverna subterránea: nos da el ovillo de Ariadna para encontrar la salida y un GPS nuevo para ascender a la vigilia.

Así, al soñar, somos Teseo y el Minotauro, el ovillo que marca la salida y las víctimas del monstruo. En el arquetipo de la Soñadora, somos Alicia y el Sombrerero Loco, y la Oruga y el Conejo Blanco. Las partes más difíciles de aceptar de cada personaje muestran las aristas que nos negamos de nuestra parte luminosa de la personalidad.

Un dolor de cabeza

"Loco como un sombrerero" era una expresión típica del siglo XIX en Inglaterra: por su oficio, los artesanos estaban en contacto con mercurio para trabajar el fieltro y eso les producía ciertos desórdenes de conducta. Si el mercurio utilizado en los fieltros servía para "curar" los sombreros, los efectos nocivos quedaban impregnados en la piel de los sombrereros.

Efectivamente el autor de *Las aventuras de Alicia...* sabía de la leyenda sobre la toxicidad de ciertos productos usados por los fabricantes de sombreros, motivo por el cual los consideraban a todos unos desquiciados. Los sombreros se hacían con dos materiales —piel de castor (que eran los más caros) o de conejo (los más baratos)—, pero unos y otros precisaban del proceso químico. Primero se trataban con nitrato de mercurio para alisar el material y darles un tono mate, y después se sumergían en ácido hirviendo para endurecerlos. Los trabajadores —encerrados en talleres mal ventilados— aspiraban los vapores tóxicos.

En el caso del personaje de la novela, su desvío psíquico por el oficio que desarrolla se manifiesta en su excentricismo, en el *envenenamiento* de la cordura esperable para ser políticamente correcto y socialmente aceptado. Los cambios bruscos de humor y la disociación con la realidad le generan al personaje una conducta que habilita a los "cuerdos" a darle el mote de "loco". Sin embargo, Alicia tiene mucho para aprender de este otro Guía en su periplo.

Conoce al personaje, lo mira extrañada, confronta y sabe que el problema está en la *cabeza*. Los sombreros pueden cambiarse y las cabezas pueden sostener diferentes sombreros: el de Curiosa, el de Justiciera, el de Soñadora... cada "máscara" es una expansión de la conciencia.

Estudiosos sobre la biografía del autor determinaron que Caroll sufría de fuertes migrañas y consumía láudano, un medicamento común de la época compuesto por vino blanco, opio y azafrán que, si bien servía de analgésico, derivaba en efectos psicotrópicos, alucinógenos. Tomemos este dato de "la realidad" para simbolizarlo en una metáfora: ver la vida como es y al mismo tiempo permitirnos verla bajo los efectos del sueño. El mensaje que guarda el inconsciente tiene verdades para revelarnos. Está en nosotros "leer" esos textos. Recordemos aquello que nos enseñara el Talmud: "Un sueño sin interpretar es como una carta sin abrir".

Se asocia al "síndrome de Alicia" el dolor producido por las migrañas. Mucho se habló sobre el uso de drogas psicoactivas por parte del autor representado en la Oruga Azul que fuma opio. La ilusión óptica, la distorsión de colores, formas y tamaños (micropsia o macropsia: disminución o aumento) en la propia imagen corporal, en los objetos, en las personas y los animales, que se perciben de manera irregular, así como en la comprensión del paso del tiempo que se ve afectada en su orden lógico: antes, hoy, mañana... cada uno de esos conceptos es un cofre cerrado por siete llaves. Abrir cada cerrojo es el desafío para alcanzar la madurez del yo.

"A quien dices tu secreto das tu libertad", decía el clásico texto de Fernando de Rojas en *La Celestina*... Hoy, ha corrido tanta agua bajo el puente que podemos afirmar parafraseándolo: "Cuando te dices tu secreto, conquistas tu libertad".

En 1967 cuando fuimos al estreno de *Amor en el aire* en el cine Lope de Vega, yo tenía 9 años. Una escena de la película volverá a recordarme que el absurdo es parte de la realidad: una escena regresó 30 años más tarde para decirme que lo más kafkiano está a la vuelta de la esquina. No lo sabía, entonces, pero lo intuí siempre...
En la oscuridad mítica de esa sala de cine del barrio —donde mi madre nos llevaba a mi hermana y a mí cada semana— vimos desde *La novicia rebelde* hasta *Martín Fierro* (con cara de Alfredo Alcón). El cine era parte de la infancia como la escuela y las fiestas de cumpleaños. Se estrenaba *otra de Palito*. Era de amor. Me gustaba porque la actriz hablaba "distinto". Rocío Durcal pronunciaba las palabras con ese seseo español que encandilaba mis oídos. La pareja tiene para mí un magnetismo especial: el argumento cuenta que ambos para no repetir la historia de frustración de sus mayores deciden oír la voz de sus sueños y ser artistas. Nada sabía de psicogenealogía a mis 9 añitos, pero si confío en lo sabido-no pensado, me resonaban algunas ideas en el inconsciente...
Sin embargo, no fueron las escenas románticas ni las canciones las que se me quedaron grabadas, sino una imagen surrealista: el muchacho quiere dedicarse a cantar y su padre, un ingeniero muy serio (Fernando Rey), no se lo permite. En una actuación secreta para su familia, el aspirante a artista no sabe que su padre —junto con otros señores muy trajeados y formales— está entre el público. En un momento se miran, se reconocen. El joven atemorizado deja el escenario y en su lugar la chica "lo salva": toma la posta y asume su rol en el final de la actuación.
La canción no era cualquier canción. Travestismo y solidaridad, hombre/mujer[70], mundo de adultos y mundo de ensueño se en-

---

70 Viene a cuento otra experiencia personal: cuando tomé la comunión en 1967 me regalaron el Winco y un *long play*: *Un muchacho como yo*. Era una chica y sentía que esa

trecruzan en un mismo espacio. La escena era de por sí absurda por no decir bizarra: un muchacho con su tocado de plumas a lo indio sioux baila y canta "Sol en Oklahoma". Escenario casi vacío, un clima de desierto, un árbol de cartón y una desvencijada carreta forman todo el contexto esforzado por dar verosimilitud a una propuesta escenográfica disparatada.

Aquella escena, como tantas, se fue diluyendo a lo largo de mi vida... En abril del año 2001, mi marido y yo viajamos por primera vez a Europa: vuelo directo a Praga, anhelaba desde siempre estar en tierras kafkianas. Llegamos una noche de lluvia. Fuimos directo al Don Giovani, un hotel frente al cementerio donde reposa el autor de *La metamorfosis*. Fuera del circuito turístico, alejado de las atracciones más visitadas. La idea era homenajear al autor elegido entre todos: acercarnos hasta la tumba de Franz Kafka y leer algún párrafo de *Carta al padre* o *El proceso*, dejar unas piedras sobre la lápida...

Ese viaje había nacido en mí, en la ilusión, muchos años antes. Y ahí estaba hecho realidad. Vivía esos momentos con la ansiedad y la emoción de un sueño largamente cocinado en los calderos del deseo.

Desde nuestra ventana imaginamos la silueta del edificio de enfrente. El viento y el agua impedían ver con claridad los muros del cementerio. Seguía lloviendo. Anocheció. Mientras me duchaba, escuché voces en español (desde la llegada al aeropuerto solo habíamos oído hablar en checo, y también todos los canales eran en el idioma local): la tele de la habitación estaba encendida. Imprevistamente algo me descolocó. Presté atención, ¿qué estoy oyendo? Era una canción conocida. La voz y la letra me "sonaban", pero no podía ser cierto... Creí estar bajo los efectos hipnóticos —loca de alegría— de estar por fin en Praga.

Apuré el trámite de envolverme en una toalla y salí del baño: la imagen me colocó en una realidad *extra-ordinaria*. Ahí estaba el Palito Ortega de mi niñez, el del cine de Villa Luro, vestido de indio sioux: "un gaucho con plumas" —como dice el personaje

---

canción que daba nombre al disco hablaba de mí... ¿Yo, un muchacho o yo, una chica? Esto refuerza aquello que dije páginas atrás: cuando el sujeto mítico se reinterpreta, no distingue hombre/mujer. Ser niña y ser muchacho son indagaciones paralelas en el proceso de autoconocimiento.

de la abuela de Rocío Durcal en la película—, el mismo que se me había quedado congelado en el recuerdo. Extraviado de la vieja pantalla del barrio estaba ahora en Praga. Todo el acontecimiento me resultó muy delirante. Breve e incomprensible como un sueño. Retrocedí muchos años y no me alcanzó la brújula lógica para las coordenadas tiempo-espacio: la butaca de cuero carmesí del cine Lope de Vega cual alfombra voladora me había transportado a un lejano hotel de Europa del Este.
Perplejidad. Seguía sonando el estribillo...
En mi propia cartografía surrealista, este episodio podría formar parte del ambiente onírico de Alicia. Todos tenemos una página para sumar a ese clásico de la literatura: sueños por fin cumplidos, mensajes en otra lengua que regresan traducidos, como si nos comunicaran que la potencia onírica y sus símbolos —la rebeldía a los mandatos ancestrales, la alegría y la libertad— transforman la realidad.
El pasado regresa, pero —felizmente— la escena puede ser la que tanto soñamos...

¿La hora del té o de la sopa?

"Vio que la Liebre de Marzo y el Sombrerero habían colocado una mesa en el jardín y estaban merendando. Entre los dos estaba un Lirón durmiendo profundamente... Al ver que se acercaba alguien, empezaron a gritar: '¡Ya no caben más! ¡No caben más!'. 'Yo creo que en esta mesa todavía hay lugar' —dijo la niña— y se ubicó junto a ellos para demostrarles que no se dejaba intimidar".

La pobre Alicia está deambulando en el capítulo VII cuando se autoinvita al "té más insufrible" de su vida. Necesaria etapa del viaje iniciático. Es el corazón del libro, la escena onírica por excelencia. Todo se pone en entredicho en este capítulo. Cuervos, escritorio, espacio, deseo, vida y muerte. El gran tema es el Tiempo. El Sombrerero es un especial director de orquesta donde el tiempo sigue el ritmo que marca el deseo de la batuta.

Van algunos párrafos ilustrativos para rememorar las viejas lecturas de la infancia en clave mítica:

> —¡Ahora son siempre las seis!
> Una brillante idea iluminó el cerebro de la muchacha.
> —¿Esa es la razón, entonces, de que siempre la mesa esté puesta para tomar el té? —preguntó.
> —Sí, ese es el motivo —repuso con un suspiro el Sombrerero—. Siempre es hora del té para nosotros y no tenemos tiempo ni siquiera de lavar la loza...

El Tiempo, con mayúsculas, es uno de los grandes desafíos: tiempo de crecer y entender en cada etapa las preguntas que surgen sobre el sujeto. ¿Quién determina nuestros "tiempos"? ¿Es genuino "el ritmo" que marcamos? ¿Es nuestra hora de almuerzo o de merienda? ¿Qué se toma en el té de locos? No todas las respuestas parecen tener mensajes claros. La mesa está tendida, los lugares son cambiables, la tetera contiene... ¿té?

> —Toma un poco de vino —le propuso la liebre con tono cordial.
> Alicia miró toda la mesa sin ver otra cosa que té.
> —No veo vino en ninguna parte —dijo.
> —Claro que no hay —contestó la liebre.

Una escena delirante, la del capítulo VII, eje simbólico de la obra de Caroll. Falso té de las *five o'clock* que se toma todo el día siguiendo a un reloj que marca las seis de la tarde. Nada es lo que parece. Todo puede ser falso, falsedad que no es sinónimo de mentira sino prejuicio que intenta sostener la ley de la creencia como "verdad absoluta". La paradoja exhibe la imposibilidad de la fijación. Todo es movimiento, y la clave está en una canción que llega tres capítulos después.

En el episodio de la sopa de la Falsa Tortuga[71], se revela la verdadera definición del viaje onírico:

---

71 *Las aventuras de Alicia en el país de las maravillas*, Capítulo X.

> La tortuga falsificada suspiró profundamente y empezó, con una voz entrecortada por los sollozos, a cantar lo siguiente:
> Verde y rica en la sopera
> la sopa de tortuga espera.
> **Ante ese guiso, ¿quién pide otra cosa?**
> **¡Sopa nocturna, fina y sabrosa!**[72]
> ¡Ri-quí-si-ma so-pa!
> ¡So-pa noc-tur-na,
> rica, riquísima sopa!

Interesante: la canción de la sopa nocturna se interrumpe cuando Alicia es llamada porque empieza "el juicio".

Juicio es proceso, veredicto, ley; es poner a disposición de un tribunal "kafkiano" la decisión de culpabilidad o inocencia. Es también lo contrario de "locura". ¿Quién puede arrojar la primera piedra sobre su buen juicio? El "juicioso" no es un buen soñador, como el prejuicioso no sabe de viajes hacia la transformación.

Alicia "regresa" del sueño justo a tiempo para salvarse de ser decapitada por orden de la Reina. Llega al regazo de su hermana, que lee un libro aburrido, y le narra su aventura. Ya es otra: está decidida a "tomar un té vespertino", un té que sabe a sopa.

El oráculo délfico debería cambiar su máxima por esta otra: "Bébete la sopa nocturna". Depende aceptar o no el reto… La "sopa nocturna" como brebaje para soñar quién queremos ser…

Freud nos descubrió un mecanismo de relojería maravilloso: con los objetos de la vida diurna, las vivencias de cada día con sus restos que se cuelan en la fase onírica, más el trabajo de condensación y desplazamiento, todos soñamos: "inventamos" los sueños que nos visitan cada noche. Pero hay un revés del espejo: la vida diurna es otro modo de construir la experiencia. Depende de los ingredientes que seleccionemos como objetos para conjugar el día a día, depende de cómo cada persona construye su realidad con los faros que se pone como metas, para ofrecer sabores nuevos a la rutina y recrearla en la sopa nocturna…

---

72 El destacado en negrita es mío.

Sueño y laberinto, imágenes arquetípicas de transformación

Sueño, sopa nocturna, ¿quién se niega a ese guiso que reúne y revuelve tantas disociaciones para explicar al sujeto? Todo sueño es sopa nocturna y perfecto laberinto.

Insisto en un concepto que desarrollé en las páginas iniciales: cada sujeto construye sus "series" para encontrar al personaje y sus derivados. La propuesta personal solo es mi hoja de ruta, puede despertar las emociones ocultas de ustedes mientras leen, puede generar asociaciones nuevas. La idea es que cada uno, cada una, arme su repertorio de personajes y se refleje en el *puzzle* que la subjetividad en continua construcción vaya modelando...

En mi "serie" entra otro personaje del cine. La niña más espectacular y "espejo" de Alicia: Ofelia, la protagonista del filme *El laberinto del fauno*, un maravilloso cuento de hadas que supera los límites delineados por Perrault, Grimm y Lewis Caroll. Esta película es un cuento de hadas descarnado donde aparece a la vez el relato de extrema violencia e injusticia franquista conviviendo con la belleza del mito y el sueño.

La película (2006) dirigida por el mexicano Guillermo del Toro está ambientada en dos planos: los Pirineos en 1944, ya vencidos los republicanos en la Guerra Civil Española, pero que resisten al fascismo, y el mundo subterráneo de los sueños y la fantasía.

El contexto violento de marco político-histórico actúa como telón de fondo a la metáfora que plantea: el viaje iniciático de una niña que huye de "lo real" para reencontrarse con su verdadera esencia.

Del Toro invierte algunos símbolos y se vale de otros. Por un lado vemos a Ofelia como una "hermana" de Alicia. Aficionada a la lectura de relatos fantásticos, seguramente cuestionaría los "libros aburridos sin imágenes".

Narra la historia de una nena huérfana de padre que debe acostumbrarse al clima hostil que genera en la familia el nuevo marido de su madre, un capitán violento y perseguidor de rebeldes republicanos. El nombre de la niña hace eco con el personaje shakesperiano de *Hamlet*. También en la pieza isabelina, un hijo sufre la muerte de su padre y cuestiona a la madre que no supo guardar un luto mayor ante el esposo difunto y acepta sin demora un segundo matrimonio.

Mutilada emocionalmente por un padrastro agresivo y maltratador de las mujeres que lo rodean (esposa, hijastra, criadas), la niña regresa al "vientre de la tierra para reencontrarse con su padre biológico". Inversión de los cuentos clásicos, ahora es el padrastro el malvado que la expulsa al nivel de conciencia necesario para crecer.

En la madre sumisa, la violencia de género, las estrategias de la *nana* o confidente de Ofelia, los revolucionarios y los ideales del médico se reúnen en un lado del espejo. La protagonista necesita atravesarlo para entrar en la verdad imaginaria del sueño, sus miedos y enfrentamiento a los monstruos del mundo paralelo al que habita gobernado por un reloj detenido a la hora de la muerte.

Como modo de escapar a esa realidad oscura, ominosa y hostil que le presenta su padrastro, ni bien llegan a la residencia donde su madre dará a luz a un medio hermano de Ofelia, la niña recorre el molino y descubre unas ruinas que son la puerta de entrada al laberinto. Un insecto-hada es su guía. La imaginación de Ofelia es tan fructífera como la de Alicia: ingresa al mundo subterráneo para escapar al agobio y la hostilidad del mundo adulto y tiene la oportunidad de ser una Soñadora. Penetrar en el inconsciente le revelará su destino.

Cae en el pozo, como Alicia, se encuentra con un fauno (en vez de un conejo o una oruga) y descubre un secreto: que es una princesa y que su padre, el rey, la espera con ansiedad. Deberá atravesar peligros y pruebas muy arriesgadas para recuperar su estado de princesa. Un gran libro mágico de páginas en blanco contiene la fórmula a seguir: el libro se escribe a medida que Ofelia lee. Ahí se describen las pruebas.

Muchos elementos nos recuerdan al relato de las aventuras de Alicia: los seres mágicos, la mandrágora en lugar del opio, las situaciones que Ofelia encuentra en su viaje al mundo subterráneo podrían intercambiarse con los que surgen de las páginas de Caroll.

El fauno, las hadas, los representantes del mal, las encrucijadas determinan los estadios que Ofelia va atravesando en busca de su propia historia, la persecución, el valor del tiempo en el reloj de arena, la falta de experiencia en el plano onírico "leído" con las reglas de la vigilia. La puerta pequeña, los alimentos prohibidos. El clima es menos absurdo pero más terrorífico.

Ofelia muere y en ese estado entra a un palacio dorado junto con sus padres, el rey y la reina del mundo subterráneo. "Ofelia muere" quiere decir que deja atrás una etapa de su existencia, transgrede los límites para renacer en otro plano de autoconocimiento.

"[...] la idea central de *El laberinto del fauno* es la del choque entre brutalidad e imaginación. Es una pequeña fábula que está a favor de la desobediencia, porque creo que el primer paso de la responsabilidad es la desobediencia, es pensar por uno mismo. El laberinto suena a fábula de la desobediencia. [...] Para mí la esencia del laberinto es la de una fábula porque tiene una in-moraleja al final... los personajes claves aprenden a desobedecer", expresaba el propio guionista del filme[73].

En sintonía con nuestro recorrido, las palabras de Guillermo del Toro rescatan el valor de animarse con los paradigmas más férreos y romperlos, de ganarle al mandato que absorbimos por la savia del árbol familiar: ser prudentes, realistas, ordenados, puntuales, correctos, racionales, conservadores, obedientes...

¿Qué estructuras familiares te oprimen para llevar puesta la camiseta de hombre seguro o de mujer sumisa? ¿Y si te animaras a ser un hombre inseguro? ¿Y si pudieras decir eso que se atraviesa en tu garganta y no callarlo más? Los mandatos familiares terminan siendo decretos que firmamos con sangre. La lealtad al clan no debe imponerse sobre los sueños y deseos personales. Tal vez el lector/la lectora estén pensando que así es como han vivido hasta hoy...

Pues, si te diste cuenta ya hay mucho camino recorrido. Darse cuenta es la primera estación de este viaje al autoconocimiento. Luego, vendrán dudas, preguntas, certezas que duelen, máscaras que se caen, desencantos varios, pero siempre la verdad a cara lavada es más sana que una mentira maquillada. ¡La libertad no tiene precio! Transgredir el mandato puede ser doloroso, pero es necesario para crecer. Entonces, ¿estás dispuesta a ese desafío?, ¿estás preparado para la aventura de cruzar al lado onírico del espejo?

Las hadas y el fauno funcionan de guías como antes fungieron de maestros el gato de Cheshire y el Sombrerero para Alicia en el viaje iniciático. Irás

---

[73] http://www.clubcultura.com/clubcine/clubcineastas/guillermodeltoro/ellaberintodelfauno/entrevista.htm

encontrando tus guías en este camino. La resiliencia es una fantástica plataforma para asegurar que los cambios son posibles y más llevaderos si confiamos en ese otro que nos ve, que nos escucha, que nos abraza. Emprender la transformación precisa de guías, maestros, voces que nos digan que somos personas y que nos reconocen por ser nosotros mismos, oídos amorosos para escuchar la biografía de nuestras dolencias. Y el motor es el deseo de sanar a nuestro grupo ancestral más oculto, más cercano y a la descendencia más joven.

Los paradigmas y las creencias —ya lo dijimos— intervienen en nuestro ADN, nos generan mutaciones que vienen heredando los miembros de nuestra familia hace años... Tal vez esté en nuestras manos esa "papa caliente" que viene de abuelos y bisabuelos y ahora nos exige un gesto de rebeldía, de desobediencia al pacto secreto sobre eso callado, sepultado, silenciado. ¿Y si patearas el tablero? A un cambio de medioambiente sobreviene una transformación espiritual, emocional, afectiva, intelectual, sensorial, y el abanico sigue abierto... La epigenética nos devuelve la licencia de conducir que nos secuestraron por lealtad familiar cuando nos imprimieron "ese" mandato que hoy aún perturba. Podemos cambiar la renquera, la bizquera, la tartamudez con que nos vemos si caminamos firmes, miramos de frente y decimos lo que deseamos.

Mi personaje adorado de Mariana Pineda sucumbe, pero me regaló la semilla del aprendizaje y la vocación por la literatura como primera profesión. Alicia sueña (un modo de morir) y triunfa: regresa más madura cuando sale del mundo onírico. Ofelia muere, pero renace princesa.

Cerramos el capítulo de las niñas para dar paso a las doncellas. Que sea de la mano de Ofelia, la niña-princesa, que liberemos la puerta para entrar al siguiente estadio, al próximo capítulo.

b) Adolescencia

Rituales del amor, banquetes con (y sin) perdices

Bella Durmiente, Blancanieves, Cenicienta, Princesa del Guisante

- Ausente / Espero, luego existo
- Deseante / Ese zapato es mío
- Rebelde / Una semilla en mi cama

Sea... que capturemos repentinamente el brillante significado de un extraño cuento de hadas esquimal, encontraremos siempre la misma historia de forma variable, y sin embargo, maravillosamente constante...

JOSEPH CAMPBELL[74]

---

74 Campbell, 2008.

Ausente / Espero, luego existo / BELLA DURMIENTE

¿Por qué el mandato de la Bella Durmiente es ser-ausente?

Porque nunca fue una niña del tipo Gretel o Alicia, plebeyas. Nació en palacio y se sabe princesa por derecho propio. Creció rodeada de hadas madrinas y buenos augurios. El futuro de quien "nace bien" no tiene sobresaltos. No está obligada a demostrar nada para ser considerada princesa: le viene dado. Puede permitirse dormir cien años hasta que el beso del príncipe azul la despierte y la convierta en reina. Tiene otras "hermanas" que forman serie: Blancanieves es la más parecida.

- ¿Es tu mito un personaje más adormecido (en los laureles recibidos) que alerta (ante los propios logros)?
- ¿Te identificás con una actitud predominante de abulia, de dejar-hacer, de entrega a fuerzas superiores o ajenas o más poderosas en lugar de imponer tus decisiones?
- ¿Qué beneficio te otorga ese ser-ausente? ¿La confianza en lo que te da tu linaje te quita impulsos propios?
- ¿Estás dispuesta/o a abandonar la zona de confort para conseguir un cambio profundo en tus creencias?
- ¿Considerás que una transformación le aportaría crecimiento interior a tu personalidad?
- ¿Estás preparado/a para dejar de esperar eternamente que el mundo se rinda a tus pies?
- ¿Estás dispuesta/o a realizar el proceso de "ponerse en acción" y cambiar creencia cómoda del "maleficio" (el "destino") de la herencia recibida por tu propio impulso vital?

¿Es Bella Durmiente (o Blancanieves) tu mito personal?

> *K, podríamos decir, comienza el sueño con la impresión*
> *de que se encuentra "detenido". ¿Qué significa "detenido"? [...] puede*
> *significar ser puesto en custodia por policías y [...]*
> *hallarse paralizado en el crecimiento.*
>
> ERICH FROMM

Repitámoslo una vez más: no es cuestión de chicas o de chicos. A ambos les puede suceder la identificación con el personaje que llamamos Ausente. Ya no hablamos de plebeyos e infantes. Cuando de adolescencia se trata, estamos a la entrada de la pubertad con sangre azul. Las doncellas (con la llegada de la primera menstruación) saben que la infancia quedó atrás, Los muchachos empiezan a experimentar nuevas sensaciones. Hay princesas y príncipes... Y hay varios personajes con la misma ropa: a no confundirlos...

Hay princesas "vegetarianas" —las que rompen el estereotipo— que no tienen como objetivo ser las esposas de un príncipe, que juegan un rol más activo y prefieren una vida más comunitaria. No es el caso de Durmiente, la que se toma todo el tiempo para esperar la llegada del beso despertador, tanto tiempo como sea necesario, digamos unos cien años... Ni es el caso de Blancanieves, que "practica" el maternaje jugando a ser la mamá de siete "pequeños" hasta que le llegue la hora del rescate principesco para convertirse en "la señora de".

Estas dos —Blancanieves y la Durmiente— son de pura cepa (tradicional). Sus padres son reyes; los criados las sirven y atienden en todos sus requerimientos. Son hermosas y producen la envidia de sus madrastras (sí, nada es perfecto: ambas princesas son huérfanas de madre y el padre no ha elegido a la mejor madre putativa para las hijas). Viven con el palacio a sus pies. Son princesas por cuna, no por desposarse con un príncipe.

¿Cómo saber si tu arquetipo es la Ausente? Las historias de estas dos populares doncellas te darán las pautas para que te reconozcas: triunfante, con seguridad y fortaleza, firme actitud, confianza y garantía de éxito... pero aclaremos de entrada el posible equívoco... Esas virtudes y esa "suerte" de nacer en cuna noble no implican tener comprada la felicidad, ser agraciada, salir victorioso en los combates o resultar ganadora en los concursos de belleza; ni poseer un cheque en blanco de eterno poder. Ni la boda es la soñada ni la mesa es con perdices en el menú diario para siempre. En tanta holgura no hay mérito propio, no hubo trabajo y esfuerzo, es pura herencia adquirida. Solo nos pertenece aquello por lo que supimos luchar. Ganar lo heredado es merecerlo por trabajo propio. Es como "hacerse" un nombre. Al nacer nos dan uno, pero hay que ganarse el derecho de llamarse así...

La plena certeza de la comodidad agobia tanto como caminar sobre un tembladeral, la seguridad absoluta no deja resquicio para los proyectos, los cambios y la aventura. Las perdices pueden indigestar hasta el hartazgo si constituyen la única opción alimentaria y a veces merece la pena dejar las doradas paredes del palacio y salir a recorrer el misterioso y desconocido mundo.

Me gustas cuando callas porque estás como ausente

Cuando este paradigma nos atrapa, estamos tan Ausentes que podemos quedarnos dormidas o vivir anestesiados. Esperamos que algo de afuera nos impacte (beso) y que ese estampido nos espabile. La llegada del caballo blanco montado por el apuesto príncipe anhelante de besos no tiene mala prensa, viene sonando bien hace siglos, pero desmontaremos este mito.

La/el Ausente está en la comodidad de su estirpe; confía en que los dones, los astros, el destino, la suerte y la fuerza varonil o los apetecibles labios trémulos reciban el ardor que derrita lo que han dejado congelado. Si atraviesa períodos de peligro, la damisela desvalida y en apuros espera, no actúa. Deja que los demás hagan y resuelvan por ella. Por algo son "princesas" (o así se sienten): no es cosa de arremangarse y pelear solas por salir a flote. Ya vendrán a sacarla del pozo. La tranquilidad me pertenece y no haré nada por mis medios para sostenerla. Es eternamente mi derecho.

Examinemos el estereotipo viviente en esta conducta: los príncipes Ausentes son soberbios y confiados. Las princesas se describen bondadosas, bellas, atractivas, sensuales, triunfadoras. Son envidiadas por malvadas madrastras y expulsadas del castillo o maldecidas. Por eso ser Ausente implica momentos de zozobra: aparece el desamparo, el peligro, la vulnerabilidad. Quedarse en la pasividad es creer que siempre alguien nos rescatará.

¿Cómo aceptar la "sombra"? ¿Integrarla nos permite crecer espiritualmente y evolucionar a un estadio superior de conciencia? ¿Sos el mimado de mamá aunque ya cumpliste los 30 años? ¿Te criaron como "a la princesita" de papá? ¿Sentís que ninguna pareja puede ofrecerte lo que has recibido de cuna? ¿Creés que por eso te cuesta desprenderte del cordón umbilical, emanciparte, crecer, dejar el hogar? Estamos frente al arquetipo del Ausente: ausente de medios y recursos propios. Congelarse, anestesiarse, dormirse es el camino que eligen. Dormir no es lo mismo que soñar.

Tener confianza y moverse con seguridad por la plataforma sobre la que estamos no es de por sí negativo: son condiciones necesarias para hacer frente a cada circunstancia que se presente en la vida. La confianza nos permite pisar con determinación ante un peligro o amenaza. El problema está en el guión incrustado de este arquetipo: "creerse" un príncipe/una princesa todo el tiempo y exigir las prerrogativas del linaje noble constituyen un sujeto soberbio, egoísta y caprichoso. Y ausente de compromisos.

En el fondo de este mito personal aparece una familia patriarcal donde el mensaje que circulaba en secreto se podría traducir como "las mujeres deben esperar al príncipe azul", "los hombres encontrarán a la mujer más sumisa (dormida) del mundo para ser felices".

Con hijas sumisas-dormidas es fácil cambiar de mano o pasar la posta: del padre al hermano mayor —si lo hubiera— y más tarde al marido. El mensaje se completa con otros destratos: inoperancia, infantilismo, mujeres siempre niñas que sin un hombre al lado no sabrían cómo vivir. Lo tienen todo (o creen poseerlo), pero ante la adversidad se muestran indefensas, débiles y con necesidad de protección masculina. Necesitan "gozar" de la tranquilidad de la vida resuelta en el confort y sin esfuerzos. Y a la inversa, el tipo de hombres que busca ese tipo de mujeres cree tener resuelto su lugar de "rey" de la casa. Y en lugar de una compañera busca una "madrecita" que replique su lugar de eterno niño aunque haya conformado ya su propia familia.

No hace falta llevar coronita. El arquetipo le calza a cualquiera: estamos hablando de una actitud. Nacer y crecer para ser solamente esposa y madre puede ser un proyecto de vida muy loable, pero limitado. Ser solo el jefe de familia o cabeza de la casa, también. ¿Qué tal si ampliamos el horizonte y extendemos la mirada más allá de nuestra cocina y la cuna del niño? Podremos dar el salto a ser reina en otros ámbitos: en una empresa, una ONG, un barrio con necesidades urgentes, un empleo como ejecutivas o médicas o artesanas o agricultoras: lo que se les ocurra, sabiendo que el peaje es moverse. Salir de la quietud que solo espera. En movimiento y "soltando" la seguridad, se adquiere la verdadera capacidad de princesa "real" y cotidiana, fuera del *glamour principesco*.

Quienes asumen el arquetipo de Ausente están más asociados con relaciones descomprometidas, sin tensiones ni apremios. Ella espera a un caballero que sea merecedor de su belleza y rango, y que la lleve a la continuidad de una vida segura: sirvientes, comodidad, poder (tarjetas de créditos de tope ilimitado y cuentas bancarias en el exterior). Él, una doncella capaz de convertirse en una esposa callada, ausente, maternal, complaciente...

No advierten, unas y otros, que ese "confort" sin conflictos encandila, pero ¿cuánto dura? La vida es frágil como la inocencia de Blancanieves al morder la manzana envenenada, la piel es delicada en la juventud como para pincharse con el huso de la maldición recibida. Sin recursos para toser y escupir el trozo de fruta tóxica, sin la piel curtida para sanar una simple herida, desfallece la más princesa y duerme esperando el rescate.

Las revistas del corazón, las publicidades de bellas mujeres, las modelos que lucen vestidos imposibles para el conjunto de las mortales nos venden un mundo de princesas de plástico (y cirugías plásticas). Las creemos en permanente desfile por alfombras palaciegas, en suntuosos bailes y sentadas a elegantes mesas de exótico menú.

¿Te ves en este espejo?

¿Sos "la princesa" de la familia y seguís creyendo que el mundo es un saco de abundancia a tu servicio? ¿Quién te puso esa "coronita" de ser superior y —a veces— despótico? El gran desafío a este patrón demandante y certero ("patrón" en el doble sentido: de conducta y en relación con el padre que nos vendió una ilusión) es despertar a un nuevo nivel de conciencia.

Los sujetos que exhiben este arquetipo tuvieron una infancia "blanda", sin contacto real con la sociedad, con sus peligros y necesidades del prójimo, sin tocar la injusticia o el sacrificio, sin dar a otros ni ver el dolor. Educados en un discurso que se oía como "mi hija es una princesa" (o "este chico es un campeón"), van creciendo como lo decretaron los mayores en esos espejos falsos de las expectativas ilusorias.

El hijo del poder político o económico, la hermosa jovencita que todos miran en el club o la escuela, la deportista hábil y la codiciada presa de los muchachos: todos anestesiados a la espera de su hora... Pero los años pasan y las fantasías se empiezan a derrumbar. El poder, la fama y el dinero se esfumaron... De la belleza, ni hablar: es más efímera que los efectos de la cirugía rejuvenecedora. El marido elegido no resultó muy príncipe y al poco tiempo se reveló sapo. Los anhelos quedan insatisfechos y el palacio desapareció por arte de magia. ¿Entonces? Revisemos los cuentos "La Bella Durmiente" y "Blancanieves" para que nos aclaren algunas claves.

Podríamos decir que una y otra princesa están en actitud de espera y de dependencia afectiva: atraviesan escenas dolorosas y no saben hacer frente al peligro. Sucumben de pura inexperiencia ante la vida misma, lejos del palacio-padre protector y caen en un sopor que las deja inactivas.

Tenemos prácticamente todos los elementos de un típico cuento de hadas: madre buena que muere en el parto, rey torpe que se casa con una malvada esposa, que odia a la hija y funge de cruel madrastra de la princesita. Y el objeto mágico, claro: el espejo que habla.

Como vimos en el capítulo de las niñas, los cuentos manifiestan en ciertos personajes los desdoblamientos del ego, las fuerzan a vencer: las imágenes de lobos, osos, madrastras o brujas son proyecciones del inconsciente colectivo que marcan caminos de pruebas a superar para garantizar el crecimiento. En la soberbia de la reina vemos la competencia con las otras mujeres y —por lo tanto— la falta de conciencia de género y de solidaridad y el egoísmo de las personas que se creen centro del universo. La pequeña Blancanieves crece en ese ambiente tenso donde la belleza perece ser el único valor para conseguir un marido (como lo hizo la propia reina malvada que se quedó con el rey). En tanto, la niña carga con la culpa de dar muerte a su madre mientras recibía de ella la vida.

Una pesada herencia anida en el inconsciente de esa familia: "Dejemos que el tiempo pase y quedemos inmovilizadas", parece ser el mandato. Pasaron los años, claro, y la reina envejeció mientras Blancanieves seducía con su juventud. Entonces la reina dejó de ser la más bella y la princesa tomó su lugar en la carrera generacional. Y se desató la furia de quien no está dispuesta a ceder el espacio.

Recordemos ese cuento clásico: la reina celosa manda a asesinarla, pero la clemencia del cazador la deja huir. Como Rizos y Gretel, encuentra una casita en el bosque: no es de osos ni de dulces. Es la casa-escuela donde va a aprender a jugar a ser esposa y madre. Sus dueños, siete enanos, aceptan a la recién llegada: "Si mantienes la casa para nosotros, cocinas, haces las camas, lavas, coses, tejes y mantienes todo limpio y ordenado, entonces puedes quedarte".

Mientras la doncella practica los rituales del matrimonio y la maternidad (ella realiza esas tareas "femeninas" y los enanos/hijos sostienen la casa), el espejo mágico anoticia a la madrastra de la situación y nuestra princesa —devenida en ama de casa— vuelve a estar en peligro. Dos veces fracasa la malvada reina disfrazada de vendedora: ni las cintas que pretenden ahorcarla ni el peine envenenado pueden matar a la jovencita porque siempre los enanos llegan a tiempo para auxiliarla. Pero la tercera apuesta es la que triunfa: la manzana embrujada la deja sumida en un sueño de muerte del que ya no despierta por más esfuerzos que hagan sus amorosos "hijitos". Estos no se resignan a perderla. Le construyen un ataúd de cristal para verla cada día. Un verdadero fetichismo de la muerte y del amor.

Un príncipe que pasa por el bosque ve a la bella dormida en la caja transparente y se enamora. Pide que sus sirvientes la lleven al castillo. En el viaje los hombres tropiezan con unos arbustos, la caja se cae y en el golpe el trozo envenenado de manzana salta por la boca de Blancanieves. Se ha salvado. Sin embargo, no la escuchamos hablar. Sigue "como ausente", en tanto comienzan los preparativos de la boda. Si no habla es que está a gusto, pensamos.

Los monarcas de reinos vecinos son convidados a participar de la fiesta, entre los que llegan está la malvada reina. La joven reconoce a su madrastra entre los invitados y el príncipe, solidarizado con tanto daño infligido a su amor, castiga a la mujer. Obliga a su suegra a calzar unos zapatos de hierro al rojo vivo, que no paran de bailar hasta que la bruja muere en su ley, quemada.

Aceptar la "sombra" sana

Sabemos que en el personaje funcionando como arquetipo se cruzan tres instancias generacionales: la bella joven, la madre buena —y muerta—, la madrastra envidiosa[75].

La envidia y el deseo de muerte aparecen como las proyecciones inconscientes de Blancanieves que edípicamente ama a su padre y ve una rival en la mujer que lo acompaña. Tendrá que salir del palacio, sobrevivir al deseo de muerte de su competidora, atravesar el bosque y vivir como madre de "siete niños" para cumplir las pruebas en su viaje iniciático. Al final del aprendizaje, desemboca en el *happy end* de la boda, el banquete con perdices y la muerte de la malvada bruja.

Nada nuevo. El mismo cuento repetido en la infancia y en la pantalla *light* de versión Walt Disney hasta las modernas comedias o las edulcoradas versiones de cine[76].

Si tomamos el arquetipo de Blancanieves como la Ausente, en tanto actitud pasiva, búsqueda de confort, seguridad, comodidad y la belleza como único valor a defender, es porque ella es todo el conjunto de cualidades repartidas en los personajes que la rodean: es el deseo de la madre, la orfandad

---

[75] En la mentalidad popular, la competencia por el amor del rey es más aceptable en la cruel madre sustituta que la biológica, por eso es necesario sacar a la madre y poner ahí una madrastra.

[76] *Mirror, mirror*, de Tarsem Singh, y *Blancanieves y la leyenda del cazador*, dirigida por Rupert Sanders, por citar las más recientes, ambas de 2012.

y desprotección, la madrastra envidiosa, la joven que crece bella, que muere y renace al sentirse amada por el príncipe.

Quedémonos en esta imagen: princesa intocable bajo la tapa de cristal que enamora a un extranjero de paso por el bosque. Nada le preguntan ni es consultada. Bajo el sopor de la manzana tóxica ella no opina ni decide. Solo espera. Y despierta con un hombre apuesto que la nombra su esposa.

Lisa, en la misma serie

Antes de la popular versión para niños de los hermanos Grimm hubo un relato muy semejante. Es el que narró Giambattista Basile en su obra *Pentamerone*, bajo el título "La joven esclava". Hay semejanzas notables... Trata sobre Lilla, la hermana de un barón de la Selva Negra que se embaraza al comer la hoja de un rosal. A los nueve meses nace su hija Lisa y la madre manda traer a las hadas para que le obsequien sus dones a la recién nacida. Entre todas hay una que tropieza y maldice a la niña: morirá a los siete años. La profecía se cumple. Cuando Lisa cumple siete años, su madre, mientras la peina, clava accidentalmente una peineta en su cabello que le causará la muerte. El cuerpo queda guardado en siete ataúdes de cristal, como en las muñecas rusas que caben unas dentro de otras. Su muerte tan especial le permite seguir creciendo bella y bondadosa.

Al morir la madre, el hermano de la reina —barón y tío de la princesa— guarda y admira a la niña que se hace adolescente. La esposa, tía envidiosa de Lisa, abre el ataúd y, al tirarle de los cabellos, desprende la peineta, y la joven recobra la vida. La malvada baronesa la obliga a trabajar como una esclava. Enterado al regreso de sus viajes, el tío salva a la sobrina, expulsa a su malvada esposa del castillo y celebra la boda con la joven.

Endogamia y mandato de permanecer pura hasta que sea la hora propicia de dar el salto a la adultez, pero siempre dentro del mundo "seguro" y acotado de la familia. ¿Sentiste, entre tus mayores, ese rumor, pedido, consejo, explicitación con todas las letras o mandato silencioso pero contundente: "Dentro de la familia, todo; fuera, nada"? ¿Qué relación aparece entre los miembros de tu clan semejante a los lazos de endogamia que narra esta versión? Parejas entre primos, tíos, cuñados...

Mandatos familiares

Otra vez la manzana

Tomaremos este símbolo como el más poderoso entre los utilizados por la maléfica madrastra para deshacerse de la princesa. Fallan las cintas, fracasa el peine, pero la manzana es infalible. Dadora de poder, belleza, sabiduría, es a la vez emblema de atracción hacia lo nuevo, la tentación y el crecimiento.

En la Biblia, fruta prohibida: el conocimiento es sinónimo de pérdida de la inocencia; y para Homero, símbolo de la discordia, causante de la guerra de Troya. Merece la pena recordar este mito del cual se desgajaron tantas historias[77].

Blancanieves cae presa del veneno que ocultaba la mitad embrujada de la manzana. Su muerte es una etapa en ese sopor en el que aguardará la mirada del caballero que pasa por el reino. Historia que ha rodado de siglo en siglo como una ficción, narrada a adultos y a niños. El origen se pierde en la memoria de los pueblos y varía elementos o nombres, pero guarda el corazón del mito. ¿Fueron estos relatos producto de mentes acaloradas, de horas de reposo junto al fuego y fantasía para elaborar miedos y sueños? Cuestionarnos este punto no es gratuito: la imaginación se refleja cual espejo mágico en datos de la realidad y los "mitos" son tan verdaderos que los historiadores siguen hallando rastros de esos personajes que nos fascinaron de niñas. Como el contexto de los campesinos en la Edad Media, sus temores a los lobos y la presencia amenazante real que luego pasa a los cuentos, otros episodios que creemos "de fantasía" hunden sus raíces en la historia.

¿Fantasía o realidad?

El periódico *ABC* de España, en su edición del 15 de enero de 2013, refiere las investigaciones del historiador alemán Karlheinz Bartels a propósito

---

77 *La Ilíada* narra el enojo de Eris, diosa de la discordia, por no haber sido invitada a la boda del rey Peleo y de la nereida Tetis. Ofendida, arrojó en medio del banquete una manzana de oro a la más bella, pero ¿cuál era la destinataria? Zeus dudó entre Atenea, Hera y Afrodita; solicitó colaboración a Paris para establecer el mayor rango de belleza, quien terminó cediendo ante la promesa de Afrodita de conseguirle el amor de Helena de Troya. Podemos pensar que el rapto desata la famosa guerra o que la potencia de una manzana contiene desde la expulsión del Edén hasta la batalla más célebre de la Antigüedad.

de María Sophia Margaretha Catharina von Erthal. La mujer, que vivió en el siglo XVIII, sería un remedo de nuestra heroína y la inspiradora de la fábula de los hermanos Grimm.

Las investigaciones realizadas por este experto apuntan a que María Sophia, nacida en 1729, pertenecía al pueblo minero de Lohr, en la Franconia alemana[78]. Huérfana de madre a los 12 años, su padre vuelve a contraer matrimonio poco después con Claudia Elisabeth María von Venningen, condesa imperial de Reichenstein. La condesa manifestaba predilección por los hijos de su primer matrimonio y menospreciaba a la hija de su marido.

La jovencita era amable con la gente humilde que trabajaba en las minas del pueblo, los visitaba y ofrecía ayuda a los mineros desnutridos y envejecidos prematuramente por el trabajo casi esclavo que soportaban. Desde Lohr, a través de este trayecto en el bosque por donde huyó la princesa, están las montañas del Spessart, cuya riqueza mineral en plata y cobre las hizo fuente de explotación comercial. Muchos picaban y cavaban en busca de mineral y para entrar fácilmente a las cuevas se contrataban mineros de talla pequeña, además de niños.

El historiador agrega que el espejo mágico del cuento existe y puede verse expuesto en el castillo de Lohr, residencia de la familia reconvertida, hoy Museo Spessart. Se trata del regalo de bodas del padre de María Sophia a su segunda esposa Tiene la particularidad de hacer eco, repetir las palabras pronunciadas frente a él debido al efecto de la reverberación. Los elementos utilizados en su fabricación (el tipo de cristal más el uso del carbonato sódico traído de Alicante, a orillas del Mediterráneo español) conseguían un producto de características casi "mágicas".

Por su lado, otro historiador alemán, Eckhard Sander, considera que la inspiración para Blancanieves fue la joven condesa Margarethe von Waldek (Alemania, siglo XVI). Según el investigador, ella fue amante del rey Felipe II de España.

El joven, casado a temprana edad con su prima María de Portugal, queda viudo al poco tiempo, pero su padre, el rey Carlos V, lo obliga a contraer nuevamente matrimonio con una tía suya, once años mayor que él. Pues parece

---

78 Zona del sur de Alemania lindante con la región de Karlovy Vary (Chequia).

que era casado cuando conoce en el otro extremo del reino a Margarethe, de la que se enamora. Esta es envenenada por intrigantes de la corte del imperio, en medio de un complot para evitar que el príncipe abandone a su mujer por amor a la bella alemana.

Al contrario de desanimar la fantasía, los datos de la historia corroboran los orígenes "humanos" y reales (de realidad, no de realeza) de historias tan recorridas y contadas, soñadas e imaginadas.

Que los Grimm se hayan inspirado en las historias que circulaban es muy verosímil. Se sabe que llega a sus oídos por la familia Hassenplug, a la que Wilhelm —uno de los hermanos Grimm— conoce gracias a su esposa, Dorothea. Más aún lo es que los arquetipos conforman ese caldo universal del que todos tenemos una cucharada servida...

Tragar la presa equivocada e intoxicarse

Regresemos a nuestro tiempo moderno y vertiginoso: ¿a veces el menú que te exhiben es otro del que elegirías?, ¿la presa por la que luchaste tanto se te escapa y a fuerza de querer compensar te conformás con otro bocado?, ¿sentiste alguna vez que ese alimento te era indigesto? Hablamos en sentido metafórico, es decir, escuchaste una declaración de principios familiares "impropios", te tragaste una mentira, te impidieron decir lo que sentías, forzaste tu opinión según lo esperado por los demás, debiste tomarte la sopa menos deseada: como dice el refrán "Si no te gusta, dos platos"...

Cualquiera de estas posibilidades te pone frente a "la manzana envenenada" de los cuentos: muchas veces tenemos en la boca algo peor que mil sapos y culebras. Nos alimentan con mentiras, desconfianza, miedo, incesto, abuso emocional, ansiedad, adulterios, hermanos clandestinos, psicóticos que se esconden, estafas, lucha por conseguir una presa (deseo, anhelo de algo: la maternidad, el cambio de puesto de trabajo, la mudanza de casa o de país). Cuando esos "bocados" se atoran y nos ahogan, cuando los ingerimos y nos indigestamos, cuando no somos capaces de escupir, vomitar o soltar, estamos tragando veneno. Las dolencias están más ligadas al interior del círculo afectivo, a la herencia que nos legan, que al exterior.

La psicogenealogía nos advierte sobre un modelo familiar donde este efecto del menú es naturalizado: callar ante lo que nos duele, olvidar agravios (como dice el tango), sucumbir en el silencio aunque la situación sea de extrema violencia. Y entonces sobreviene la enfermedad. En el cuento, el personaje "duerme"; en la realidad, vamos al médico. Algo sin definir empieza a suceder en nuestro organismo: alergias, náuseas, dolor de garganta, sequedad en la lengua, ardor en el paladar, acidez estomacal, retortijones de intestinos, colon irritable, diarreas sanguinolentas.

Fármacos varios, análisis y pruebas, especialistas en endocrinología y gastroenterología. Mejoras momentáneas, nuevos remedios y dietas. El problema sigue ahí: sigue ahí porque lo pusimos a "dormir" como la princesa del cuento. Dormir no soluciona el problema. Lo demora. La inacción, la espera, la pasividad nos deja con el sabor amargo de tener un pedazo indigesto en nuestro organismo. Los cuentos nos explican metafóricamente que debe suceder algo, más o menos brusco, más o menos violento (el tropezón y la caída de la caja de cristal) para que se pueda lanzar el bocado tóxico, vomitarlo y "revivir", despertar.

¿Estás dispuesto a decir lo que sentís o seguirás tragando sapos? ¿Creés que podrías enfrentar el plato que hay delante de tu puesto en la mesa y reclamar la presa que te corresponde? Solamente con esa decisión los fármacos y médicos podrán serte de utilidad... Nadie puede dar el salto por cada uno de nosotros. La decisión de ponerse en marcha depende de la voluntad personal. Nadie meterá los dedos en tu garganta o te abrirá el vientre (como el cazador de Caperucita) para sacar la comida indigesta. Es hora de liberar la garganta, gritar, hablar, cantar.

En el origen de un trauma, primero hubo un drama psíquico que sobrepasó cierto límite de tolerancia. Esa emoción bloqueda se inscribe biológicamente en el cuerpo desencadenando signos clínicos. Como ya lo dijimos, Salomón Sellam llama "síndrome del yaciente" a los sujetos que caminan casi arrastrando su osamenta porque la carga de un muerto ancestral les pesa.

Un yaciente es un muerto en vida. Fue programado transgeneracionalmente para ese rol. Quienes sufren de apnea del sueño tienen actitud de estar siempre de duelo, prefieren la música baja y los tonos oscuros, tienen frío aun en veranos tórridos; quienes son sonámbulos y monotemáticamente hablan de la muerte; aquellas personas bloqueadas por la tristeza que los paraliza hasta —dice el doctor Sellam— por el olor se reconocen: huelen a muertos. Los "yacientes típicos" han sido concebidos después de un drama, cargan transgeneracionalmente un episodio traumático que no les pertenece, pero llevan el duelo como propio. Los nombres y las fechas que arroja el estudio del árbol genealógico pueden dar la pista de quién es el muerto que llevamos a nuestras espaldas como un fardo.

Cuidadora del hogar

¿Cuál es el espejo mítico más antiguo? Las diosas Hera y Hestia condimentaron tazones con esta sopa de *mujeres hechas para sus esposos*. Con esta princesa, Blancanieves, avanzamos un casillero en el *glamour* de sangre azul. La vemos como "ama de casa", de origen noble sí, pero a cargo de una casa de "muñecos", "niños desnutridos" o "gruñones enanos" como experiencia preparatoria para cuando le toque dejar de *jugar a la mamá* y ejercer el maternaje.

El personaje hace "serie" con el mito griego que pone en escena/altar a las diosas esposas que cuidan el fuego sagrado del hogar. Hera es una de las tres diosas del Olimpo cuyo símbolo es el valor dado a la institución sagrada. Ella es en tanto sirve al marido: es la diosa del matrimonio. Como arquetipo se siente incompleta sin pareja y sueña con el día de la boda como el broche de oro para su existencia. El esposo es para ella una figura que ocupa el centro del fuego sagrado del hogar y todo se pospone a su persona. Es celosa y posesiva. El "patrón" de Hera es de una mujer dependiente y ensimismada, leal y despótica en el reino de la casa; que debe vencer esa sombra y conseguir algo de la aventurera Artemisa, más feminista y menos esposa, más abierta a la naturaleza y al instinto de libertad. El matrimonio también necesitará la fuerza de la erótica Afrodita y su potencia amorosa.

La otra diosa que gobierna al paradigma de la Ausente en medio de su reino de la vida doméstica es Hestia, la que mantiene el fuego que da calor a la familia y abrasa el caldero humeante de alimentos. Dueña y señora de la casa, sabe disfrutar de la soledad y de su tiempo libre interior. El modelo de Hestia favorece las relaciones entre los miembros de un clan si no se rigidiza o torna monolítico en sus conceptos del afuera. Su "sombra" es el rechazo a lo diferente, a lo extraño a la casa y la pasividad.

Blancanieves, Hera y Hestia necesitan seguir siendo esposas, pero deben aventurarse a ganar otros espacios: aprender a ser mujeres independientes. Así podrán integrar dos planos de conciencia y crecer como sujetos. Necesitan cultivar algo de la fuerte Atenea, que aporta la mirada hacia el mundo exterior, la acción y la toma de decisiones fuera del dominio privado.

La Bella Yaciente

Si nos guiamos por el excelente estudio de esta personalidad que Salomón Sellam nos describió en detalle con casos clínicos, queda clarísimo: el arquetipo del Ausente es "hermano" del síndrome del yaciente.

Cuando la cadena lógica de muerte de los más ancianos antes que los más jóvenes se invierte, esa pérdida del ser querido se vive como "injusta", o lo que el autor llama estar atados a una o varias "defunciones escandalosas". Las defunciones son escandalosas según el parámetro de anormalidad con que se sienta en cada caso.

Crimen, suicidios, desplazamientos del grupo, culpas por maltrato hasta la muerte, deseo de muerte depositado en un recién nacido (antes: al conocer la noticia de un embarazo no deseado), etc.

El duelo demanda más tiempo, mayor energía psíquica y se empantana sin poder resolver el dolor y sepultar la realidad sin negaciones. Frases como "No lo puedo creer", "Es imposible", "No es justo" confluyen en los deudos que cargarán sin realizar el duelo a ese muerto imposible de enterrar. A lo largo de las sucesivas generaciones, la sombra del antepasado regresa en cada conflicto de dolor-pérdida-abandono o vivencia de injusticia. Los descendientes no aciertan a dar en el blanco porque cuando nacieron ya traían un hondo pesar de muerte no tramitada. Los más jóvenes transitan como dormidos en una vida sin sobresaltos ni alegrías. Un monótono mundo sordo y gris, sin música ni felicidad ante nada que les suceda.

¿Cómo quitarse ese muerto antiguo que nos tiene atados a un sepulcro invisible? Analizar el árbol genealógico, ver fechas de nacimiento, concepción y muerte de nuestros antepasados, ponerlos a jugar en espejo con nuestras propias fechas, más el caudal de informaciones que se desprenden de los nombres en común o episodios vividos (exilio, cárcel, abortos) recrea una foto donde a modo de fantasma aparece otro rostro sobre el propio...

En todo yaciente hay una vida opaca porque ha sido concebido (inconscientemente) para ser el encargado de revivir al difunto. Un sujeto con semejante expectativa de sus mayores desplegará en su pasividad y vida ausente una serie de síntomas, comportamientos y enfermedades físicas/psíquicas/emocionales a modo de denuncia. Sus dolencias y conflictos son una puesta a la vista de todos sobre aquel drama sin resolver, principio de un sufrimiento moral familiar que no pudo ser metabolizado.

Los hijos o nietos que en honor a la memoria generacional funcionan como sustituto, "rueda de repuesto", serán yacientes hasta que tomen conciencia del muerto que cargan y lo devuelvan a una sepultura que nunca tuvieron: la aceptación de su partida.

Tiempo de preguntas

¿Sentís identificación con este arquetipo? ¿Revisaste en tu árbol genealógico las tres fechas claves para encontrar a tu doble transgeneracional? ¿Estás "dormida/o" en el sopor de la espera eterna hasta que la suerte toque la puerta de tu casa-fortaleza? ¿Ya llegó ese momento y volviste a acomodarte muy tranquila en el lugar de princesa dormida? ¿En qué escala de posición ubicás el lugar de esposa y madre en tu vida? ¿Queda espacio para el sujeto, más allá de los lazos con la pareja y los hijos? ¿Cuánto tiempo dedicás a tu parte personal, a tus proyectos? ¿Sentís que es hora de mover un poco los almohadones y el letargo y avivar otros fuegos? ¿Te ves en los arquetipos que reflejan tu ausencia: Blancanieves/Bella Durmiente? ¿Encontraste a qué yaciente cargás en tus espaldas?

"La Bella Durmiente" es un cuento que está en serie con Blancanieves. También en esta historia la doncella, hija de reyes, princesa por derecho propio, se acomoda en el ataúd cristalino a la espera de ser despertada. Ya no será un tropiezo de los sirvientes que cargan la caja, sino el beso del príncipe lo que la despierte.

Usemos el hemisferio racional por un momento: ¿cómo puede enamorarse un hombre de una joven "muerta"? Pues a no equivocarse creyendo que esos absurdos suceden en los cuentos. Hay hombres que eligen muy bien a la *partenaire*: bella y muda, casi muerta o por lo menos adormecida. Hombres que parecen ir por la vida recitando al poeta chileno: "Me gustas cuando callas porque estás como ausente".

No es una cuestión de actualidad *light* en las relaciones, vínculos de tiempos de *amores líquidos* sin compromisos, o modos de amar en la época de los abuelos. Las diferentes versiones dan cuenta de un mismo patrón que gobierna a los seres humanos. La sumisión ante el que detenta el poder. La espera ante la llegada de lo anhelado.

"Sol, Luna y Talía", que formó parte de la colección de cuentos titulada *Pentamerone*, de Giambattista Basile, es una vieja versión, anterior a la conocida historia de "La Bella Durmiente del bosque", de Perrault (1697), y a la de los Grimm (1812-1815).

Y todas tienen una versión muy primitiva de la mitología nórdica y es la historia de Brunilda, una semidiosa salvaje (Valkiria) que auxiliaba a los héroes heridos en el campo de batalla, protagonista de *El anillo de los Nibelungos*[79].

Para Bruno Bettelheim, "La Bella Durmiente" nos demostraría que un largo período de reposo y de concentración en sí mismo produce cambios y trae grandes logros. Se refiere básicamente al paso de la infancia a la puber-

---

79 Odín le ordena a Brunilda que decida sobre dos reyes. Ella decide por uno y Odín la castiga por haberse inclinado por el rival de su favorito y la condena a un sueño eterno, la deja clavada al fondo de una caverna con agujas de fuego, en medio de un espeso bosque. Un noble caballero encuentra a Brunilda dormida. La despierta con un beso en la mejilla. Brunilda se entrega mansamente a su destino: la traición del hombre amado por los efectos de filtro mágico, y triste por esa ausencia, toma la decisión de abandonar la tierra de los mortales. Desde esta vieja leyenda surgieron muchas historias que partieron de este núcleo común, "Sol, la Luna y Talía" es la rama del tronco narrativo más cercano al cuento clásico (que silencia dos escenas poco aptas para niños: el fragmento de la violación del príncipe a la princesa mientras yacía aletargada y su condición de adúltero, puesto que tenía esposa). El resto de la historia —tanto en Perrault como en Grimm— tiene casi todos los datos del relato original.

tad. Bettelheim también subraya que "La Bella Durmiente" inculca a las niñas que un suceso traumático —como la hemorragia al llegar a la menstruación y más tarde a la primera relación sexual— puede tener consecuencias felices.

Nuestra lectura (dirigida a lectores adultos) quiebra este concepto interpretativo y se orienta a revisar los estados de pasividad e inmovilidad a la espera de que "se produzca algo" de modo mágico, esto es: sin comprometernos, sin poner el cuerpo, sin tomar conciencia.

Cambio de protagonismo

Dos cuestiones de actitud dinámica: por un lado la última versión fílmica del cuento que nos ocupa, y para cerrar el capítulo, una pregunta a todas las mujeres, una pregunta para responder a corazón abierto, sosteniendo el cuerpo a conciencia.

La película del 2014 *Maléfica*, dirigida por Robert Stromberg y protagonizada por Angelina Jolie, pone el acento en la historia desde la mirada del hada ofendida por quedar fuera del convite de nacimiento de la princesa. Maléfica es quien maldice a Aurora para que al pincharse con el huso se convierta en la eterna durmiente.

La perspectiva a partir del hechizo cambia la óptica e invita a ver la cara reversible de todo mito: el profundo sueño que se interrumpe con el beso es la verdadera maldición de la bruja. Es inmovilizar para quedarse en la comodidad. Y esa función de sombra termina siendo beneficiosa ya que advertir —ahí donde hay dolor— una oportunidad de cambio genera el renacimiento de la conciencia.

Demos otra vuelta. Finalicemos con una idea potente como un filtro o poción mágica para reflexionar: ¿qué es un hombre para una mujer?, se pregunta Lacan. Es el *íncubo ideal*, responde[80]. Para ayudarnos, les traigo el fragmento final de la primitiva versión "Sol y Luna y Talía":

---

80 Lacan, 2006.

Pero la malvada reina, no contenta con eso, ordenó prender a Talía y la condenó a la hoguera por bruja, pues había hechizado a su esposo. En su infinita maldad, se acercó a las llamas para ver más de cerca la muerte de la princesa, momento que el buen rey aprovechó para, de un empujón, lanzarla a ella a las llamas. Y así, por fin, **Talía fue libre de desposarse legítimamente con su violador. Y fueron felices y comieron perdices**[81].

Violencia de género

¿Violador y violada fueron felices y comieron perdices? La pasividad de una de las partes hace que la otra parte deba actuar doblemente. La violación mencionada (el acto sexual del príncipe a la bella dormida, sumida en absoluto letargo) forma parte del relato "con naturalidad". ¿Podemos las mujeres de hoy aceptar este abuso textual a la política de género? Sí, *textual*, no es una errata. En su contexto tal vez los oyentes consumieron las palabras sin estupor. O tal vez no, pero en la Edad Media como en cualquier época ser tomadas en su sexualidad por arrebato e imposición fue abuso. Nuestra mirada actual aparece atravesada por la conciencia de género, la denuncia al maltrato (de niños, niñas, mujeres) y toda clase de abusos. Sin embargo, la historia de la cultura arroja misiles, bombas ideológicas en términos de identidad, ética y subjetividad sobre el tema.

Si estamos sumidas en este "sueño-pesadilla" que es la inacción, la parálisis y la eterna espera, no advertiremos que podemos despertar solas. Tal vez una amiga sea la campanilla para salir del sortilegio, a lo mejor las palabras de un libro o la escena de una película nos devuelvan a la realidad. Todos pueden ser andariveles afectivos para que nazca la semilla resiliente del cambio. Con ayuda, la indefensión aprendida en quienes soportan violencia se puede transformar en actitud de autodefensa.

Si conocés a alguna bella durmiente en tu entorno (¿una hija?, ¿una compañera de trabajo?), sentí la fuerza femenina potente del diálogo entre herma-

---

81 El destacado en negrita es mío.

nas de género. Sacudí el sopor que la envuelve antes de que sea demasiado tarde y se extravíe en "dejar que otros hagan por ella". Asociemos la pregunta de Lacan a nuestro problema: "¿Qué es un hombre para una mujer?".

El término íncubo —usado en especial durante la Edad Media— da cuenta del demonio que ataca sexualmente a las mujeres dormidas. El término viene del latín *incubus* (*in*, 'sobre', *cubare*, 'yacer', 'acostarse'), se supone que el demonio se posa encima de la víctima durmiente, para abusar de ella mientras duerme. Las víctimas viven la experiencia como un sueño sin poder despertar.

El íncubo succiona la energía vital. La víctima no recuerda casi nada, salvo que ha tenido un sueño erótico, brutal y extraño. Los demonólogos aseguran que en algunos casos la víctima podía quedar embarazada de estos seres infernales, perversos. Muchas leyendas medievales aseguraban que el legendario Mago Merlín era hijo de un íncubo y una prostituta.

> ... la célebre lámina de J. H. Fuseli de 1782, donde vemos una **doncella** dormida, recostada en **posición de abandono y sumisión** ante la presencia de un demonio. Se ve nítidamente como ella soporta durante su pesadilla la agobiante presión sobre el seno [...]. Según los que la padecen, la pesadilla [...] comienza con terribles sueños, aparejados de respiración difícil, **violenta opresión** en el pecho, palpitaciones, sudor frío y **absoluta privación de todo movimiento voluntario**. [...] Usualmente existe una encarnación del espíritu del mal, cuyo peso corta el aliento y cuya mirada, fija, mortal e incesante, **petrifica y horroriza**. Esa sensación de sofocación e **impotencia deja al sujeto al capricho, al arbitrio** de semejante maldad: no puede respirar, caminar o correr, y trabado al luchar, jadea o se esfuerza en vano. La percepción es de un intenso realismo: **imposible escapar de tremenda escena de terror**[82].

Los cuentos de hadas dan señales de acontecimientos que podemos estar experimentando ahora mismo. No "hay íncubos *ideales*". Nunca es ideal

---

82 Yafar, 2007 (el destacado en negrita es mío).

ser sometidas fuera del deseo propio. Profundizar la conciencia del sí mismo, autocuestionar nuestro conocimiento sobre las actitudes que nos dominan es tarea para cada día: como pasar el plumero para que la costumbre y las creencias no tejan telarañas. El detenimiento o paralización de nuestros deseos justificados en la espera anhelada, de tinte romántico con galope de caballo que trae al príncipe soñado... puede ser una pesadilla.

No vivir para dormir. Dormir para soñar.

Deseante / Ese zapato es mío/ CENICIENTA

¿Por qué el mandato de Cenicienta es "ir por su presa"?

Porque en las diferentes versiones sabe hacer frente a las adversidades poniendo por delante su proyecto personal. No se amedrenta ante nada.

- ¿Te sentís una Cenicienta? ¿Por qué? ¿Te devuelve tu espejo la imagen de alguien que sabe lo que quiere?

- ¿Te parece que Lady Di fue una Cenicienta moderna, una plebeya que llegó a princesa? ¿Te sentís identificada con quien "desde el llano" lucha por alcanzar algún tipo de "nobleza"? ¿Arriesgás demasiados recursos sin medir consecuencias?

- Cenicienta sabe que debe marcharse de la casa paterna y buscar un proyecto propio.

- ¿Te considerás capaz de conservar el calor de la estufa y de alimentar fuegos internos hasta conseguir el fruto de tu deseo? ¿Sos capaz de hacer los esfuerzos necesarios para conseguir tus metas?

- A diferencia de Blancanieves o Bella Durmiente, Cenicienta no tiene sangre azul, pero aspira al progreso. Deberá reconocer la "sombra" del prejuicio en la escalada social, los agravios que le impiden crecer y la soberbia de creer tocar el cielo con las manos: todas pruebas tan arriesgadas como necesarias para conseguir que sean respetados sus derechos.

¿Es Cenicienta tu mito personal?

> *Si tuviese yo las telas bordadas del cielo,*
> *recamadas con luz dorada y plateada,*
> *las telas azules y las tenues y las oscuras*
> *de la noche y la luz y la media luz,*
> *extendería las telas bajo tus pies:*
> *pero, siendo pobre, solo tengo mis sueños;*
> *he extendido mis sueños bajo tus pies.*
> *Pisa suavemente, pues pisas mis sueños.*
>
> W. B. Yeats

¿Qué desea la Deseante? Buena pregunta... El deseo es inhallable, inatrapable, imposible de concretar. Pero la joven humillada entre los trastos de la cocina, desea... y podríamos aventurar que sabe pedir lo que desea: "Pisa suavemente, pues pisas mis sueños".

Pongámoslo así: desea ir al baile, conocer al príncipe, enamorarlo y hacer que él deje su zona de confort y salga en su búsqueda cuando el hechizo se rompa. La Deseante se pone en acción para alcanzar sus objetivos. Pide ayuda al hada madrina, transgrede la prohibición de la madrastra, desoye las burlas de sus hermanastras y consigue que los lacayos prueben el zapatito de cristal a la más impensable de las postulantes, la más gris y harapienta de las doncellas.

Todo acto de emancipación, de superación de estadios anteriores impone cruzar "pruebas". Ya lo hemos dicho: los dragones, infiernos y ogros del presente tienen la forma de mandatos castradores, prejuicios invalidantes y creencias a pie juntillas que nos atan a la roca donde el águila nos devora.

Cuando el sujeto decide "no dormirse bellamente" en los laureles del castillo, no ser un yaciente ni permanecer inmóvil y ausente; cuando asume la actitud vital de rechazo a la presión del íncubo, cuando una mujer *elige la posibilidad de elegir* y actuar, ha dejado la etapa de *dulce muerta en vida*, de Bella Durmiente encantada, para responder con autonomía a su Deseo.

Para alcanzar la meta, la mujer deberá pelear la batalla edípica con la madre (que es "madrastra" en el relato para suavizar la intensidad del estupor que ocasiona el odio a nuestro primer objeto de deseo, la madre) y sus competidoras: las malvadas hermanastras (otras rivales del amor de nuestros progenitores).

Asumir la función deseante de formar una pareja implica, pues, salir airosa de la lucha por el amor al padre, vencer las envidias, dejar la casa. Parece sencillo, pero no lo es.

Reencontrar el lado positivo de la madre que obstaculiza en el camino de crecimiento es pedir la ayuda del hada protectora. También ella es la fuerza interior del sujeto que reconoce su individualidad y logra romper la díada competitiva madre/hija.

La vieja versión china incluye un enorme sacrificio corporal. La leyenda dice que hacia el siglo IX el emperador Tang Li Yu ordenó a una de sus concubinas danzar con los pies vendados[83] sobre una pista construida con lotos de oro. La tradición de pies "lotos de oro" o "media luna" proviene de aquel pedido de entrega hasta el dolor. Muchas versiones posteriores refieren que las candidatas a calzar el zapato perdido se automutilaban los dedos del pie para que diera en la talla.

Algunos momentos escabrosos de esta versión recupera el folclore alemán, que no censura las escenas sombrías: "La mayor fue a su cuarto para probarse la zapatilla; su madre la acompañaba; pero no le cabía el dedo gordo y el zapato le quedaba muy pequeño; entonces, la madre, sosteniendo un cuchillo, le dijo: '¡Córtate el dedo!, cuando seas reina no necesitarás andar a pie'; la muchacha se cortó el dedo gordo, introdujo a la fuerza el pie en el zapato, reprimió el dolor, salió y se presentó ante el príncipe".

---

83 Esta práctica milenaria dejó de usarse en la China recién en el siglo XX. Muchas generaciones de niñas padecieron esta tortura antinatural por parte de sus padres, que mantenían mediante vendajes los pies pequeños de sus hijas y reducían sus dimensiones a fuerza de desfigurar sus pies. Creían que la contracción de los huesos mejoraba la fertilidad de las futuras madres y era un modo de conseguir marido noble. Por fortuna, esa estrategia de seducción para alcanzar un matrimonio conveniente ha perdido vigencia en la actualidad.

Tiempo de preguntas

¿Por qué me identifico con este mito? ¿Creo que mis actitudes y mi personalidad son típicamente las de una Cenicienta? (Si soy un chico, igual: es la imagen del patito feo, la versión masculina de ser "el despreciado" que saldrá victorioso).

¿Cuántas veces inmolaste "tu natural" para "calzar" en los requerimientos ajenos? ¿Qué decisiones fundamentales te enfrentaron al miedo (la madrastra), las burlas (las hermanastras), los plazos a cumplir (las doce campanadas que regresan la carroza a su función de calabaza, la huida ante lo más ansiado (dejar el baile cuando el príncipe está tan cerca)?

La firmeza del personaje al perder su zapato y pedir probárselo cuando los mensajeros del reino recorren la aldea es una actitud decisiva: "Lo mío es mío, no me lo dejaré arrebatar", parece decir su conciencia. En este recorrido por los estereotipos que hemos realizado, tal vez sea este personaje el que pronuncia claramente su deseo de dejar su lugar subordinado y exigir sus derechos.

Cenicientas de ayer y de hoy

Lo hemos mencionado antes, las épocas que sirven de escenario a los cuentos reflejan tensiones sociales, dramas familiares y cuestiones ligadas a los prejuicios propios de un determinado contexto... ¡Como hoy! Por eso sus arquetipos nos atraviesan con nuevos vestidos pero idénticos conflictos.

Cenicienta es un personaje tan universal que no podremos dar cuenta de las infinitas versiones que hubo en cada cultura. Por ello, las investigaciones regresaron a las fuentes, pusieron la mirada en las campiñas de Europa, África y Asia y rescataron relatos originales, ancestros de la famosa "Cenicienta"[84].

---

84 Una primera versión procede de Egipto: narra la historia de una joven llamada Rhodópis a la que, mientras se bañaba en el Nilo, un águila arrebató su zapatilla para luego dejarla caer al lado del faraón. El hombre, encandilado por la belleza del calzado, salió a buscar a su dueña por todo el reino. En la China, es Yehhsien quien ostenta unos pies tan pequeños como bellos. (El elemento sangriento y mutilante está presente en

Las más famosas son "Cenicienta o el zapatito de cristal", de Charles Perrault (también conocida como "Cendrillon", 1697), y la de los Hermanos Grimm, que en 1812 recolectan de la tradición oral y del folclore de la ciudad de Kassel al personaje de Cenicienta (también conocido por ellos como "Aschenputtel").

No es nuestra idea —como en los cuentos analizados anteriormente— detenernos en los detalles que diferencian unas de otras versiones, sino ver el eje del amplio *corpus* que atraviesa ese universal modelador del arquetipo. Con solo decir palabras claves (zapatito de cristal, hada madrina, niña humillada, príncipe, carroza, hermanastras odiosas...), surge esta "aspirante" a princesa delante de nuestra evocación.

Sin embargo, muchas escenas del conocido cuento se repiten en otro, menos popular, tal vez por el explícito deseo paterno de incesto. Efectivamente, "Piel de Asno" es un relato emparentado con este. "... como muestran las semejanzas entre 'Cenicienta' y 'Piel de Asno' [ambas] protagonistas se ven obligadas a dedicarse a labores humildes y fatigosas: la primera porque la madrastra la maltrata, la segunda porque es demasiado amada por el padre que importunándola con sus proyectos matrimoniales la obliga a huir de la casa disfrazada de animal"[85].

En este cuento, la fuga de la casa queda resueltamente a la vista: el dilema se traduce para la joven en escapar o desposarse con el propio padre. Ahora quien huye es una princesa. El rey recibe de su mujer moribunda el pedido de una promesa: no casarse por segunda vez con alguien inferior a ella en virtudes y hermosura. Al correr los años, advierte que la única mujer capaz de igualar las

---

esta cultura en la que ostentar pies pequeños es signo de nobleza a cualquier costo). Cierta vez pierde en una escapada por el mercado una sandalia. El zapatito es vendido al soberano del reino vecino, quien acude en búsqueda de su dueña. Y existen muchas más versiones: la "Rashin" en Escocia, la "Rushen Coatie" en Inglaterra, la "Katie Woodencloak" en Noruega. Una vieja versión de nuestra heroína es el cuento "La Gatta Cenerentola", de Giambattista Basile, publicado en 1637, en una obra conocida como el *Pentamerone*, por su similitud con el *Decamerone* de Boccaccio. Tanto Perrault como los Grimm tomaron este relato como base central. Más cerca de la actualidad, encontramos la versión irónica y en verso de R. Dahl o la disparatada de James Finn Garner. Todas tienen en común el maltrato a la joven, la fiesta que da el príncipe, el ayudante mágico, la pérdida del zapato, la búsqueda de la dueña y la boda con el príncipe.

85 Ginzburg, 1991: p. 193.

virtudes de su esposa es su niña. Dice la versión de Perrault: "Y tentado el diablo al ver su juventud y la agradable frescura de su cutis, concibió por ella tan violenta pasión, que, no pudiendo ocultársela a la infanta, le dijo un día que había resuelto desposarla, puesto que ella solo podía relevarle de su juramento".

La muchacha huye del palacio ocultando su belleza bajo una piel de asno. Trabaja en las aldeas y mesones, mantiene oculta su identidad y se protege con el hedor de esa piel y su desaliño. Solo cuando está en su cuarto saca viejos trajes y se viste de princesa. Al ser descubierta en todo su esplendor por el príncipe del reino donde ella servía, revela su verdad. Se enamoran y la historia acaba con boda y perdón a su padre por el pretendido y tan desenfrenado deseo sexual hacia ella...

Si Piel de Asno escapa del padre, Cenicienta busca otro horizonte lejos de la madrastra. Ambos motivos implican la necesaria salida del hogar para completar la madurez de la personalidad.

En "La Cenicienta, un mito vigente"[86], Gemma Lluch, profesora de la Universidad de Valencia, sostiene que es un cuento de mujeres, donde celos y envidias recorren todos los demás sentimientos y donde la figura del príncipe es apenas la del hombre que busca mujer y donde la mujer busca poder. Pero donde la interpretación —más de índole social que arquetípica— ve la rivalidad entre la protagonista y las hermanastras como una competencia en el marco del vínculo fraterno, yo les propongo desde el estudio arquetipal descubrir la "sombra" de la Deseante.

Desmontemos, pues, ambos caras de la moneda: tanto la mujer que aspira a convertirse en princesa consorte (búsqueda de amor y poder) como los obstáculos para alcanzar esa realización constituyen al mismo sujeto. No olvidemos que todas las imágenes se reflejan como múltiples personajes, pero pertenecen al Uno mismo: Cenicienta es ella y es cada una de sus hermanas, su madrastra y el hada madrina. Todas habitan la conciencia y en cada etapa de la vida unas tienen mayor fuerza en la toma de conciencia que las otras.

El saber de la Deseante aparece como un salto cualitativo dentro de otros cuentos de hadas: es la contracara de la pasiva Durmiente o Blancanieves. "Al

---

[86] Disponible en http://www.fundaciongsr.org/documentos/5850.pdf

ponerse ella misma la zapatilla, sin esperar a que el príncipe lo haga, pone de manifiesto su propia iniciativa y su capacidad para regir su destino. [...] Al proporcionarle esta seguridad [al príncipe], Cenicienta se convierte en la verdadera novia"[87].

El compromiso se sella con una alianza. Esta vez el ritual de los anillos cede paso a los pies: con la sandalia de cristal en posesión de su dueña, él y ella manifiestan ser el elegido y la elegida.

Arquetipo integrador

"Me voy del baile porque quiero, no porque han dado las doce". Cenicienta consigue la individuación sorteando dolores y humillaciones, envidia y celos, pero también superando el pensamiento mágico: ni madrinas bondadosas ni sortilegios benefactores deciden mi vida. Ese parece ser el pensamiento que pone en acción.

Plantea la estrategia del misterio como arma de seducción, aparece y desaparece a la mirada del príncipe, enciende la pasión del enamorado mientras abandona el fuego (hogareño) de la chimenea. Pasa del desvalimiento (simbolizado en el hollín que recubre la potencialidad erótica del sujeto) a la libertad de elegir (representado en la seguridad que le da su vestido de fiesta); se desprende de ataduras y mandatos: la lealtad a la casa, la rebelión ante el agobio, la fuerza de transgredir y la puesta en marcha del deseo.

Las nuevas recreaciones de este personaje universal invierten el imaginario colectivo y por eso mismo dan otra vuelta de tuerca al mito: el cuento original permanece agazapado, de otra manera no se podría captar el mensaje paródico, ya que sin conocer el original, el efecto renovador perdería fuerza revolucionaria.

En las adaptaciones contemporáneas reside el germen mítico y se expresa a la vez que pueden producirse cortes en el imaginario y exhibir otras realidades: que ser joven, bella y apetecible no es necesariamente tener a todas

---

87 Bettelheim, 1980: p. 378.

las mujeres como rivales, que un pastelero puede enamorarnos más que un príncipe y que las decisiones no la toman desde el autoritarismo social los mismos agentes de siempre.

> ¡Hada Madrina —suplicó la ahijada—, no quiero / ya ni príncipes ni nada que pueda / parecérseles! Ya he sido Princesa por un / día. Ahora te pido quizás algo más difícil / e infrecuente: un compañero honrado y / buena gente. ¿Podrás encontrar uno / para mí, Madrina amada? / [...] Y en menos tiempo del que aquí se / cuenta se descubrió de pronto / Cenicienta a salvo de su Príncipe y / casada con un señor que hacía / mermelada. Y, como fueron ambos / felices, nos dieron con el tarro en las narices[88].

Decimos con Gemma Lluch que "la protagonista se ha convertido en paradigma del proceso de ascenso personal y social... gracias a sus propias estrategias".

En el cine, otras cenicientas modernas dejan oír sus voces: recordemos la película de 1998, *Ever After: A Cinderella Story*; una reina manda llamar a los hermanos Grimm al palacio para felicitarlos por su excelente trabajo en la recopilación de cuentos de hadas, pero les expresa su preocupación por el cuento de la joven Cenicienta. En el filme de Andy Tennant se narra desde la voz de una mujer. Ahora una dama arrebata ese poder narrativo a los Grimm. La jovencita es Danielle de Barbarac: una muchacha decidida, ingeniosa, independiente e intelectual. Lee *Utopía* de Tomás Moro, un amado obsequio porque se lo dio su padre antes de morir. También sus últimas palabras en el lecho de muerte fueron decisivas, pero para su hija y no para su esposa. Tal vez de ahí la envidia que siente la madrastra.

Henry es un hombre intelectual, rebelde, sincero, curioso, interesado en conocer los avances culturales y sociales. Un príncipe muy especial. Pero lo más especial es otra inversión del mito: no hay hada madrina sino "hado" y es nada menos que Leonardo Da Vinci, quien fabrica unas alas para permitirle a Danielle huir de la torre donde había quedado encerrada.

---

88 Dahl, 1985.

¿Qué diosas brillan en Cenicienta?

Caja de resonancia de todos los relatos, la mitología griega nos tiene reservado un protocuento de Cenicienta: la hermosa Psiquis, amante de Eros y odiada por la celosa Afrodita, su suegra. Como exige el "guion", la suegra le impone trabajos forzados o imposibles, solo para atormentarla (por ejemplo: separar una cantidad enorme de granos de trigo del pasto; llevar un vaso lleno de agua negra que brota de una fuente guardada por dragones, bajar a los infiernos y otras calamidades).

Sin embargo, creemos que algo del fuego sagrado de Hestia hay entre las cenizas de nuestro personaje, como una Vestal romana o la Brigit celta: a diferencia de la cuidadora del hogar (Blancanieves, Bella Durmiente) ahora el fuego es un elemento transformador donde templa su carácter Cenicienta, toma sus decisiones y metamorfosea su destino.

La heroína —una verdadera Ave Fénix que renace de las cenizas— ha habitado cerca del fuego, y en ese marco de dolor fue preparándose la trasformación. Su identidad es el nombre del hollín y el de las brasas apagadas, pero ella conoce la transmutación de la materia y sabe que ella misma puede hacer ese pasaje a otro estado. Pasar a las cenizas es pasar a otro plano: la muerte simbólica es pasaje a un nivel de conciencia superior.

Perdices, ¿metáfora de la felicidad?

Enunciamos que uno de los objetivos de este estudio arquetipal cruza con el eje semántico de la alimentación. Plato de la alta cocina, ave codiciada por la dificultad de acceder a ella, es el símbolo que ha sellado los finales felices en los cuentos de hadas.

Hay quienes sostienen que la famosa avecilla era necesaria para que el pacto amoroso no fracasara: la teoría proviene del astrólogo de la corte de Margarita de Valois y asegura que para sostener el amor, tanto la esposa como el marido debían cazar una perdiz, sacarle el corazón y ofrecerlo a la pareja. La felicidad estaba garantizada. Ya en la corte de Catalina de Medicis se consideraba que la carne de la perdiz era el manjar afrodisíaco por excelencia: despertaba el deseo sexual, era un alimento de fácil digestión y mejoraba la concepción de hijos robustos.

Mandatos familiares

Que este capítulo sea una invitación a recorrer las páginas de una recreación muy reciente, que si bien toma a nuestra heroína desde otro ángulo, merece la pena para advertir las transformaciones del arquetipo a la luz de mandatos que agobian históricamente: *La Cenicienta que no quería comer perdices*, de Nunila López, con ilustraciones de Myriam Cameros. Surgió por un encargo de un grupo de mujeres maltratadas que no se sentían identificadas con el tradicional final de muchos cuentos que pregonan aquello de "y fueron felices y comieron perdices". ¿Qué pasa después de comer perdices? ¿Por qué hay que comer perdices? ¿Existen los príncipes azules?

Terminemos con un episodio que de dioses tiene poco, pero de humanos divinos, mucho: corrían los años cuarenta en los campos de Buenos Aires. Ya tenemos el contexto, bastante diferente de la campiña francesa que relata Darnton. Ahora "los príncipes" son dos plebeyos de buena familia: Adolfo Bioy Casares y Silvina Ocampo. Llevaban un largo noviazgo. El propio escritor lo cuenta así: "Estábamos en el campo y se nos ocurrió casarnos, así que subimos al coche y fuimos al pueblo para hacerlo. Recuerdo que en el camino nos encontramos con un amigo. Nos preguntó: '¿Adónde van?'. Le respondí: 'Nos vamos a casar'. Y él contestó: 'Espérenme. Voy a buscar unos rifles y los acompaño'. Pensó que íbamos a matar perdices"[89].

Bioy-Silvina (una pareja criolla a lo Sartre-Beauvoir) lidiaron con ese juego de opuestos libertad/amor. Sin dudas, esa anécdota describe un interesante malentendido entre gente común de clase alta ("de sangre casi azul"), dados a cazar esas aves maravillosas que auguran felicidad para siempre...

¿Se puede amar y conservar la libertad?

¿Felicidad eterna en la ecuación boda-perdices? Tal vez seas una anti-Cenicienta, es decir, alguien que, por no perder su libertad, prefiere vivir sin compromisos afectivos aunque muera de ganas de sentirse abrazado.

---

89 Reportaje de Hugo Beccacece: "La gracia y la malicia, unidas en un matrimonio fascinante", *ADN, La Nación*, 21 de febrero de 2014.

Los mandatos nos gobiernan, a esta altura del libro ya lo hemos dejado claro. El sistema de creencias en el cual funcionamos nos enceguece la mirada de la realidad y caemos una y otra vez en la trampa. ¿A quién obedecemos y escuchamos atentamente cuando decidimos algo y lo damos por cierto monolíticamente y para siempre? La voz y el contrato, la ley y la deuda con toda "la tribu" que nos antecede hacen eco en cada determinación que asumimos creyéndonos autónomos.

Los conceptos de *amor, pareja, compromiso* y *libertad* son los que con mayor fuerza se arraigan en el sujeto a partir de las creencias de la familia a la cual pertenecemos. Así aprendemos a amar, dar, sostener una relación (de pareja, de amistad, laboral) a partir de la "escuelita" que tenemos en la infancia. Cambiar el paradigma tóxico es un trabajo de toma de conciencia, un arduo trabajo...

Raquel es una mujer bella y poderosa, una profesional talentosa; con un cuerpo atractivo y seductora en sus modos de comunicar. Ronda los 40 años y está sola "porque defiende su libertad". Ha sufrido un episodio traumático de claustrofobia que todavía la asfixia.

Cuando escucho a mis consultantes en su trabajo de psicogenealogía, intento rescatar esa muletilla, la holofrase, que retrata su emocionalidad: "Yo necesito una llave" es la holofrase de Raquel. Se traduce en la vida cotidiana en situaciones concretas: no toma ascensores, se niega a ir a lugares que desconoce (nuestra primera consulta fue en un café porque en un ámbito público se sentía más confiada que en un "consultorio que no conozco"). Tiene dificultades para comprometerse con alguien porque cree que un vínculo le resta espacio "y yo cuido mi libertad. Por eso estoy sola". Es el blindaje de los heridos.

La huida como estrategia es su mejor apuesta. Sin embargo, falla en el intento porque sigue atrapada en el primer encierro: el útero materno. Y en un segundo encierro: la locura de su abuela. Y más: en el tercer encierro (el más tronador): la voz autoritaria del padre. Ha decidido ser *mujer de nadie* para cumplir el mandato paterno: "sos de mi propiedad", "de la cintura para abajo, nada".

El espacio femenino aparece "lastimado", resistiendo, aguantando como un modo de lealtad invisible a la voz paterna. Raquel puede revertir estos mandatos si se impone ser libre. Vive encerrada en su búsqueda de la libertad. Otra jaula.

Mandatos familiares

No se enamora para no perder la independencia, pero no es libre. Argumenta su postura desde la autoridad de un nombre: Sartre. "Amar y depender... al amar uno desea apoderarse —no del otro— sino de su libertad. Amar es, en esencia, el proyecto de hacerse amar [...]. Así que **tengan cuidado** con **cómo** amen, y **hasta dónde,** allá ustedes".

Ella misma trae este texto a la consulta. Cita amenazante ("tengan cuidado"), que pone condiciones ("cómo amen") y territorios interdictos: "de la cintura para abajo, nada". Raquel desplazó al padre (ya no come harinas como una especie de dieta, pero, en verdad, alejar de su vida lo paterno aparece simbolizado en la ausencia de trigo) y lo reemplaza por otra voz (Sartre) que autorice su paradigma. Carga en lo vincular una falta que teme, porque ya la lleva inscripta.

En la idea de amor se reviven otros fenómenos de las etapas más tempranas. Si la simbiosis materna atrapó la voluntad o el autoritarismo paterno recortó (castró) deseos de autonomía, lo vincular aparece siempre asociado a una libertad amenazada, acotada, reducida. De nuevo, la clave es integrar.

Lo bueno y lo malo caben en un mismo sujeto, porque ambas caras de la moneda viven en nuestra realidad psíquica. El compromiso se interpreta como "lo malo" si se lee como falta de libertad. Esos sujetos aprendieron desde muy chicos que apegarse es sufrir y se cubrieron de una coraza antiamorosa para evitar pérdidas posteriores.

Escucho la escucha que me devuelve el relato de la paciente. Aparecen en transferencia las sucesivas "etapas" que atraviesa el amor: enamoramiento, idealización, confianza, decepción, aceptación de la herida narcisista (de la imperfección del otro que me muestra mi propia imperfección), fragilidad y recomposición, vaciar el vínculo de cuentas arcaicas por saldar, elaborar expectativas a escala humana y comprender que el otro no está para cumplir y satisfacer todas las necesidades (que por otro lado nunca se satisfacen porque los reclamos de ese amor incondicional están dirigidos a otros sujetos del clan que la pareja viene a representar). Y reanudar la relación desde una posición adulta y sana.

Alegría, compañerismo, erotismo y proyectos compartidos —algunos de los ejes de una pareja— exigen autonomía e interdependencia. No el péndulo de elegir una u otra opción: integrarlas, dialécticamente. Amor no es fusión, pérdida de individualidad, sino ejercicio de la libertad-con-otro y roles flexibles, elásticos, hasta para intercambiarlos.

Los heridos de amor están permanentemente con una llaga cicatrizada a la vista y cualquier motivo para soltar el escudo y darse en plenitud los hace poner en guardia. Conocen la desazón y prefieren estar solos a mal acompañados...

¿Y si ahora fuera el turno de la buena compañía? No lo saben. Se lo pierden. Las carencias afectivas en sus primeros años de vida dejan al sujeto expuesto y en actitud de protegerse del desgarramiento que pudiera resultar del vínculo amoroso. Se cuidan pero a un alto costo. Los heridos de amor se protegen con armaduras de soledad. Aunque estén sedientos de un abrazo, se quedan afuera, detrás de la coraza, solos... ¿Libres?

Integrar, deshacerse de programas ajenos, ensordecer la voz patriarcal y poner altoparlantes para la propia voz. Y animarse. Raquel está en ese proceso.

Rebelde / ¿Una semilla en mi cama? / LA PRINCESA DEL GUISANTE

¿Por qué el arquetipo de la Princesa del Guisante es la rebeldía?

Porque no acata el mandato social/cultural por excelencia: "Para ser una mujer hay que ser madre". Porque es noble (en dos sentidos: pertenece a la nobleza y tiene una actitud recta) y eso le da firmeza, seguridad y carácter temerario, casi arrogante de autovalerse y salir a la aventura. Es un sujeto libre que aspira a recorrer el mundo en lugar de hilar o dormirse por cien años, que prefiere su libertad a tener que dar de comer a siete enanitos o salir a tontas y a locas a buscar un príncipe por esposo.

- ¿Te identificás con este antimandato sobre la maternidad como rol obligado a las mujeres?
- La Princesa del Guisante, como Artemisa, es solidaria con otras mujeres. La enjuician como Rebelde por no cumplir el molde cultural asignado tradicionalmente por la sociedad.
- La reina (la vieja generación) procura que el príncipe tenga descendencia.
- La princesa, agobiada por la presión materna, advierte que el precio de ser acogida en el palacio implica aceptar con gusto "la semilla" en el fondo del colchón. Y —como buena Rebelde— amanece "magullada".
- La consigna a develar se inscribe en cómo ser auténtica sin sentir que se está en deuda con los deseos del clan.

¿Es la Princesa del Guisante tu paradigma personal?

> *... salir a "correr el mundo", a ver qué hay más allá de las montañas, en algunas ocasiones quiere descubrir lo que es el miedo, presintiendo que el lugar del miedo son los confines del espacio.*
>
> FERNANDO SAVATER

Tal vez sea tu mito personal, pero a lo mejor ni lo sepas... Menos conocido que los más tradicionales, es este un cuento maravilloso en más de un sentido. ¿Por qué será que tuvo un destino menos popular que "Hansel y Gretel" o "Rizos de Oro"? Tal vez adivinemos las respuestas posibles desmontando sus claves...

La Princesa del Guisante[90] —como tantas otras— más que por un nombre es conocida por algún atributo, acción predominante o rasgo de personalidad. No sabemos su nombre y la identificamos como la princesa que se afirmó con una semilla, una legumbre, un pequeño guisante. No se valió de varitas mágicas, hechizos o sandalias de cristal. Es una verdadera princesa aunque no lo parezca cuando entra en escena.

En este cuento de Andersen, publicado en 1835, la muchacha no huye de su palacio por evitar los maltratos de la madrastra, no escapa horrorizada ante el inminente incesto del padre, no busca marido para pertenecer a la nobleza y ascender de estatus social.

Es princesa por derecho propio, sale del palacio a recorrer el mundo, la sorprende la tormenta y queda tan despojada de sus brillos y lujos externos que al tocar la puerta de un castillo pidiendo ayuda parece una harapienta. No anda buscando seducir a un príncipe ni desea casarse.

Recordemos la historia:

---

90 También conocido como "La princesa y el guisante".

Érase una vez un príncipe que quería casarse con una princesa, pero que fuese una princesa de verdad, una auténtica princesa. En su busca recorrió todo el mundo, pero cada vez que encontraba una, algo le parecía sospechoso. Por eso regresó al palacio muy apenado. Una tarde estalló una terrible tempestad, era un tiempo espantoso, los truenos estallaban sin parar cuando llamaron a la puerta y el anciano Rey acudió a abrir.

Una muchacha —única sobreviviente de un naufragio— estaba al otro lado del portal, el agua le chorreaba por el cabello y por el vestido, pero ella afirmaba que era una princesa verdadera.

"Pronto lo sabremos", pensó la vieja Reina, y, sin decir palabra, se fue al dormitorio, levantó la cama y puso un guisante sobre el tejido metálico y luego encima colocó veinte colchones, y encima de estos, otros tantos edredones. Y la dejaron pasar para que durmiera esa noche al resguardo. Por la mañana le preguntaron qué tal había descansado.

—¡Oh, muy mal! —exclamó—. No he pegado un ojo en toda la noche. ¡Solo sabe Dios lo que habría en la cama! ¡Era algo tan duro, que tengo el cuerpo lleno de magullones! ¡Horrible!

Entonces se convencieron de que era una princesa de verdad. Nadie, sino una verdadera princesa, podía ser tan sensible al guisante oculto debajo de tantos colchones.

El príncipe la tomó por esposa, feliz de haber encontrado a una princesa hecha y derecha.

El guisante pasó al museo, donde puede verse todavía, si nadie se lo ha llevado. Esto sí que es una historia, ¿verdad?

Rompe los estereotipos, organiza otra escena, le da un carácter único a la protagonista, no menciona perdices de felicidad eterna y nos permite arriesgar otros finales... porque... ¿quién dijo que la princesa quisiera casarse? Tocó la puerta del castillo en busca de ayuda, no de marido. Podríamos retitular este cuento como: "Cuando una semilla —una simple arveja— nos pone en alerta". El guisante pierde el valor de semilla y se transforma en señuelo que activa la intuición, la sensibilidad y los propios recursos para tomar decisiones.

Ser y no tener la obligación de demostrarlo, tal el lema de esta extraña princesa sin coronita ni zapatos de cristal, sin deseo de anillos de oro o manjares con perdices en su fiesta de boda.

La protagonista es una aventurera, capaz de sobreponerse —recordemos que es la única sobreviviente— a una tormenta en el mar, a las inclemencias del tiempo y tan segura de sí misma que puede seguir siendo una princesa más allá de su aspecto personal. Es quien es porque tiene dominio de sí, y su seguridad en el proyecto personal la fortalece y pone en alerta cuando el afuera intenta cambiarle "el guion" para que cumpla con los mandatos preestablecidos.

La sombra rebelde

Si los rasgos de esta heroína te resuenan como propios, tal vez seas un/una Rebelde. La luz de este arquetipo es evidente: anticonformismo, naturalidad, ansias de conocimiento, capacidad para el riesgo y para afrontar los cambios, creatividad, valentía, ruptura de moldes, autosuficiencia. Y, ya lo sabemos, a ese perfil también le espera agazapada su propia "sombra".

El paradigma de la Rebelde es interesante por todo lo que le permite alcanzar en su lucha contra el conformismo social —trampas que se cruzan a cada paso: en los rituales domésticos, en las expectativas ajenas, en los mandatos culturales—; es independiente y sabe oír su voz interior. Pero vivir en permanente estado de alerta para detectar "guisantes" no es sano. La desconfianza, la actitud temeraria que todo lo puede y pone en juego las seguridades básicas son los fantasmas que actúan en este mito personal. ¿Cuál es el justo límite entre la independencia y la terquedad?

La Rebelde fue tal vez una Soñadora Alicia cuando niña. Pero ese potencial onírico puesto al servicio del juego debe adecuarse a las responsabilidades adultas en el proceso de crecimiento.

Nuestra imagen de la Rebelde puede estar alineada de cerca con los arquetipos culturales universales de otros revolucionarios que, pudiendo tener una vida tranquila y confortable, se pusieron en marcha por los ideales colectivos: la Madre Teresa, Martin Luther King, Sor Juana Inés de la Cruz, Rosa Luxemburgo, Juana de Arco son algunos ejemplos de quienes pusieron por delante de su propia seguridad la búsqueda de las claves para salirse de los moldes, los viejos patrones tribales. Pero a veces se cae en la trampa de rebelarse a todo sin saber por qué. Imponerse a toda autoridad antes de analizar el contenido, asumir una postura guerrera aun rechazando normas legítimas: hacer prevalecer los impulsos sin mediar la reflexión. Esa es la "sombra".

Silvia Tarragó Garrido, una de las Coordinadoras del Comité de Redacción de la Fundación Carl Gustav Jung, con sede en España, analiza este relato con los aportes del arquetipo de Artemisa o Diana cazadora, en la figura de la Princesa del Guisante: "... que anda sola por los bosques. Diosa de la caza, siempre malhumorada e independiente. Diosa Virgen. Su espíritu libre no compagina con las ideas tradicionales. Es sociable y competitiva. No tiene hogar"[91]. Efectivamente así es el retrato de la muchacha que nos brinda el cuento de Andersen.

Al ser una "hermana" de Artemisa, a veces a la Rebelde le aflora el rotundo ánimus que opaca el femenino costado ánima y la torna severa, intransigente. Se muestra como mujer amazona[92] que decree de su posibilidad de tener pareja e hijos. Recordemos que Diana —la aventurera y cazadora, que anda sola por los bosques y se mantiene virgen, se muestra arisca e independiente, pero reboza de espíritu solidario con otras mujeres ayudándolas en los partos— fue asociada a lo largo de la Historia con ese tipo de mujer amazónica, libre de ataduras propias del doméstico estilo de vida matrimonial.

¿Estoy en la cama adecuada?

> *He empleado en el estudio todo el tiempo que, en razón de mi sexo, tendría que haber perdido en la rueca.*
>
> HIPARQUIA

Insisto: un arquetipo —molde psíquico en el cual las experiencias individuales se vierten y toman forma— recoge los símbolos del inconsciente colec-

---

91 http://www.naya.org.ar/congreso2002/ponencias/francisca_martin_cano.html

92 La tradición las muestra como mujeres que vivían en comunidad, sin maridos; se decía que mutilaban o quemaban el pecho derecho, para usar el arco con más comodidad. En sus rituales ejecutaban una danza circular anual con armas y escudos, ceremonia establecida por la reina de las amazonas, Hipólita, y rendían culto a Artemisa.

tivo y construye un determinado "patrón" en cada sujeto. Lo reiteramos: las vivencias heredadas y compartidas por toda la humanidad, más allá de las diferencias contextuales y culturales, exceden los ropajes de cada época y se sostienen en el sentido que transmiten.

Veamos a nuestra princesa, desarrapada tras el naufragio y la tormenta que la han despojado de sus atuendos nobles. Una emergencia la lleva a pedir hospitalidad.

Ella —como hija de reyes— sabe que ese auxilio no se niega a los forasteros que acuden al castillo en busca de ayuda. Ahora, como consecuencia de la lluvia se ha acercado al portal.

Siguiendo con los símbolos que desmontamos del cuento, estamos en un escenario en el cual el agua augura su potencia fecundadora (de la tierra que produce cosechas, la renovación y la vida misma). El guisante —semilla que oculta bajo la tierra/colchones espera ser fecundada— representa al huevo cósmico, germen de vida. "Si no lloviese en febrero, ni buen guisante ni buen centeno", reza un refrán. En el norte de España a los guisantes se les llama bisaltos, referido a la diosa Bisaltis, diosa agrícola que hace serie con algunas otras del orden matriarcal: Ceres, Deméter. Ahí se detiene la suma de intenciones: esta princesa no piensa dejarse fecundar.

Elegir: *guisante* ¿sí o no?

¿Qué le ocurre a una mujer que decide no formar pareja (como Artemisa) o tenerla, pero sin la maternidad como proyecto? Esta situación, cada vez más común en la cultura actual, era percibida hasta los tiempos en que Andersen escribía el cuento como castigo, como herejía o como propia de una mujer-diabla. Ser mujer era sinónimo de madre, por lo tanto, no ser madre ponía en entredicho la feminidad.

Las cosas han cambiado... pero aún no del todo. Resabios, por supuesto que quedan y muy acendrados en el inconsciente colectivo de esa paridad: sexo igual a reproducción, mujer igual a continente para alojar al hijo.

"Este es un cuento clásico, elaborado por un hombre de comienzos del siglo XIX en el norte de Europa. En su bagaje cultural hay una enorme tradición de mitos y leyendas que provienen de una cultura profundamente religiosa, medieval, agrícola y campesina. Es un cuento sobre la necesidad de no perder contacto con el Arquetipo del ánima, en su expresión de Madre y de Gran Diosa. El guisante pone a prueba a una Diosa Virgen, independiente y solitaria: Artemisa, la Diosa Virgen camina sola por los bosques y no sabe lo que significa parir"[93].

La heroína se encuentra en una encrucijada: pide auxilio y —pareciera— que a cambio le piden un sacrificio para su temperamento libre. El arquetipo de la madre (representado en la reina) es la propia subjetividad de la princesa que en actitud de alerta la pone en la situación de evaluar el Deseo, ¿aceptar o rechazar "la semillita"?

Estado de alerta

El concepto de copia eferente[94] señala que hay un cerebro sensitivo y un cerebro motor. Si el cerebro sensitivo recibe señales de los receptores sensoriales, es decir, de los "cinco sentidos" y el cerebro motor da órdenes a los músculos, podemos inferir que la Rebelde tiene una posición hipersensible ante los posibles cambios en su guion de conducta. Casi como una anarquista la escuchamos decir: "Ni Dios ni patrón ni marido", pero ahora en el seno del castillo ha recuperado su espacio natural y la hospitalidad no parece gratuita: las exigencias culturales se escabullen y reclaman ser atendidas.

El calor y el confort colocan a la Rebelde en posición vulnerable. Casi la confunden. ¿Cómo percibir la semilla debajo de tanto pliegue acolchado en la cama? La Princesa no está tan agotada como para poner *pausa* a su rebeldía. Duerme, o lo intenta, pero algo le hace ruido (en el cuerpo). Pone en "*on*" la previsión.

Resulta interesante la postura del doctor Goicochea[95]. El binomio estímulo/respuesta se pone en acción, y en medio hay un instante fugaz para anali-

---

93 http://www.geocosmos.es/la-princesa-del-guisante-silvia-tarrago/#sthash.GtUnKPoT.dpuf

94 http://arturogoicoechea.wordpress.com/about/

95 Arturo Goicoechea Uriarte. Nacido en Mondragón, Guipúzcoa, en el año 1946. Jefe de Sección de Neurología del Hospital Santiago de Vitoria (Alava), España. Libros publicados: *Jaqueca*, 2004. *Depresión y dolor*, 2006. *Cerebro y dolor* (Esquemas en dolor neuropático), 2008. *Migraña, una pesadilla cerebral*, 2009.

zar y decidir qué hacer. Algunas veces se pueden anticipar las respuestas. El informe, la copia de las intenciones motoras se conoce como *copia eferente*, que traducimos como una copia de la orden, que filtra lo ya conocido y "se relaja". Ejemplo: si aprendí que al tomar una cucharada de sopa caliente recién servida puedo quemarme la lengua, tomaré mis previsiones. Si sé que la sopa ha reposado lo suficiente, filtraré el alerta y tomaré la primera cucharada sin previsiones.

"Lo fundamental en las neuronas es la relevancia. Si las acciones están evaluadas como irrelevantes apenas percibimos el cuerpo. Si están evaluadas como amenazantes todo se vuelve doloroso, cansino, esforzado..."[96].

Merece leerse el párrafo completo sobre el tema, aunque nuestra lectura más que apuntar a un dolor físico (Arturo Goicochea lo relaciona con cierto tipo de enfermedades, migraña, fibromialgia) se refiera al arquetipo de la mujer que decide ser libre y no acatar los mandatos culturales:

> Si hay que buscar un personaje de cuento de hadas con un síndrome de sensibilización central (migraña, fibromialgia...), la princesa del cuento de Andersen sería la elegida sin duda alguna... ¿qué es lo que hace que la princesa perciba el guisante? La explicación en el cuento es que, sin ella saberlo siquiera, por las venas de la doncella corre sangre azul. Sería una explicación de 'cuento', parecida a la que nos ofrecen la mayoría de los 'especialistas' en fibromialgia o en migraña hoy en día, enfermedad de origen desconocido, genética, incurable... Cuando la explicación más acorde con los avances en neurociencia sería que el cerebro de la doncella valora un peligro de daño para su organismo en el guisante, es una valoración absurda, irracional, pero ella no consigue dormir en toda la noche (porque la copia eferente, en lugar de filtrar algo tan irrelevante como que haya un guisante bajo montones de colchones, consigue que ella lo perciba), incluso se levanta a la mañana siguiente con moretones en la espalda...[97]

---

96 http://arturogoicoechea.wordpress.com/about/

97 Si bien el doctor Arturo Goicochea explicita las razones del alerta (pues sí, esta es la verdadera razón... explicado de forma sencilla, se trata de una evaluación errónea del

La protagonista no se relaja, no ve como irrelevante el dato de "sentir" en su cama un guisante: en su proyecto personal no cabe "la semillita" que anhela la reina para que su hijo se consagre como rey en el futuro y deje descendencia.

> Nuestra Señora del Buen y Perpetuo Socorro fue mi colegio entre los 4 y los 11 años. Una de las mejores épocas de la infancia. Adoraba sus patios grandes y la iglesia, la quinta del fondo con juegos y árboles frutales y el ligustro de corona de novia, que perfumaba el aire; las escalinatas de mármol blanco y la sala de actos donde cada fin de semana íbamos a ver cine. Sí, el colegio estaba abierto de lunes a lunes para sus alumnas. Me gustaba usar uniforme (y no delantal blanco), y lo que atesoraba era la imagen de la Virgen: una estampa dorada estilo bizantino que ha quedado grabada en mi memoria como símbolo de la primera manifestación de arte que conocí.
> Los jueves volvía al colegio a la noche: mi mamá —y otras madres— hacían un curso de alhajas y orfebrería en las aulas que de día eran nuestras: mis amigas y yo recorríamos el mismo espacio conocido pero diferente. De noche todo cambia... Espiábamos tras los ventanales de los cuartos de las monjas y las veíamos sin las tocas que de día cubrían sus cabezas. Debajo tenían el pelo largo, recogido en un rodete; o se estaban peinando, o preparaban sus labores.
> Fue en esos años cuando empecé a imaginar que de grande me gustaría pertenecer a alguna congregación. El matrimonio no era parte de mis ilusiones de niña de diez años.
> En ese tiempo, leí una biografía de Sor Juana Inés de la Cruz muy edulcorada. "Compré" el personaje: era interesante ver a una muchachita que por afán de estudiar llegó hasta disfrazarse de hombre para entrar a hacer estudios académicos, no permitido a las mujeres. Que escribía poemas y villancicos y se hacía un lugar social en la corte siendo hija ilegítima. Con su historia

---

sistema nervioso central [ver peligro de daño en un guisante], saltan las alarmas, la copia eferente, en lugar de filtrar, sensibiliza la zona [en este caso la espalda de la princesa], y se activan programas de enfermedad para que la princesa se proteja, huya de esa cama...), nuestra lectura se orienta hacia otro sentido: lo que aparece en peligro es la posibilidad de sostener su decisión personal, sin dejarse invadir por los deseos ajenos.

acentué mi idea: sería religiosa consagrada. No por vocación a los hábitos o heredera de una fe desmedida: había entendido —como ella— que en los conventos hay grandes bibliotecas, silencio y tiempo de lectura, sin interrupciones domésticas o niños por criar, sin altercados domésticos, sin matrimonio humano. Casarse con Dios sería otra cosa...

"Vivir sola... no tener ocupación alguna obligatoria que embarace la libertad de mi estudio, ni rumor de comunidad que impidiese el sosegado silencio de mis libros", la frase de Juana de Asbaje me inquietó y fue como vislumbrar que una vida monástica era mejor que un hogar con violencia, gritos, amenazas a la confianza. Prometía tiempo propio para leer, estudiar, aprender.

Cada jueves por la noche mientras mi mamá hilvanaba perlas en su clase de *bijou*, yo merodeaba el patio en penumbras como anticipando los pasos en la que sería mi residencia cuando llegase la hora...

Hasta que a fines de los '60 se estrenó en el cine Lope de Vega la tan publicitada película del año: *La novicia rebelde*. Y hubo un giro: no completo, pero importante. Ya no sería monja ni novicia: pensar en un proyecto de matrimonio podía entrar en mi horizonte.

María no era cualquier novicia: era rebelde. Sabía oponerse a los dogmatismos, pudo proteger a niños ajenos como propios y construir una vida sobre la base del amor y la armonía.

En 2015 se cumplieron 50 años del estreno de esa película que hizo historia y cuando por nostalgia y homenaje volví a verla en DVD, recuperé muchas emociones de la infancia: esos paisajes de los Alpes, que ansiaba conocer, los coros del convento, la embestida del nazismo, la huida dramática de Austria, el trabajo como institutriz de la familia Von Trapp, el amor y la crianza de los hijos del capitán.

De grande supe que se trató de una historia real, inspirada en el libro de María von Trapp (*La historia de la familia de cantantes Von Trapp*) publicado en 1949, cuando ya había caído el nazismo. Y que la película se tomó varias licencias. Pero ¿qué importa? Como la realidad psíquica, la "verdadera" historia de la novicia rebelde es la de la película.

Recuerdo que la vi de niña más de 5 veces (y de adulta, otras tantas). Duraba 180 minutos (¡eso equivale a 3 horas!). Sabía todas las canciones. Recordaba frases completas. "Tienes que vivir la vida para la que naciste. Escala todas las montañas. Busca por doquier.

Caminos sinuosos. Y cada senda que veas". Todavía canto "de corrido" aquella letra emblemática de los '60: *DO minemos nuestras voces / RE pitiendo sin cesar / MI lección aprenderás FA cil fácil de entonar / SOL taremos a volar / LA paloma del amor/ SI tú la lección aprendes / cantaremos sin cesar: DO, RE, MI, FA, SOL, LA, SI.*

El destino lo elegimos día a día. No tenemos una hipoteca impagable de por vida con una elección. Podemos variar el camino, decidir rutas alternativas, cambiar el rumbo: nada está escrito de una vez y para siempre. Pude reunir la felicidad de vivir de a dos, colaborar en la educación de una hija que no es de mi sangre, resguardar mis espacios y tiempos de lectura sin límites, alimentar bulímicamente mi biblioteca, no vestir hábitos, pero disfrutar de la energía vibratoria de la oración, en templos e iglesias, del canto gregoriano, de un órgano sonando con el *Ave María*. No hizo falta que me disfrace de hombre ni que me muera de tuberculosis como sor Juana, ni que esconda mi cabello bajo una toca de monja. Sigo adorando el arte bizantino de aquella estampa de mi infancia y me emociona el aroma de corona de novia: es el olor de mi colegio.

A veces conseguir darle forma al futuro supone recalcular las decisiones, juntar varias piezas dispersas en el tablero y construir otras metas...

Más semillas que dan testimonio

> *... el alma [...] debe afrontar al menos una vez el pánico remoto. El hogar no basta: si el joven aventurero no lo abandona, nunca sabrá lo que es el miedo, conocimiento indispensable para su maduración, ni siquiera conocerá la nostalgia. Sin noticia del miedo ni de la nostalgia, nada podrá saber tampoco de la forma humana de habitar un hogar...*
>
> FERNANDO SAVATER

Además del conflictivo guisante, existen otras semillas sembradas en los cuentos de hadas. Hablemos brevemente de "Jack y las habichuelas mágicas". Derivado de viejos relatos originados en Inglaterra, la serie de Jack cuenta con los motivos folclóricos de la tradición de cuentos más conocidos: una madre que castiga al joven inexperto en las lides comerciales, un intercambio falso de objetos donde el burlador termina burlado, una semilla que germina y da un árbol gigante que llega al cielo, un ogro que custodia a la gallina de los huevos de oro.

El relato cuenta "la odisea de un niño por obtener su independencia de una madre que lo menosprecia, y por alcanzarlo todo por sí mismo"[98].

Cuando Jack da a su puñado de semillas más valor que a la vieja vaca por la que cambia las habichuelas, está apostando por su madurez: dejar la leche infantil por sus simientes de independencia. Tal vez resultado de la misma siembra, una de las semillas que caen en poder del joven haya llegado a los almacenes del castillo de donde la reina osó tomar una para tenderle la trampa cultural a la princesa del guisante.

Las simientes del labrador adolescente se transforman en energía productiva masculina: poder vencer al padre malo internalizado durante el complejo de Edipo, su rival (representado en el ogro), y quedarse con los bienes materiales (la gallina) que le garantizan su entrada en la adultez con una posición firme y lejos de la oralidad de dependencia al lado de su madre. Su aventura de pasaje superador del estadio edípico ha logrado buenos frutos: se ha desprendido de la vaca y ha dejado atrás la fase oral de la leche nutricia para conseguir nuevos modos de alimentarse. Ha creído en su potencial y —atravesada la etapa de las burlas por su ignorancia en los negocios— pudo demostrar astucia e independencia. Ha gestado su futuro, su proyecto de vida. El triunfo del Rebelde que le gana al desprecio por sus ideas y decisiones.

En el caso de nuestra princesa, sus semillas tienen la potencia destinada a otras "gestaciones", contrarias al deseo colectivo de hacer lo que corresponde y se espera de ella... La Rebelde es transgresora, diferente, carga con "la mancha" de no cumplir bien su tarea y desobedecer la "ley natural".

Interesante resulta un episodio del cuento de Andersen que hace "serie" con un relato anónimo y tradicional reescrito por la bella pluma de una compatriota del autor de "La Princesa del Guisante", la escritora danesa Isak Dinesen. Se trata de "La página en blanco", publicado en Últimos *cuentos*, de 1957.

---

[98] Bettelheim, 1980: p. 271.

Ser mujer incluye dos mandatos culturales fuertes: permanecer virgen hasta el momento de la boda y ser madre. La princesa de Andersen es una aventurera, irredenta, desprejuiciada y decidida jovencita. Parece que el mundo le ofrece más sed de conocimiento que el confort de ser esposa y madre. No tiene en sus planes casarse y —tal vez por eso— aunque se exprese que el príncipe la toma por esposa, no sabemos si sigue junto a él o si se ha dejado convencer y finalmente —como sucede a muchas— ha aceptado "la semillita" del consorte para dejar descendencia.

Me gusta pensar que no fue así, interpreto que al día siguiente y tras la respuesta de queja ante la pregunta de la reina, partió del castillo en auxilio de otros posibles sobrevivientes al naufragio, o a retomar sus aventuras, y que por esa causa —nos dice Andersen— se ha guardado en el museo real (¿el origen remoto de los actuales bancos de esperma para las inseminaciones artificiales?) la semilla (sin usar).

En consonancia, su compatriota, Isak Dinesen, dueña de cafetales en África que empezó a escribir pasados los 50 años para superar "lo intolerable" ante el fracaso comercial y amoroso, escribía el cuento que hace espejo con el cuento del guisante.

El texto recrea una vieja tradición medieval: en algunos pueblos europeos para conservar el honor familiar le exigían a la pareja que exhibieran la prueba de la virginidad de la novia la mañana posterior a la noche de bodas. De allí la costumbre entre los nobles: mostrar la sábana nupcial en la que debía verse la mancha de sangre que atestiguaba la virginidad de la novia y, por lo tanto, la legitimidad de los hijos que nacieran de ese matrimonio. Dinesen retoma esa leyenda.

> En las altas y azules montañas de Portugal existe un viejo convento de monjas de la Orden Carmelitana, que es una orden ilustre y austera. [...] las hermanitas se dedican alegremente a la tarea que hace muchos, muchos años, deparó al convento un único y singular privilegio: cultivar el mejor lino de Portugal, con el que fabrican la tela más fina del país. [...] la semilla es sembrada hábilmente por virginales manos endurecidas en la labor, con las uñas llenas de tierra. En la estación en que florece el lino, el

valle entero adquiere un color azul de aire [...]. Cuando llega la estación, el lino se recolecta, se agrama y se rastrilla; después la fibra delicada se hila, el hilo se teje y, por último, la tela se extiende sobre la hierba para que se blanquee, y se lava una y otra vez hasta que haya nevado en torno a los muros del convento. Toda esta labor se lleva a cabo piadosamente y con precisión, y con ciertas aspersiones y letanías que son un secreto del convento. A ello se debe que el lino, que se carga a lomos de pequeños asnos grises y pasada la puerta del convento, desciende y desciende hasta llegar a la ciudad, sea blanco como una flor [...].

Así se originó el primer privilegio del convento, que era el de suministrar las sábanas de matrimonio para las jóvenes princesas de la Casa Real. [...] A la mañana siguiente a los esponsales de una hija de la casa, y antes de que se entreguen los regalos de boda, el chambelán o el gran senescal cuelgan de un balcón del palacio la sábana de la noche de bodas y proclaman solemnemente: *"Virginem eam tenemos"*. "Declaro que era virgen". Esta sábana no se lava ni se utiliza nunca más. [...] Nadie observaba esta costumbre venerable más estrictamente que la Casa Real, en la que ha persistido casi hasta nuestros días. [...] Desde hace muchos siglos también, y como señal de gratitud por la excelente calidad de su lino, el convento de los montes ha gozado de un segundo privilegio: el de recibir de vuelta el fragmento central de la sábana blanca como la nieve, que lleva el testimonio del honor de la desposada real.

[...] De los muros de la galería cuelga una larga hilera de pesados marcos dorados, rematados cada uno de ellos por una cartela de oro puro en las que figura inscrito el nombre de una princesa: Donna Christina, Donna Ines, Donna Jacinta Leonora, Donna María. Y cada uno de estos marcos encierra un retal cuadrado de una sábana real de boda.

[...] Cada pedazo de tela con el nombre inscrito en el marco que lo encierra tiene una historia que contar, y todos han sido puestos allí por fidelidad a la historia. [...] Pero en medio de la larga hilera hay una tela que no es igual que las otras. Su marco es tan hermoso y pesado como las demás y ostenta con el mismo orgullo la placa dorada con la corona real. Pero en la cartela no hay ningún nombre inscrito, y la sábana enmarcada es de lino blanco como la nieve de una esquina a la otra: una página en blanco. [...]

Como en la princesa de Andersen —que deja estéril la semilla— la mujer que no imprime su honor en la tela calla su nombre. En ambos casos prevalece lo inesperado, lo rechazable, lo cuestionable. Todas somos princesas del guisante o novia desafiante al mandato de pureza cuando elegimos darle voz a los deseos personales por encima de las exigencias externas.

Las transgresiones de ambas Rebeldes dejan sus testimonios en los museos y conventos. Con el paso del tiempo, salen de los ámbitos sagrados, toman las calles y protestan por la libertad de elegir, por la ley del aborto y la capacidad de amar a quien decidan, y hacen escuchar sus reclamos. Primero tímidamente, luego con más decisión, otras se suman: la lucha contra la violencia de género y la toma de conciencia se extiende... Y la tarea continúa.

De las mujeres que optan por no ser madres a las mujeres origen de la vida. Entremos al capítulo de las señoras que gestan la continuidad del árbol genealógico: las madres y abuelas.

c) Madres y abuelas

Baba Yaga y Sherezade

- Amores nutricios y madres devoradoras
- Hadas, madrastras, reinas y brujas
- Calderos para alimentar y sanar

La lección de los cuentos es que no basta sencillamente con ser heredero: todo legado ha de reconquistarse, ha de ser perdido para que pueda ganárselo triunfalmente de nuevo.

FERNANDO SAVATER[99]

---

99 Savater, 1982.

Maternaje

Llevamos varias páginas ocupándonos de niñas y princesas, pero hemos hablado también de madres y madrastras, reinas y hadas. Recordemos que en el arquetipo se fusionan los perfiles de todas estas mujeres míticas.

Para suavizar el impacto de la destrucción que producen las madres devoradoras en la evolución del sujeto, los cuentos las reemplazaron por madrastras o reinas malvadas. Para mencionar el costado nutricio y amoroso del poder maternal, las vistieron de hadas protectoras. En cualquier caso es el mismo arquetipo materno. Abuelas, amas de leche, nodrizas, madres, madrastras, nueras, suegras, hijas e hijastras: cada lazo ve peligrar su dominio y la rivalidad aparece como un puente a la necesidad de destruir a "la otra" para conservar el poder o —en el otro extremo— de tomar de "esa otra" la ternura comprensiva, vivificante que ayuda a crecer. Es la inevitable cadena transgeneracional.

Las reconocemos inmaduras, narcisistas, abandónicas, envidiosas, malvadas y amorosas: muchas veces en esta faceta aparecen muertas muy jóvenes y reemplazadas por las hadas madrinas que regalan dones y protección a la niña/doncella huérfana. Diferentes ropajes, pero es siempre el arquetipo de la Madre. Y la función de maternaje va desde la naturaleza caníbal hasta la celestial luz protectora.

La evolución del sujeto necesita atravesar todos los matices, hace referencia a las responsabilidades de cada edad en el sujeto infantil, adolescente, adulto; señala la obligación de asumir la posta en los mandatos y hacerse cargo de tomar esa "papa caliente" transgeneracional de los ancestros para perpetuar la tradición; implica el pasaje por los rituales de crecimiento personal y los códigos de la alimentación.

Con afán de situar el estereotipo de cada perfil los clasificaremos en la Dadora o Hada Nutricia y la Abandónica/Devoradora, que nos impulsa a la independencia y al crecimiento. También podemos mencionarlas como Bruja o Sanadora.

La fidelidad a la teoría freudiana (aunque en muchos aspectos sus conceptos se hayan visto superados básicamente por cuestiones contextuales, histórico-culturales, por ejemplo la tan remanida crítica de las feministas más ortodoxas sobre "la envidia del pene"[100]) no nos impide revisar conceptos del padre del psicoanálisis y apoyarnos en otras categorías de una mirada *aggiornada*, con aportes lacanianos y transgeneracionales.

En mi interpretación de la obra freudiana hay una indagación que abre un concepto y lo reactualiza para continuar investigando. Me refiero a la pregunta que dirige en una carta a Marie Bonaparte: "¿Qué quiere una mujer?". La inquietud sobre el alma femenina no le permite responder este misterio. Aunque ha dedicado su vida al análisis que asimiló "no-tener" a "envidiar", el enigma queda sin respuesta. Lacan recoge el guante. En un estudio que abarca los años '50 y '60, estudia mujeres míticas.

En el personaje de Medea encuentra ese resquicio (que él llama "extravío) por donde la asimilación hembra-madre se diluye. Para Lacan, en Medea hay "una verdadera mujer" en tanto la distancia del concepto de madre, entendida como instinto maternal, pura naturaleza, resultado y patrón biológico: ser mujer es ser madre. Desacoplados ambos términos, Lacan se permite estudiar ambas entidades por separado, sin asimilarlas.

Con la figura mítica de Medea[101], la filicida en venganza del abandono de su esposo, Jasón, es que Lacan esgrime su polémica frase: "A menos madre, más mujer"[102].

Con el asesinato de los hijos, Medea hace de ese gesto límite una toma de posición ideológica: pone en cuestión el "instintivo amor maternal". Con este símbolo Lacan plantea que una verdadera mujer es como Medea "no toda madre", siempre queda un resto, un agujero constitutivo que ningún hijo colma. En cualquier momento una mujer puede ser una "verdadera mujer", es decir, llegar a los límites traspuestos por Medea.

---

100 Diferenciamos el acto de anhelar respecto del acto de envidiar. Para anhelar es preciso reconocer que hay algo que se desea porque no se tiene; en cambio para envidiar hay que querer tener del mismo modo tiene el otro. Lacan nos enseñó que "desear el pene" implica reconocer una falta y tratar de colmarla con un objeto; objeto que para Freud se colma con un hijo.

101 Eurípides, 2005.

102 Miller, 2006: p. 288.

Para Lacan se es mujer desembarazándose de su "tener". A diferencia de Freud, que superpone mujer y maternidad, para Lacan son instancias disyuntivas. Que la sexualidad femenina es un "enigma" ya lo había enunciado Freud en *Nuevas conferencias...* (1933); para él la feminidad no es una característica inherente a las mujeres, separa lo femenino de lo anatómico, pero equipara los conceptos "mujer" y "madre". A estas categorías, Lacan le responderá que "la Mujer no existe". Pero decir que "la Mujer no existe" no significa que no haya mujeres, sino que no hay un paradigma único, no hay el universal de "La Mujer". Hay distintos tipos de mujeres, hay mujeres con distintas posiciones subjetivas[103].

Lacan eligió un nombre para la conflictiva relación madre-hija: "estrago". Usó la palabra francesa *ravage*, también traducida como "desolación", "devastación". El tema del estrago es abordado por Lacan tomando la parte de mujer que hay en cada madre y su relación con la hija; es decir, una relación de mujer a mujer. Estrago no es sinónimo de filicidio. El *ravage* no es un síntoma a curar, sino una condición de la relación madre-hija necesaria de transitar. Podríamos conjeturar que para que una madre y una hija sean madre e hija debe haber habido entre ellas una relación devastadora. La experiencia que anuda, asfixia el vínculo, tiene valor persecutorio, amenazante, pues está en juego algo del orden de la ausencia de aquello que se reclama.

Marie Magdeleine Lessana retoma a Lacan y plantea tres momentos del estrago: fase inicial, atravesamiento y salida.

Para desanudarse hay que vivir el trámite de desacople en sus diversas manifestaciones agresivas: desacuerdos, reproches, desconfianza, miedo a desaparecer (engullida o envenenada: los cuentos de infancia nos escenifican muchas veces esto mismo), celos, manipulación...

Emulando la conocida pregunta sobre la feminidad acuñada por Simone de Beauvoir, podemos revisar las diferentes caras del maternaje o "función" de la figura materna en el desarrollo de la personalidad femenina. "Madre, ¿se nace o se hace?". Efectivamente, el maternaje se construye como una entrega total y pagarlo —desde el lugar de hija— a veces puede ser de alto costo.

---

103 Larrahondo Arana, 5° clase, p. 19.

El vínculo (complejo en extremo, el más difícil) entre madre-hija ha sido muy estudiado poniendo el acento en la madre. Mi aporte se centra en el otro extremo: considero que no puede quedar desligado uno de los sujetos de esa díada en su historicidad como mujer: el lugar de las hijas.

Es —por decirlo de manera sencilla— un espacio para generar nuevas indagaciones, permitirnos algunas preguntas, exceder "lo natural" y "lo instintivo", "lo amoroso e incondicional" del vínculo madre-hijos. Propongo remitirnos al recorte de esa relación invirtiendo la carga: me interesa explorar el lugar de hija (no de los hijos en general) en la relación con la madre. Este estudio —al que llamo "síndrome absoluto-hija" y cuya denominación me pertenece— forma parte de una investigación más profunda. No desarrollaré esta problemática en extenso (es parte de un trabajo *in progress* y supera la propuesta de este libro), pero entiendo que algunos trazos pueden abrir un horizonte complementario a los temas aquí tratados.

"Absoluto-hija"

No se puede comprender a la mujer si no se pondera esta fase de la ligazón madre preedípica.

S. Freud

La niña se halla en un estado de reproche, de disarmonía. Tengo bastante experiencia analítica para saber cuán devastadora (ravageante) puede ser la relación madre/hija. No es gratuito que Freud decida acentuarlo y erigir toda una construcción a su alrededor.

M. M. Chatel

Podemos elegir no ser padre ni ser madre. Podemos tener hijas o hijos. Podemos optar por no procrear, pero adoptar. En cualquier caso hay un mismo estatus que nos unifica: todos y todas somos hijos e hijas. Ese estatus es inalienable. Ahora bien, en toda mujer hay una hija. Esta relación compleja y única deja una huella en cada una de las células desde el minuto cero de la gestación. Y sus efectos se despliegan a lo largo de toda la vida.

El síndrome que describo con este nombre es un concepto que me encuentra en pleno estado de construcción teórica. Propongo una categoría operativa aún *en reflexión*. "Absoluto-hija" refiere a un conjunto de hipótesis que estoy investigando hace años, y de las que ya estoy en condiciones de ofrecer algunos conceptos relativos a esta construcción. Esa línea de pensamiento es producto del cruce entre ámbitos en tensión: clínica-teoría con afán de ahondar en el conocimiento de este vínculo particular y complejo, y sus consecuencias[104].

Lo primero para destacar es que como síndrome (conjunto de síntomas del que derivan comportamientos y actitudes) puede ocurrir a unas mujeres más que a otras, puede impactar con una intensidad cuyo rango va de débil a mortífera en ciertas relaciones, o llegar a romper la ligazón que arma el vínculo "absoluto" entre madre e hija.

Adelanto en estas páginas algunas ideas provisorias que vienen "a cuento" de los personajes de madres que se despliegan en los arquetipos que estamos ilustrando y de los lugares adoptados por las hijas. Es decir, pienso el síndrome desde el lugar que ambas mujeres (madre e hija) comparten en este binomio: ambas son hijas.

Vínculo tenso, amoroso, doloroso, fluctuante en el que la madre es a la vez reservorio y desilusión, fuente (¿inagotable?) donde la hija va a abastecerse de la mirada que le devuelve reconocimiento o la frustra en el intento. Cada díada está programada sobre un guion que estructura su "balanza": más atención o más desencanto. La hija tiene inscripta en sus células y en la transmisión generacional los patrones de todas las mujeres del clan: hija, madre, abuela... Si todas ellas no fueron respetadas en su ruptura del nudo "absoluto-hija", traspasarán esa insatisfacción de libertad y autonomía a la generación siguiente.

---

104 Fundamento estas indagaciones tanto desde la experiencia arrojada por el dispositivo terapéutico como por los avances de la investigación, una apoyada sobre otro, en una estructura de diálogo y en solidaridad. Así, todo aporte para revisar las bases del psicoanálisis supone una pugna entre el nivel empírico (casos) que la actualidad ofrece (con temáticas muy diferentes a las que tuvo a su alcance Freud: fertilidad asistida, matrimonio gay que decide adoptar hijos, alquiler de vientres, etc., todos debates propios del siglo XXI) y la tradición contenida en el saber teórico.

Madre no es instinto ni incondicionalidad ni amor pleno ni "estoy-siempre-disponible". Aceptar esta dimensión desidealizada duele y perturba, pero es necesaria para crecer. Madre no es "suficientemente buena" (Winnicott) ni sujeto deserotizado. En esos espejos las mujeres no podemos independizarnos y dejar de ser "absoluto-hijas".

Lo que la palabra dice

Desagreguemos el conjunto semántico partiendo del primer término: *absoluto*. Deriva del latín *absolutus*, formado por el prefijo *ab-* más el verbo *solvere*.

La gramática nos dice que el prefijo *ab-* puede sumar a la palabra base tres significados:

- exceso (*ab*uso: significa un excesivo uso),
- negación (*abs*temio: que evita beber alcohol),
- privación, separación, alejamiento de un punto de partida (*ab*olir: suspender, separar algo de su normal desarrollo).

Tomo para nombrar el síndrome del que me ocupo las tres acepciones del prefijo, aun en sus diferencias y apropiándome de la contradicción que se lee: la polisemia enriquece la complejidad que intento demostrar.

Por otro lado, *absoluto* además del prefijo tiene la base: el verbo *solvere, solutus* ('soltar, suelto, liberar a alguien de algo, absolverlo, desvincular'). En química: 'sustancia pura, sin mezcla extraña'. Dice el diccionario etimológico: 'Significa libre e independiente de toda sujeción o limitación, indica idea de algo entero, completo, perfecto, sin soltarlo en pedazos'. Y la definición en el DRAE es: '**Desligado de todo.** Absuelto, concluido, inmodificable. Que no admite comprobación. Independiente, ilimitado que **excluye cualquier relación.** Lo que no es sino **ante sí mismo. Separación total**'[105].

---

105 El destacado en negrita es mío.

Hay más:

> Joan Corominas y María Moliner hacen derivar la palabra *soltero* del participio latino *solutus* del verbo *solvere* ('desatar, soltar'), en español *suelto*. Del antiguo *suelto* se derivaría *soltero*, aplicado en un principio a las riendas, a los presos y, a partir de mediados del siglo XIII, aplicado al 'no casado', en sentido de 'suelto, libre y sin compromiso'. Esta idea de *soltero* > *suelto* (y no *solitario*) se refleja también en la etimología de la palabra alemana para *soltero (ledig)*, que proviene del alto alemán medio *ledic*, que significa 'elástico', 'que se mueve sin impedimento', 'que tiene libertad para mover sus miembros'. Tenemos en castellano un proverbio: *El buey suelto [solo] bien se lame*. La misma palabra *absoluto* significa también **'desligado de todo', 'no dependiente de nada'**; como contrario a *relativo*, que se define en relación con otra cosa...[106]

Locuciones que conocemos incluyen el término en cuestión: "cero absoluto" (como valor de temperatura), "presunción absoluta" (en derecho: que no admite prueba en contra), "poder absoluto" (despotismo, absolutismo), "oído absoluto" (en música: habilidad, memoria auditiva por la capacidad de identificar una nota).

Los sentidos que se desprenden del vocablo *absoluto*, tan rico como hemos visto, sumados a la palabra *hija*, me permiten desglosar una serie de modos de vincularse de ambos extremos en tensión, por semejanzas y disimilitudes de las dos posiciones. Es decir, si bien toda hija no es madre, toda madre siempre es hija. Esa disyunción está encerrada en la palabra *absoluto*: mientras el verbo *solvere* dice 'soltar, desvincular', el prefijo *ab* redobla la apuesta: 'separación total'.

Llamo "síndrome absoluto-hija" (tachando la palabra *madre* en este mecanismo de pensamiento) para marcar justamente esa imposibilidad de abarcar el término *absoluto* como un irrepresentable, que por un lado indica 'independiente, ilimitado', y por otro lleva un prefijo de negación. Remarco esa propiedad del concepto que se organiza desde una antinomia insoluble.

---

[106] http://www.hispanoteca.eu/Foro-preguntas/ARCHIVO-Foro/Soltero.htm. El destacado en negrita de la cita es mío.

Nace de ahí ese desacuerdo inevitable que oscila en péndulo: va y viene del amor al odio. O se congela en un punto: la hija consagra a la madre. O se paraliza en otro: la rechaza. Ya se siente amenazada/acosada por la madre tanto en los gestos amorosos como en la indiferencia. Siempre queda un resto. Ya resiste, ya se aleja. La amenaza para la mujer hija siempre está latente.

El amor a ese primer objeto vital, la madre, se plantea así como "un absoluto" porque no acepta (o no se contenta) con fragmentos amorosos. Es siempre una demanda de amor pleno, de satisfacción total que no deje resquicio para la decepción —que naturalmente llega— y con hostilidad, hacia otros (pareja, amigos, hermanos) y —muchas veces— dirigido a la propia madre.

Es en el entramado intrafamiliar y transgeneracional de este vaivén amor-odio entre las mujeres del linaje en forma vertical (abuela, madre, hija, nieta) donde aparece explícita o implícitamente una emoción del orden de la desarmonía, del reproche.

La paja y el trigo

> ... creemos que el amor cuando es incondicional,
> cuando no da lugar al odio que conlleva,
> es la peor calamidad del mundo, o por lo menos lo es
> para aquellos que tengan que padecerlo[107].
>
> SEBASTIÁN LEMA

Freud nos enseñó que la madre es el primer objeto de amor al que un bebé dirige su mirada desde que nace. Ese estado preedípico reclama amor exclusivo, exige todo, es incondicional. Y en ese punto comienza "la calamidad". Luego, en la etapa edípica la hija puede ver en la madre a su rival mientras seduce a su padre. Este proceso inconsciente lo conocemos desde la lectura de Freud del mito griego y la familia "disfuncional" que habrían podido construir un hombre, una mujer y un hijo (Layo, Yocasta y Edipo). Lo sabemos: el varón

---

107 El destacado en negrita es mío.

Mandatos familiares

tramita este suceso de odio al padre y amor a la madre sin el déficit que sí le queda a la niña. Ella debe dar la espalda a quien está prendida desde la primera mirada: la madre. Y el complejo de Edipo le deja para siempre una huella, a veces suave por donde deslizarse, a veces calamitosa.

Nunca mejor elegida la palabra que abre la cita de este párrafo: *calamidad* —dice el diccionario— es un infortunio colectivo. Transgeneracional, agrego yo: de abuela a madre, de madre a hija...

La transmisión histórica entre los miembros de un clan ha sido posible por costumbres, creencias, acciones, relatos y por todos los saberes no relatados, pero transportados de inconsciente a inconsciente a lo largo de los árboles genealógicos que constituimos. Entre todo lo aprendido culturalmente, sabemos de una práctica que viene de los antiguos agricultores al hacer su trabajo, una labor básica: separar la paja del trigo.

Efectivamente, esa acción de limpieza necesaria para una buena cosecha implicaba —y aquí la palabrita en cuestión— quitar del medio la caña o paja: del latín *calamus*. Mucho tiempo y dedicación se ponía en esa tarea de trilla, y también se requería de mucho cuidado porque se conocía la amenaza a la que estaban sometidos los trabajadores: que los vientos soplaran desde el mar y volvieran a mezclar lo inservible con lo nutricio, una sustancia con otra, lo excluido de lo bueno. Separar el *calamus* del trigo era un compromiso que garantizaba la calidad de la cosecha, pero que muchas veces resultaba infructuoso. De ahí el sentido que hoy damos al término *calamidad*: 'daño extendido, azote'.

El lugar de hija en el vínculo absoluto con la madre deviene en calamidad. La fusión (mezcla de paja y grano), la espera de amor incondicional, la frustración permanente ante la necesidad de mirada, alimento, voz y cuerpo son sensaciones que se acumulan en el sujeto hija y destapan el odio ante un reclamo insatisfecho. Una calamidad. ¿De dónde proviene ese mayor/menor sentimiento de vacío? Del propio vacío materno en función de su propio lugar de hija. Esa cadena calamitosa repite la mezcla, vuelve a reunir en una fallida trilla la paja y el trigo.

Pasar por la trilla, separarse, habiendo transitado la desilusión, evitando caer en la idealización (madre es igual a perfección), sería de alguna manera aceptar que una madre y una hija no serán nunca amigas a pesar de sus esfuerzos, que debe mediar el estrago, que es preciso aceptar esa disparidad fundamental, separarse, construir una calamidad.

Muchas madres soplan vientos oceánicos (manipulación, dominación, victimización, parentización) y ahogan a la cría que aguarda en la orilla: al intento de liberación del lazo, la progenitora vuelve a mezclar las sustancias impidiendo la autonomía, la devastación que implica esa autonomía. Devastación absolutamente necesaria para constituirse como sujeto mujer. Ser absoluto-hija es esconderse en el cultivo cuando debe haber diferenciación entre paja y grano, esconderse y camuflarse, identificarse con la madre hasta perderse en el manojo donde ya no se sabe quién es quién.

Muchas mujeres siguen siendo "absoluto-hijas" porque no han logrado sobrevivir al trabajo de trilla. Siguen como las crías de los cocodrilos en las bocas de sus madres[108] y resisten el inminente trago (ser tragadas) sin atravesar el estrago (romper el idilio).

Si bebimos de la fuente primigenia plenitud, el camino se abre más o menos claro (esto es, haber bebido de una madre que ha sabido tramitar su propia calamidad con la suya). Si la madre trae su propia deuda como hija, trasladará ese "cheque sin fondo" a la generación siguiente. Esa situación se traduce como una suma de sensaciones de malestar en la hija que puede etiquetarse bajo la palabra *insatisfacción*. Una madre insatisfecha genera un vínculo con su hija de permanente búsqueda de un parche con el cual sellar el goteo: nunca se llena el cubo porque el agua se derrama antes del final. La depresión aparece entonces como la única respuesta.

Validar la mirada es una pretensión muy costosa: toparse una y otra vez con la frustración desgasta y aniquila. ¿Por qué se retorna? Porque aparece la tecla en *fase on* que viene programada para calmar la depresión.

Muchos lectores y lectoras en este punto podrían escandalizarse: ¿cómo es esto de poner en la misma línea de pensamiento madre y odio? Damos por inaceptable que madre es sinónimo de incondicionalidad (aunque hemos vivido más de un episodio donde se nos pidieron condiciones extremas para ser queridos/as), nos cuesta y duele creer que pueden atomizar a su cría y por eso alejamos la noción de vampirización o el ataque mortífero que una madre puede asestar sobre sus hijos.

---

108 Como ya mencionamos, en *El Seminario, Libro 17*, Lacan compara al deseo con "estar dentro de la boca de un cocodrilo: no se sabe qué mosca puede llegar a picarle de repente y va y cierra la boca".

Nos inquietamos visceralmente ante una noticia de filicidio[109]. ¿Cómo puede ser que una madre mate a su cría? Ante la naturalización que liga madre e hijos con amor, toda conducta que se desvíe es leída como una perversión del "instinto materno", un gesto de *in-humanidad*.

Cuando una madre se coloca en el lugar "lo doy todo", atención: reclamará todo. El dar en exceso de forma automática constituye uno de los signos de la imposibilidad de devastación. La trilla debe suceder para la salud de ambas mujeres implicadas en este proceso de separación.

Hija mayor, hija soltera/divorciada, hija sin hijos o hija que queda al cuidado de los mayores son algunas de las condiciones necesarias para que el escenario "absoluto-hija" ofrezca terreno más fértil y quede conformada la atadura. Hay otros escenarios posibles: madres victimizadas, dependencia emocional, mujer que se hizo madre sin alcanzar a separarse de la propia (que la habita como un fantasma), insatisfecha como hija que actualiza ese vacío en su descendencia. La madre-"cubo que nunca se llena" también fortalece el síndrome "absoluto-hija". La hija es la que se verá obligada a "emparejarse" con su madre y regresar a la díada original, en su propio desmedro. Cada familia tiene su receta para amalgamar los ingredientes hasta confundirlos...

Resulta interesante que, desde la ginecología, una doctora especialista nos diga: "Una mujer que tiene el valor de romper el **ciclo de martirio** asegura su propia salud y contribuye a que su hija u otros seres queridos hagan lo mismo. La única manera de enseñar a la hija a reconocer y expresar sus necesidades emocionales es hacerlo uno. Y cuando la hija vea esto, tendrá menos probabilidades de llevar la carga de su madre en su vida"[110].

Damos por inaceptables el odio, el sometimiento, la humillación, el ataque mortífero o mortal de una madre depresivo-dependiente: muchas cometen filicidio. Es noticia de titulares catástrofe que una madre mate a su descendencia.

Estado de reproche y desarmonía de la niña con la madre no implica mala relación o calificación sobre las bondades del sujeto madre. Esta apreciación teórica excede a la mujer en concreto que pudo hacer del maternaje la mejor

---

109 Medea representa uno de los mitos más fuertes sobre el filicidio.

110 Northrup, 2006. El destacado en negrita es mío.

de las tareas en marcha que ha puesto en su vida. Entiéndase este concepto para no desvirtuar la profundidad que se precisa alcanzar en tanto paradoja más simbólica: amor-odio entre madre-hija. Se trata más bien del enlace estructurante de esta relación.

Madres paradigmáticas

Comentadas algunas cuestiones del síndrome "absoluto-hija", volvamos a las madres... Hay un cuento que nos ofrece la galería completa de la Madre: tal vez en "Hansel y Gretel" podamos ver la evolución completa del arquetipo: en un primer momento expulsa a los niños de la casa-útero como la madre biológica cuando da a luz (ya dijimos que pasar de "madre" a "madrastra" atempera el efecto sobre la conciencia); como nutricia, ofrece la casita de turrones en medio del bosque y como madre devoradora o bruja intenta devorarse a los niños.

Dueñas (reinas y ogras) de la cocina, del cuarto propio, de los huertos y del cajón de los zapatos o la costura, gobiernan según sus propios aprendizajes cuando observaron actuar a sus madres y abuelas. Si tu Arquetipo es la Madre, ¿con cuál de estas figuras te identificás: la nutricia o la devoradora?

Hada o bruja conforman otras investiduras del mismo arquetipo materno. Criaturas con energías mágicas que desempeñan su rol de protectora, las hadas ofrecen protección, cuidado, cariño y dones; pueden ser tan reales como la buena madre que cada uno tiene internalizada e invoca en los momentos de crisis; pueden ser como la mítica diosa Deméter, representante de la fertilidad de la tierra, o mostrar su lado más oscuro: la Naturaleza devoradora que engulle a sus hijos.

Sea cual fuere, la presencia materna es fundamental para el desarrollo de la subjetividad. Las hadas protectoras circulan en varios cuentos y habitan —tal lo afirman las leyendas— en la Isla de Avalon (del galés *Avallach*, 'tierra de las manzanas'). Reino mítico —popular entre los celtas—, paraíso invisible para los ojos humanos donde las hadas practicaban artes curativas. Estas son en verdad entidades simbólicas que pertenecen al inconsciente colectivo de la humanidad y al inconsciente personal de cada individuo.

Amorosas, solícitas, guardianas. En los cuentos asumen los roles que ayudan a crecer mediante el amor, la leche y la miel, la protección y sustento espiritual. Tal vez ese sea tu mito personal: la de la mujer que disfruta cuidando de los más pequeños, escuchando, alimentando y aconsejando.

¡Independízate o te como!

A veces, la madre protectora tiene el porte de Reina; otras, es evanescente como un Hada. En cualquier caso, se manifiestan madres nutricias, dadoras. El alimento juega un papel central. "Los deseos toman la forma de comida en los cuentos campesinos, y esto nunca es ridículo"[111]. Cuando las posibilidades de seguir alimentando a los más jóvenes merman, las buenas madres ceden paso a las madrastras o a las malvadas brujas. Es la misma figura en el revés de la trama. Necesaria desilusión para partir del hogar y crecer.
La "sombra" de la buena madre es la actitud sobreprotectora o ultracontroladora. Es egoísta, en tanto no deja crecer para retener a los hijos más tiempo en el seno del hogar, en el dominio de su poder de reina-madre. Estos modelos maternos crían sujetos dependientes, que estiran su llegada a la adultez responsable y evitan desempeñarse en roles que exijan compromiso y madurez afectiva o, por el contrario, sujetos que pierden la oportunidad de vivir su vida por quedar pegados/atrapados al lado de la madre. La otra batalla con la "sombra" es perderse como mujeres. Son la contracara de Artemisa: aprender de ella a salir del confort, animarse a lo nuevo y a ganar espacios perdidos en el afuera.

Apelar a la fuerza amorosa que bebimos de las ubres repletas de amor materno cuando nacimos es posible en cada momento de crisis que atravesamos. Necesitamos recargar el alma de alimento seguro y protector. Alimento afectivo por excelencia. De ahí la costumbre de "una taza de leche tibia azucarada" para conciliar el sueño en noches de insomnio. Pero llega la hora, en algún momento, de emanciparse.

La imagen de la madre malvada (madrastra) aparece como necesidad de dar el salto cualitativo de salir de la casa: crecer y aceptar el reto de la inde-

---

111 Darnton, 1987.

pendencia. Salen al camino y nos gritan: "Independízate" Eso las torna feas y oscuras, mas constituyen el período fundamental para saltar otro peldaño en la subjetividad madura.

En Medea, la que sacrifica a sus hijos por venganza contra el marido que la deja de amar, podemos ver el eco de la bruja caníbal que planea devorar a los niños Hansel y Gretel, pero también a la madrastra que decide abandonarlos en medio del bosque.

Contrafigura del hada protectora, más bruja que madre, es iracunda y arbitraria como la Naturaleza misma. Devoradora, abusiva, abandónica, consume a sus hijos si estos se quedan apegados sin capacidad para crecer, ya por falta de recursos propios, ya porque la imagen materna viene como un "caballo de Troya" cargado de culpabilidad para quienes necesitan realizar sus propias experiencias alejados del hogar materno.

Buena/mala, luz y sombra, de integrar un diálogo entre los opuestos se trata, un diálogo interno en pugna por sumar las diferencias que abren la conciencia. La necesidad de perderse para encontrarse es un don que ofrece la función materna.

Será bueno convocar a las hadas protectoras cuando haga falta, ¡aunque contemos con noventa años! Siempre somos niñas cuando el corazón se oprime. Pero recordemos lo que dicen las autoras de *La Cenicienta que no quería comer perdices*[112]: "He de contaros que las hadas son gorditas, peludas y morenas, que están dentro de nosotras y que salen cuando dices ¡basta!".

---

112 Nunila López Salamero, con ilustraciones de Myriam Cameros Sierra.

Baba Yaga, el saber, Círculo de brujas

¿Por qué Baba Yaga es el arquetipo de la sabia?

Porque nos da la imagen de la tercera edad de la mujer (primero Virgen, luego Madre y al final Bruja). Su nombre ruso puede traducirse como "hechicera". Es el arquetipo de "la que sabe". ¿Y qué es eso que sabe? Pues, como la diosa Hestia, conoce las encrucijadas de la noche y el día, la vida y la muerte.

Este personaje oriundo de los relatos eslavos, de los escenarios nevados del folclore ruso, no será exactamente la vieja malvada, huesuda y arrugada de los cuentos con los que se asusta a los niños.

- Para nuestra lectura arquetipal, es la encarnación de la experiencia, más ligada a esas sombras que debemos vencer mientras atravesamos la infancia, somos jóvenes o decidimos procrear.

- Saber es dar el salto decisivo hacia la conciencia del "darse cuenta", no dormir como la bella asaltada por el íncubo ni dejarnos a merced de la anciana devoradora que habita la casa de dulces en el bosque.

- Arquetipo esencial para llegar a la madurez con el horizonte ampliado y la solidaridad de género desplegada.

¿Es Baba Yaga tu arquetipo personal?

> *Lo que espera el pensamiento más audaz no es la línea recta,*
> *sino el círculo; no la carretera limpiamente trazada,*
> *sino la vida dudosa de los meandros y vericuetos...*
> *quien renuncie a perderse renuncia a encontrarse.*
>
> Fernando Savater

Si tus amigas y familiares te consultan antes de realizar una tarea importante o de un viaje o para pedirte un consejo en medio de una situación difícil, sin duda te ven como a una Baba Yaga. No necesariamente anciana en sentido cronológico, sino experiencial. Intuitiva, cercana, comadrona en "partos complicados" (asumir un riesgo, cortar un vínculo, decir una verdad dolorosa), ahí necesitan tu presencia.

Si te resulta natural asistir, cuidar, aconsejar y abrirle el paso a quienes vienen detrás de tu camino, si en lugar del cómodo reposo de "anciana reina" o del papel de viejita víctima de la soledad o incomprensión de los jóvenes te sentís maduramente vital, activa, reflexiva y solidaria con tus hermanas de género, el arquetipo de la bruja se activa en tus patrones de conducta.

Las Sabias suelen ser rechazadas por las ignorantes que todo lo saben: no se trata de saberes enciclopédicos, no es cuestión de graduaciones universitarias ni de diplomas varios. La Sabia es compasiva, empática, buena oidora; la Sabia repara a corazón abierto, acompaña en silencio el trance de la partida y disfruta de la lluvia, la danza y los alimentos que la tierra nos ofrenda. Cuida el medio ambiente y los recursos naturales. Enciende el fuego y pone a hervir aguas salobres en calderos de tres patas: pasado, presente y futuro.

Llegar a vieja no es sinónimo de Sabia. Tener treinta años no es impedimento para ser Sabia. No es una edad, es un estado de conciencia.

Usamos "Baba Yaga" como nombre que reúna a otras brujas: las malvadas que son necesarias para desprenderse de miedos y apegos, las que guían por un risco abismal esperando el desliz del pie y la caída al precipicio, las que tienen señuelos para captar inocentes (casas de dulces, manzanas envenenadas). Podríamos poner otros modos de mencionar a la Sabia, pero cualquiera que elijamos debe estar ligado a la ancianidad (del alma, no del cuerpo), la experiencia, la intuición y la capacidad de elaborar ungüentos con "hierbas" que otros desconocen...

El arquetipo se activa cuando es urgente dar testimonio de pestes y peligros que se venden como recetas para la felicidad fácil y el amor exprés, cuando las muchachas jóvenes quedan como *zombies* aguardando el beso que las libere. Entonces, si una luz de conciencia brota desde la profundidad de un sueño o de la verdad revelada en un poema, ¡zas!, la Sabia reacciona y frena la equivocación en ciernes.

¿Baba Yaga se nace o se hace?

Como todo arquetipo, tenemos la semilla de la Curiosa, la Justiciera, la Deseante... Tenemos las potencialidades para alcanzar la sabiduría, pero algunas mujeres que transforman su vida de niña en doncella, luego en esposa y madre y nuevamente en niña giran en espiral sin poder completar el ciclo vital hacia la Sabia.

En los cuentos de hadas hay brujas de todo perfil y calaña: las travestidas en madrastras, reinas envidiosas, caníbales, pérfidas hadas que invocan maleficios o preparan brebajes imposibles. Están ahí porque son tan humanas como la dulce Gretel o la desgraciada Cenicienta. Habitan el interior del alma y ocupan esa zona que el "espejito, espejito" no alcanza a ver...

La Sabia maneja saberes ocultos no por ser ella misma un ser demoníaco o fuera de la ley, sino porque ha profundizado en lo más infernal de su propia psiquis y ha salido recompensada de unas dotes que solo se encuentran descendiendo a los infiernos: dolor, crisis, abuso, desprotección, intemperie emocional, enfermedades.

Son "iniciadas", pero no como sinónimo de esotéricas, sino como viajeras en la profundidad del inconsciente colectivo.

Aprender de las experiencias, cultivar la gratitud, desenmascarar los abusos, servir al prójimo, estar atentas a las trampas debajo de los colchones mullidos, evitar el sopor de largas esperas sin accionar por nosotras mismas son algunas de las tareas para ir tomando nota a lo largo del viaje iniciático.

Hay etapas en las que es preciso averiguar "qué es ser mujer", pero quedarnos en esa pregunta y hacer de nuestro ombligo el universo nos aleja irremediablemente de la Sabia.

Los arquetipos se superponen como hojaldre. Tenemos en el fondo del caldero todas las semillas y la libertad de hacerlas madurar con fuegos suaves o intensos, a unas y a otras, antes o luego. Cada sujeto hace su recorrido.

Las Sabias suelen ser mujeres resilientes. Supieron de abandonos y se convirtieron en la bruja de Gretel; conocieron el descuido y tomaron los ropajes de las madres torpes o abandónicas; sintieron envidia o resentimiento ante otras mujeres y terminaron con los zapatos de hierro incandescente de la reina madrastra de Blancanieves. Porque atravesaron esos infiernos e integraron esas fuerzas a su ego maltrecho murieron para poder renacer transformadas.

Son resilientes porque hicieron del viaje de la Heroína un camino de regreso para entregar como frutas jugosas la experiencia a los demás. Son resilientes porque recuperaron el fuego a partir de las cenizas del dolor, la lucha, el maltrato y la hoguera del prejuicio propio y ajeno.

Se "nacieron" Baba Yaga luego de sentirse una Alicia amenazada por la Reina de Corazones, Rizos de Oro vigilada por los osos o Cenicienta huyendo al dar las doce campanadas, es decir, luego de descender a la noche profunda del alma, al mundo de los muertos. Tal vez el de la Sabia sea el arquetipo con mayor convicción de ser encarnado. Optar por dar lo acumulado en las vivencias, abrir el camino, formar semilleros.

Baba Yaga sabe reunirse con otras mujeres sin importar la edad y, en círculo, tejer, curar, danzar o cantar plegarias. Aquelarres temidos por los hombres que no aprendieron a desarrollar su costado femenino o mujeres falocéntricas. Sus reuniones circulares son pura energía de la tierra en ebullición que une cielo y raíces.

Como Sabias, aprendieron el poder de la alquimia: conocen que todo es energía y la materia es maleable, transformarla es parte de la vida, mezclar los elementos y poner el *pharmakon* ('veneno' y 'remedio' a la vez) al servicio de la comunidad.

La Sombra de la Sabia

Tiene fama de bruja y ese mote no acumula buena prensa en la historia de la humanidad. La Inquisición las relegó a las hogueras de la intolerancia desde siglos inmemoriales y el arquetipo empezó a cuidarse disfrazándose de frívola adivinadora o falsa mística. Si manipula las verdades, si especula con los resultados para su propio provecho, si se guarda un saber por miedo a ser copiada o superada, se la traga la "sombra".

Creída de su poder, puede volverse autoritaria y reina absoluta de una secta: nada que quede por fuera de su experiencia es válido. La Sabia se ha degradado y ha vuelto a la más básica de las ignorancias: la invalidación de la libertad ajena.

Ayer eran las mujeres temidas, respetadas y consultadas: inaudito para la autoridad machista de cada período histórico. Y a modo de camuflaje las Sabias perdieron intuición y "racionalizaron" sus saberes. Vendidos como mercancías horoscoperas o mancias diversas, abandonaron los saberes intuidos con el corazón de la conciencia expandida y compraron "autoridad" en la realización de tareas menos salvajes y más ordenadas (en el doble sentido, de salida del caos y de respeto a las reglas de "la civilización"). Se alejaron de cuentos y leyendas y ya dijeron las verdades de siempre con términos médicos, filosóficos o académicos. Olvidaron los misterios de arcanos y mitos, de viejas metáforas y cuentos ancestrales. Perdieron la brújula del alma humana.

"La intuición es el tesoro de la psique de la mujer. Es como un instrumento de adivinación o una bola de cristal, por medio de la cual la mujer puede ver con una misteriosa visión interior. Es como si tuviéramos constantemente a nuestro lado a una sabia anciana que nos dijera qué es lo que ocurre exactamente y si tenemos que girar a la derecha o a la izquierda. Es una variedad de *La Que Sabe*, de la Mujer Salvaje"[113].

---

113 Pinkola Estés, 2002: p. 105.

¿Qué mensaje tiene el arquetipo de la Sabia?

> *El baile para ellas muchas veces es la oración que rezan al universo,*
> *por eso danzan con el cuerpo, con los pies y con el alma.*
> *Y Dios las escucha y las ve y las ama; se inunda*
> *de un sentimiento del cual él no era hasta entonces consciente.*
> *El baile y el rezo sanan.*
>
> Paula Durán Hurtado

Viaja y regresa del viaje para entregar lo aprendido a los demás. Carga una alforja visionaria de sus propios abismos, comprende el dolor y comparte la alegría. Puede ser Guía, Alquimista, Profetisa. Su tarea es dar beneficio a la humanidad: transmite un modo de leer la realidad, fe en el mejoramiento humano y capacidad de multiplicar los dones. Como Liz Acalay, hechicera y cuidadora del medio ambiente, balsa de resiliencia, Maestra amorosa...

Es Artemisa y es Casandra; artesana y comadrona; compañera de ruta y chamana; gurú y maestra espiritual. No es ni santa ni mártir. Pero puede ser la maga Circe o Uzume[114] o Dhanvantari[115].

Dijimos que no hay edad para ser Sabia, pero indiscutiblemente hay que vivir la vida para extraer el jugo de la experiencia, por eso suele ser un arquetipo de mujeres en la tercera edad, con su corona de menopausia que probablemente le ha permitido la madurez para aceptar "sus penas y alegrías, sus logros y fracasos"[116].

---

114 Diosa japonesa de la danza y la alegría.
115 Deidad hindú acreditada como la maestra de la medicina de la humanidad.
116 Shinoda Bolen, 2000: p. 130.

Sanar / Medicina con palabras / SHEREZADE

¿Por qué Sherezade es el arquetipo de la sanadora?

Porque cura narrando, cantando, inventando historias. Supo escapar de la muerte con la amorosa vocación de contar fábulas que dejaban el suspenso del final antes del alba: su estrategia amorosa para que los desconfiados recuperen la fe.

- ¿Te identificás con este tipo de sujeto que hace de la palabra su don?
- ¿Dirías que atravesaste el dolor de la pérdida y el paraíso de la resiliencia?
- Para reconocerla, observá: es la que puede reparar heridas porque primero fue herida.
- Restaura el cuerpo, la mente y el espíritu con una medicina al alcance de la boca: la palabra.
- Aplaza el final de las historias aguardando a que el otro madure sus emociones. Lo hace con bálsamos secretos que conoce de los cuentos de sus ancestros y logra la transformación.
- Sabe que el arte cura, por eso se define como cuentacuentos, juglar/juglaresa, poeta, sanador/a, mística/o y profeta.

¿Es Sherezade tu arquetipo?

Vive el momento presente y céntrate. Sé una observadora intuitiva y recurre a tu memoria. Confía en tus presentimientos y deja que la sabiduría te guíe.

Jean Shinoda Bolen

Si amás la Palabra, con mayúsculas, y considerás que hay medicina en el poder de esa herramienta tan delicada creada por la humanidad. Si el ansia de estudiar y comunicar te corre por las venas. Si en un cuento descubrís la clave de tu existencia, el arquetipo de la Sanadora con ficciones es tu patrón de conducta.

Aparece en cualquier momento de la vida y en cada etapa del desarrollo: cuando pedimos de niñas más cuentos como si fueran golosina, cuando elegimos la tarea vocacional de *contar para vivir*, cuando el universo se te figura una biblioteca de papel y de voces, cuando saboreamos las palabras como cerezas en la lengua, cuando te sentís contemporánea de Kafka, Safo, Esopo, Homero, Virginia Woolf.

En China hay una antigua tradición de un tipo particular de juglares: los hacedores de adivinanzas. Poetas trashumantes que recorrían los caminos, pueblos y aldeas despertando conciencias con sus acertijos. Sherezade fue —sin duda— discípula de aquellos magos de los sentidos.

Y hay cuentos en los que los obstáculos a superar por el protagonista se resuelven satisfactoriamente si se sabe contar un cuento: "Quiero un poco de comida y una cama de dormir, vengo muy cansado", exclama un hombrecito al dueño de casa a través de la ventana entreabierta. "¿Sabes contar un cuento?", responden de adentro. Y si tiene en su alforja de experiencias esa moneda de oro que es una historia, será bienvenido al calor de la chimenea.

Hay personas que se salvan escribiendo, otras que no alcanzan a sanarse y llenan sus bolsillos de piedras antes de decidir arrojarse al río. En tiempos de Eurípides, los atenienses se aprendían estrofas de memoria para vencer (y salvarse) como prueba impuesta por los captores en las guerras: "Salvar la vida y recuperar la libertad a cambio de recitar unos hexámetros".

Todas, todos, somos en algún punto Sherezade. ¿De cuántas muertes reales e imaginadas huimos leyendo y "contándonos" el cuento?

La Sanadora de las mil y una historias

El argumento es archiconocido: las historias se enlazan para que la sorpresa del final se aplace y la muerte quede relegada por un nuevo cuento. Durante años el sultán degollaba a sus esposas para evitar infidelidades, hasta que apareció en su vida Sherezade con el mejor ardid: interrumpir y dejar flotando el deseo. Intercalaba leyendas de reyes diversos y orígenes milenarios: árabes, sufíes, persas, hindúes, judíos y egipcios. De cacerías, navegantes, genios, lámparas mágicas y erotismos ardientes. Todo estaba en la boca de Sherezade.

Narraba y acariciaba con las palabras, besaba con las historias, abrazaba con los colores de las sedas y los sabores del azafrán. Transformó el temor a la deslealtad que patológicamente sufría su amado en voces apasionadas: sanó el alma enferma del sultán y lo hizo renacer.

Sherezade hace serie con otras grandes de la "medicina espiritual": Safo, Hildegarde de Bingen y Cristine de Pisan —narradoras en la oscura y misteriosa Edad Media—, Violeta Parra, María Elena Walsh y Silvina Ocampo, que en *La promesa* narra desde la voz de una mujer que se cuenta historias a sí misma para no ahogarse en medio del mar, abandonada a su suerte, tras caer de un barco.

Y son hermanas de Sherezade las amigas protagonistas de esa novela espectacular y cruda que es *El abanico de seda*. Allí, las dos chicas se cuentan historias en secreto en los pliegues del adorno femenino. Lo mismo que sucedía con la escritura en clave de *El libro de la almohada*, diario escrito por la autora japonesa Sei Shōnagon, dama de la corte de la emperatriz Sadako, hacia el año 1000. ¡Hace más de diez siglos!

Todas parecen decir con Tolkien: "Fue en los cuentos de hadas donde por vez primera descubrí la potencia de las palabras, y la maravilla de las cosas, como piedra, madera, y hierro; árbol y césped; casa y fuego; pan y vino"[117].

¿Tiene sombra Sherezade?

Por supuesto que sí. La "sombra" del Cuentacuentos es convertirse en cuentero, que no es lo mismo; es fabular todo el tiempo, perder la moderación y hacer de la mentira un modo de vida que lucre con la fantasía ajena. Caer en la tentación de hacer mal uso de la habilidad de contar cuentos para ventaja personal o inventar una historia para ocultar una verdad. Hipnotizar el criterio personal, crear falsos dioses, adular y esperar recompensa por llevar una historia al auditorio ansioso de medicina emocional.

También se puede adolecer de ceguera emocional: cuando no se toma conciencia, cuando nos salteamos el paso por el infierno, cuando esquivamos la noche oscura del alma, cuando desviamos los pasos que necesariamente nos deben conducir al bosque desconocido, estamos en un estado de imposibilidad de sanar con la palabra a propios y ajenos... Para tener la capacidad de *auto-narrarse* hay que mirarse al espejo y decirse la verdad, hacer un lindo paquete con el cuento de familia e infancia perfectas, arrojarlo de nuestra mochila al exterior y empezar de cero.

La "sombra" de este arquetipo se manifiesta a través de la incapacidad de vivir de acuerdo con la ética de sus relatos, o usarlos como abuso de autoridad o forma de control, corrupción o desvíos del alma, cuando le ponemos precio a esa transfusión de corazón a corazón que es regalar una historia que transforme el frío en un caldero, la pobreza en un palacio, el maltrato en protección.

Marmitas con fabulosas historias, personajes aventureros, viajes soñados, espadas mágicas, *simbades* y *odiseos*: todos los cuentos se cocinan en el inconsciente colectivo y hay reservorios en las alforjas de todos los pueblos dispuestos a curar con palabras.

---

117 Tolkien, 1988.

El *Decamerón* fue el resultado de la huida al campo para salvarse de la peste y llenar el tiempo con narraciones para que la memoria universal no quedara enterrada entre tanta pestilencia que asolaba Europa.

El acto creativo permite, al igual que el sueño, la realización de deseos y el análisis de la realidad. Permite la creación y recreación de un objeto dañado. En este sentido se considera a la creatividad como un principio reparador.

El arquetipo integrador

En *Si una noche de invierno un viajero*, la novela de Ítalo Calvino publicada en 1979, se juega con el deseo de los lectores: como una vuelta de tuerca de *Las mil y una noches*, el amor nace entre Ludmila y el Lector al compartir horas y horas de historias narradas, ambos motivados en un mismo libro. La oralidad de Oriente ha dejado paso al papel impreso, pero dos seres palpitan juntos las historias que se relatan en el volumen fallado de la imprenta y prosiguen unidos en medio de la agonía de tener todos los cuentos fragmentados.

El tiempo transcurre, el libro media entre ellos. "... marido y mujer, Lector y Lectora. Una gran cama de matrimonio acoge lecturas paralelas. Ella cierra su libro, apaga su luz, abandona la cabeza sobre la almohada: 'Apaga tú también. ¿No estás cansado de leer?'".

Misma escena, hombre, mujer, dormitorio y libro en *La lectora*, la película francesa de 1988 dirigida por Michel Deville. En esta comedia de doble juego, ficción y "realidad" se cruzan y el erotismo vuelve a ser el ingrediente más nutricio de los encuentros amorosos. Constance es una chica a la que le gusta leer. Tiene entre sus manos la novela *La lectora* y se identifica con María, su protagonista.

Fantasías, goce, un paso profundo en el conocimiento, en los placeres, la provocación y el descubrimiento de una elección común: la lectura. Una pareja que se dispone a dormir cuando él le pide a ella que le lea un libro, justamente titulado *La lectora*. En la novela leída, una chica decide buscar trabajo como lectora para otras personas, y comienza su periplo de clientes: adolescentes que se enamoran de su dicción, viejas malhumoradas, ejecutivos y jueces aparentemente respetables que son lobos disfrazados de corderos...

Erotismo puesto en marcha gracias a la pasión por leer.

Viene desde el origen de los tiempos, llega hasta nosotros, la fascinación por la palabra enciende fuegos y vuelve a contarnos el cuento de aquellos tiempos dorados de la infancia, ahora con voces de nuevos rituales.

¿Te identificás con la hechicera de palabras, la sanadora espiritual, la narradora eterna de Sherezade? No olvides apelar al resurgimiento de este arquetipo cada vez que la magia te convoque.

Calderos para cocinar saberes

> *Un buen puchero vale más que cualquier filosofía mentirosa.*
> RENÉ DAUMAL, EL MUNDO ANÁLOGO

> *Se avanza cuando se cambia la pregunta.*
> *La respuesta es casi rutina.*
> JORGE WAGENSBERG

Volvamos al inicio y al valor de dar de leer como dar de comer. Los calderos ya están humeantes a esta altura de las páginas... Hemos leído y releído, pensado y buceado en nuestro inconsciente más profundo para hallar el "mito personal" que se nos activa en determinadas circunstancias, ante específicos detonantes de viejas llagas que con tenacidad permanecen en nuestro inconsciente, los mandatos escritos con la letra de la sangre familiar.

El objetivo de estas páginas es animarnos a la introspección y a la aventura del autoconocimiento. Para ese trabajo debemos estar dispuestas, comprometidos, a encender fuegos internos y volver a cocinar, a saborear y a digerir situaciones atravesadas en cada etapa vital.

Montaigne decía que enseñar a un niño (y a un adulto, agrego yo) no es llenar un vacío sino encender un fuego. ¿Qué brasas siguen encendidas de la niña que fuiste? ¿Qué "princesa" se pone en acción ante las relaciones amorosas? ¿Tu estereotipo de madre coincide con el que construiste en tu lazo como hija? ¿Sentís que la sabiduría sanadora de las Ancianas forma parte de tus decisiones? ¿Te sentís un héroe o un villano? ¿Cómo creés que te ven en tu clan: vengador de injusticias o pacificador de entuertos?

Sigamos avivando el fuego... Que el caldero —ese cuenco de hierro donde vapores y aromas entran en maridaje perfecto— hierva y cruja sobre los leños simbólicos de la memoria. Que el humo de los brebajes (recuerdos, dolores, responsabilidades, miedos, alegrías) nos traslade como en éxtasis chamánico a ver otras realidades que nos habitan y no vemos.

Cuchara mítica y círculo de aprendizajes para que el sujeto mujer no deje de construirse y sea instrumento de transformación de las niñas a las jóvenes, de las madres a las abuelas, capaces de cocer ingredientes que fortalezcan a toda una comunidad, solidaria, amorosamente.

Hadas, Princesas, Brujas, Diosas: ¿nos sentimos capaces de pasar el legado de la experiencia personal tendiendo lazos entre el inconsciente colectivo y el presente? En la profundidad del caldero hay conocimientos a punto de hervor y un festival de hierbas sanadoras: el abrazo, la danza, la protección, el renacimiento, la música, los cuentos, el perdón, la conciencia, la empatía con quien sufre, la amistad, el reconocimiento de la "sombra", la gratitud, el rezo...

En las barracas hacinadas del nazismo la estrategia —una de tantas— para provocar el aniquilamiento de las personas entre sí fue armar grupos de cinco mujeres: todas diferentes en edades y experiencias, deseos y fuerzas. Viejas, maduras, jóvenes y adolescentes, niñas. Los asesinos creían que entre ellas se comerían. Pero sabemos que la solidaridad ganó la partida y por eso hubo más sobrevivientes en los campos de mujeres que en el de los varones. En uno de los grupos, cierta noche helada, una muchacha ardía de fiebre, pedía agua en su delirio. Nada había para calmar su sed y sus dolores. La desesperación de sus compañeras por aliviarla no encontraba solución. La más anciana empezó a recordar su libro de recetas de cocina: ese caldo, esos sabores, los potes de conservas y especias. Las demás imaginaban la escena. Era como si el recetario hubiese cobrado vida en la oscuridad del miedo. Convocaron la memoria afectiva, gustativa, olfativa, amorosa y familiar de otros tiempos. La boca se les hizo agua... También a la chica que se incendiaba de fiebre: al oír el relato de cocinas y mesas tendidas empezó a fabricar saliva, agua sanadora, fresca como de manantial. Y pasó la noche y despertó fortalecida.

Esta historia es verídica: al final de la guerra, la chica salió del campo de exterminio y trabajó como enfermera de la Cruz Roja. Allí conoció a un hombre que la enamoró con sus relatos. Resultó ser el hijo de la anciana que acabó sus días en la barraca de la ignominia. Vida y muerte. Círculo perfecto coronado por el amor. Cuando elegimos pareja, estamos completando las ramas del propio árbol inconcluso, estamos reparando heridas y dotando de sentido a los frutos nuevos...

Luego del periplo de cada viaje al inconsciente, la experiencia nos devuelve a la orilla, renovados... En el caldo espeso/espejo de la memoria cada persona sostiene la brasa del altar en que mutamos, regeneramos, ofrendamos nuestra mejor energía.

Final que es comienzo

> *Sé que pendí del árbol que movía el viento,*
> *durante nueve noches...*
>
> JORGE LUIS BORGES

Había una vez se dice también: "Hace mucho tiempo cuando no habían nacido los abuelos de tus abuelos", "Hace tiempo, en los días de los gigantes", era la frase en Escocia antigua; y la entrada árabe es casi una plegaria: "Érase la albahaca y el lis en el regazo de nuestro Profeta"; en el clásico de Cervantes escuchamos a Sancho: "Érase que se era, el bien que viniere para todos sea, y el mal, para quien lo fuere a buscar"[118]; "Érase que se era, érase Dios en todo lugar", rezan los marroquíes; "Mucho antes que nosotros, en un país lejano, mucho más lejano que el monte Ararat", decían los armenios antes de sentarse a narrar. En México todavía dicen: "Este cuento que les voy a contar me lo contaron mis mayores ¡y a ellos se lo habían contado!". Y esta es la bella fórmula de los pueblos eslavos para iniciar sus cuentos: "Era en los tiempos en que los gatos llevaban zapatos".

---

118 Cervantes, *Don Quijote de la Mancha*, en la voz de Sancho cuando da inicio al cuento del cabrero.

Comienzo y cierre. Como la imagen de la serpiente que se muerde la cola, anillo mágico, uróboros[119] infinito, mandala del universo, todo final es un recomienzo. Eterno Retorno.

Si llegaste hasta acá, es porque decidiste profundizar en la identidad en busca de "tu mito personal". Releíste bajo esta luz los cuentos de la infancia y recuperaste espejos en los personajes de la Grecia clásica. Reconociste imágenes arquetípicas en las princesas, los reyes, las diosas y algunos personajes de las películas que viste.

Te animaste con la "sombra" y los obstáculos que estaban interfiriendo en tu realización. Supiste en carne (y alma) propia que los dragones existen y que podemos vencerlos. Actualizaste miedos y afrontaste las consecuencias con nuevos dones de buenas hadas para ganarle la batalla a eso que llamabas "destino".

"Vaciaste la papelera" y *des-aprendiste* patrones inculcados desde el vientre materno para escuchar tu centro del corazón. *Des-programaste* creencias y mandatos. Advertiste que había otros caminos alternativos al bosque impenetrable y peligroso: atravesarlo vale la pena, pero siempre hay que hallar la salida, no girar en espiral hasta perderse...

Supiste que la resiliencia es esa fuerza que te da la oportunidad de trascender el dolor, confiar en un guía y alcanzar la transformación interior. Te nombraste heroína de esta etapa de tu vida o héroe triunfante tras la batalla del ego; tal vez Princesa, tal vez Madre, Anciana o Juglar. Renunciaste a paradigmas viejos y renaciste otra vez para asumir nuevos compromisos, viajes o desafíos. Tareas imprescindibles para la autosuperación y el crecimiento.

"Lo más extraordinario del Robinson Crusoe de Defoe es que uno no se contenta con leerlo. [...] Lo que da fuerza y valor a esa obra es que suscita una necesidad irresistible de reescribirla. De ahí que existan innumerables versiones. [...] Hay en algunas obras maestras, y por ello figuran en primera línea de la literatura universal, una incitación a crear, un contagio

---

[119] El uróboros (del griego *oyrá*, 'cola', y *borá*, 'alimento') es un símbolo que muestra a un animal con forma de serpiente que engulle su propia cola; simboliza el ciclo eterno del tiempo y la continuidad de la vida en un ritmo cíclico de nacimiento/muerte/nacimiento...

del verbo creador, una puesta en marcha del proceso inventivo de los lectores"[120].

Que las velas de tu nueva embarcación renovada como lectora, como lector, soplen vientos de dicha. En sincronía con esta afirmación, te regalo una experiencia personal que viene "a cuento".

> Hace mucho tiempo escribí un cuento que circuló como un relato oral. Lo leí en tertulias literarias, talleres, escuelas, programas de radio. Me lo pidieron para reproducir en un periódico rural de Uruguay. Fue y vino de boca en boca. Lo recuperé de viejos papeles manuscritos. Lo reescribí, le cambié cuatro veces el título en casi los veinte años transcurridos desde la primera versión[121]. Escribí muchos otros cuentos que se fueron publicando en textos escolares, en antologías para primeros lectores y como relatos de amor para adolescentes. Ese otro seguía esperando sin publicarse.
> Ese que hablaba de mujeres y marmitas, de alimentos y de niños, continuaba guardado. No lo publicaron en ninguna editorial para niños porque "el mensaje" (sic) era para grandes. No lo publicaron en una antología de cuentos para adultos porque parecía un "cuento maravilloso, para niños" (sic). Como editora de larga experiencia sé de esos y otros argumentos y al recordar esas escenas no puedo menos que sonreír...
> Hoy celebro rescatar ese cuento perdido en alguna carpeta que le sirvió de cofre en estos años. Artemisa me da cada día una nueva dosis de aprendizaje en la espera: gran escuela para *las dianas* siempre urgentes en dar con el objetivo, en disparar el flechazo. Había que llegar al cumplimiento del tiempo necesario. Este libro, cocinado en calderos de tantos fuegos, era su santuario, su ofrenda, su corazón. Y por eso he decidido que cierre las páginas que desandamos hasta aquí.

---

120 Tournier, 1982.

121 "Soltar la lengua", "Quilt", "La estrategia del tapiz", "Mandalas".

Tejedoras

I

Como hace muchos años, las mujeres se habían vuelto a reunir a la hora de la Luna alrededor de la enorme tela. En círculo, tomadas de cada uno de los extremos, tejían el retazo correspondiente a esa noche. Y, como todas las noches (¿cuántas habían pasado ya desde que sus madres, abuelas y bisabuelas y más, más atrás en el origen de los tiempos debían obedecer las órdenes del Patrón?), callaban historias viejas y nuevas, ocurridas y por suceder, verdaderas e inventadas.

Los pensamientos se entretejían a las minuciosas texturas, se hilvanaban las vidas a los colores del cáñamo, se ovillaban las lanas enredadas, se repartían las hebras de lino junto con las lágrimas, las aventuras y los sueños.

Agujas e hilos anudaban hasta la salida del sol misterios de aldea. Cuántos secretos familiares, cuánta intriga del pasado, tantos amores desencontrados...

Todas las niñas desde los siete años, las mujeres jóvenes de manos vírgenes y las ancianas de yemas gastadas se sentaban a tejer en un círculo de silencio.

Nunca supieron —ni ellas ni sus abuelas y abuelas de abuelas— cuál era la finalidad de la tela tejida, ni de dónde llegaban frescas y húmedas cada noche las hebras aromáticas, ni quién las recogía puntualmente para ser ovilladas al caer el sol.

Nada sabían, pero seguían tejiendo.

¿Para qué se usaría el tramado sin fin? Cada generación arriesgó sus ideas, pero en verdad nadie tuvo una respuesta.

Estas mujeres que tejen ahora piensan que será para alfombrar el paso del Patrón cuando vaya de pueblo en pueblo a recaudar los impuestos. O al menos eso les hicieron creer.

Las manos suben y bajan; la noche corre; las voces contienen las palabras: está prohibido abrir la boca.

Los Guardines del Secreto custodian el orden desde el otro lado del portón. El gran paño debe crecer en la oscuridad nocturna y el silencio.

Pero esa noche... Bastó que una mujer desafiara lo establecido y el círculo empezó a destejer la historia.

Y se hizo la voz.

II

—Alguien comentó que oyó decir en el Mercado que detrás de las montañas hay niños con hambre.
—¿Será eso posible?
—Todo es posible... Estamos encerradas en estos muros de silencio hace tantos años que nada de lo que sucede afuera nos resulta ya familiar —dijo la más vieja.
—Yo entré al Quilt hace treinta años.
—¡Shhh! Que no nos oigan. Más bajo... Yo hace cincuenta...
—Y yo la semana pasada —dijo la más pequeña del círculo—. Aunque me reencontré con mi madre y mi hermana mayor, extraño la casa.
—¡Shhh! Más bajito. Es una regla de oro, niña: se teje en silencio.
—Lo escuché hoy en el Gran Patio —dijo la que había hablado primero— mientras lavaba las hebras más sucias de la raíz del nogal. Como les digo: detrás de las montañas hay hambre.
Los ecos deshilachados de ese diálogo subversivo llegaron a las manos de quienes estaban del otro lado de la tela tejiendo con hilos de azafrán.
—¡Ey! ¿Qué pasa? Desde acá no se escucha bien...
El rumor fue creciendo. Algunas temían ser descubiertas y pidieron silencio. Otras ya habían abandonado su retazo y se unían al corrillo.
—Yo también sabía esa historia, pero nadie me lo contó, lo escuché en la letra de las melodías que los Trashumantes entonaron ayer por la tarde cuando se alejaban de la aldea. Estaba ovillando las fibras de cerezo cuando me distraje por el estribillo:

> Redondos canastos vaciados en el río.
> Semillas nuevas, hojas frescas, raíces tiernas.
> ¿Serán devueltas?

—Esas son canciones... No es la realidad.
—Sí, pero yo me enteré de lo mismo y sin música. Nada sabemos desde que nos trajeron al Quilt.
—Yo sí sé —dijo con un hilito de voz la nena más chiquita—. Hace siete días cuando fueron los Guardianes a mi casa, mis hermanos ya habían partido y mi padre aguardaba la llegada de los hombres que me traerían al Círculo de las Tejedoras.

—Se dice Quilt —la interrumpió otra niña.
—Muchos se fueron del pueblo a buscar mejores tierras —siguió, sin oír a la compañera—. Los que quedan están secos, muertos de hambre, más que débiles.
Las Tejedoras se acercaron. La rodearon. Ahí estaban su madre, su hermana mayor, sus tías, primas y su abuela.

III

El Quilt quedaba despoblado de mujeres cada tres años. El Patrón permitía que regresaran a sus hogares por una noche. Esto no era un gesto de libertad, sino una breve garantía de que alguna regresara embarazada y así continuar la fábrica de Tejedoras. La madre solo tenía permitido quedarse cuatro semanas con los críos y luego regresar al Quilt.
Si nacía varón, se dedicaría al cultivo, junto con el padre. Plantas, bulbos, raíces, frutos eran cuidadosamente cosechados para elaborar hilos.
Si nacía niña, al cumplir los siete años, ovillaría sus primeras madejas de arroz, que son las hebras más fáciles de desenredar.
No siempre había sido así. Las leyendas y los romances de viejos juglares hablan de un tiempo dorado con familias reunidas. Las pinturas casi borradas en la entrada de la ciudad también muestran escenas que testimonian ese paraíso perdido.

IV

Un viento seco hizo volar las pelusas blancas de las flores de azahar y algunas hilachas de hebras de naranjo y flor de amapola cuando el Guardián abrió bruscamente el portón:
—Mujeres, ¿por qué hay tanto ruido?
Nadie respondió. Todas conservaron su lugar al momento de reunirse en la rueda de murmullos. El Guardián no advirtió los movimientos: las mujeres que tenían encomendado hilar hebras de té estaban mezcladas con las que tejían hilos de menta; las ancianas que seleccionaban las nervaduras más fuertes de las cebollas sostenían hilitos de canela en sus dedos arrugados; las que habían empezado con hebras de castaño habían quedado con las que trenzaban filamentos de legumbres y hojas de zapallo.
Todo estaba desordenado, pero el hombre no conocía los sectores del Quilt. Estaba allí para cuidar el silencio.

—¡Silencio! —gritó con voz amenazante y cerró el portón.
Todas las miradas volvieron a la niña.
—¿Y qué más sabés?
—Que tiran habas, cacao y brotes de manzana por el acantilado. Y que algunos comen los frutos a escondidas mientras separan los hilos para traer al Quilt. Y que aquellos que fueron descubiertos tuvieron castigo, y que muchos rodaron con los canastos por el barranco, y que...
Las mujeres lloraban y ya no quisieron oír más.
Una morena, que hasta ese momento no había hablado, fue juntando del suelo y de las ropas de sus compañeras finas hebras. De cada madeja tomó un hilo: de mantecoso coco, de picante laurel, de azules algas. Hizo un bollo: mezcló, apretó, enredó y despeluzó. Ató, cortó, desmenuzó y escupió. Hizo una pasta que terminó de amasar en su lengua. Y descubrió sabores olvidados. Las hilachas habían soltado la sabia original, olían a tierra, a trigo antes de espigar.
Repartió un trozo a cada compañera y todas supieron que la enorme tela que corría a sus pies calmaría el hambre de sus hombres y de sus hijos.
Ellas sabían los sabores.
Pero ya despuntaba el alba. Habría que esperar a la nueva luna para tejer el final.

V

Fueron llegando como cada noche. Ocuparon sus lugares. En silencio.
Debajo de sus vestidos llevaban cuencos de madera, viejas ollitas, cántaros de barro, tazones, platos profundos, jarros, calderos quemados por muchos inviernos.
Y esa noche no tejieron.
Improvisaron hornos y hornallas, fuegos, fogones y brasas.
Sacaron como armas relucientes cucharas y espumaderas, coladores, morteros.
Las agujas evaporaban los jugos de las venas de tallos y de hojas.
Las marmitas calientes burbujeaban hilos de colores.
La gran tela fue repartida, picada, rehogada.
Las mujeres bailaron embriagadas de aromas y rebeldía y dicha.
Cantaron viejas nanas, inventaron adivinanzas, contaron leyendas.

Los ovillos se deshicieron en aguas salobres y hervores perfumados al son de músicas y coreografías largamente anheladas. Los hilos se fundieron en una leche espesa de té, polen, vainilla y maíz.
Las lentejas y las naranjas formaron una pasta sabrosa.
Codificaron señales y se asomaron a las ventanas estrechas con los cuencos.
Vapores sonoros hilvanaron una sopa gigante. Atraídos por el olor, muchachos, ancianos y niños se fueron reuniendo y esperaban detrás del Gran Muro.
Un caldo nuevo se desparramó por las callejuelas y bañó de alimento a los más ateridos.

VI
Amaneció. De la milenaria tela apenas quedaban briznas.
Y empezaba a tejerse otra historia.

VII
A veces, otros Círculos repiten los mismos mensajes de los mismos Patrones: tejer sin sentido ni saber para quién.
Otras veces, las conciencias despiertan, destejen la tela, recuerdan que ellas saben todas las recetas, danzan, se rebelan y destraban la lengua. Y dan de comer.

Apéndice

Esquema base del árbol genealógico

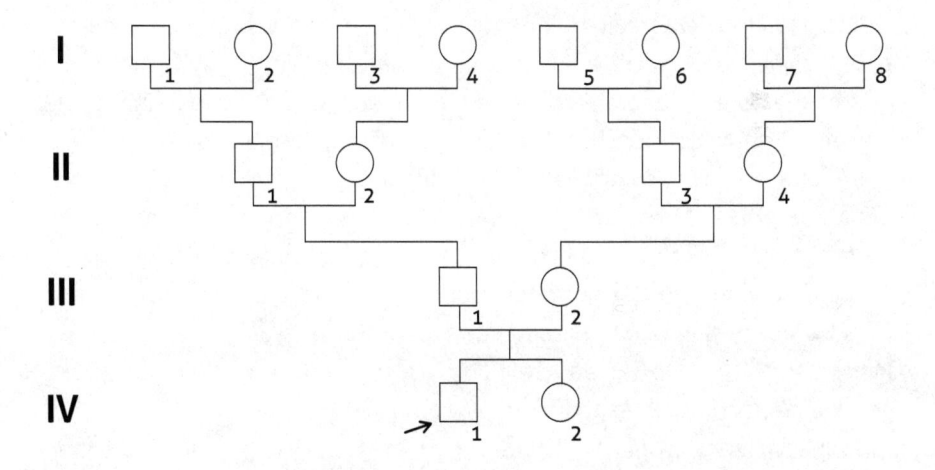

Acción de gracias

A mi mamá, que me alimentó con libros desde siempre, mi golosina preferida, e inauguró amorosamente mi biblioteca interna.

A los libros. A las lecturas que organizaron esta "hoja de ruta": Freud y Schützenberguer en el corazón de estas páginas.

Son de infinito valor los relatos de familia que (me) escucho y que escucho de otros, mis pacientes; y el trabajo de autoanálisis reflexivo sobre mi propia experiencia, siempre inacabado, permanente e interminable.

Mi reconocimiento a la energía sanadora que recibí en cada meditación con las Mujeres del Círculo: fuente de inspiración y aprendizaje en la humildad; y mi gratitud especial a mi Maestra, la licenciada Liz Alcalay.

Agradezco el estímulo de quienes me conocieron a través del libro anterior, *Secretos familiares*, que me alentaron a continuar ese trabajo.

A talleristas y consultantes que me brindan sus saberes —precioso almacén de reservas para seguir alimentando la capacidad de aprender— y me permiten profundizar en mis estudios sobre psicogenealogía, cantera riquísima para explorar y compartir las ideas que brindo en mis seminarios.

Mi abrazo fraterno por el apoyo de tantos amigos y amigas en la librería Morel: *LA* librería de la Ciudad Jardín donde elegimos vivir, en Colonia Valdense, un espacio único en este querido país, Uruguay.

Especial mención a la licenciada Cecilia Acevedo por sus gestos de entrega y generosidad acompañándome en cada presentación y en la difusión del libro anterior.

Sin el estímulo y la confianza de Del Nuevo Extremo, este segundo libro no habría llegado a su fin. Cuesta decir punto, dejar de corregir y cerrar una obra. Celebro que Carlos Santos Sáez sea mi editor. Valoro el cariño y predisposición profesional de todo el equipo editorial.

A mi compañero de vida, genuino eco de mis deseos, este libro tiene el duende de Alejandro Gorojovsky, *hombre-orquesta* mientras yo escribo. Nunca me alcanzarán las palabras para decirte gracias por tu amorosa cercanía y tu compromiso desinteresado con cada proyecto mío, que hacés tuyo...Te amo.

Bibliografía

ABRAHAM, N. y TOROK, M. (1978) *La corteza y el núcleo*. Buenos Aires: Amorrortu.

ALCALAY, Liz (2014) *El regreso al Círculo Sagrado*. Buenos Aires: Galáctica.

AULAGNIER, P. (1975) *La violencia de la interpretación. Del pictograma al enunciado*. Buenos Aires: Amorrortu.

— (1984) *El aprendiz de historiador y el maestro brujo*. Buenos Aires: Amorrortu.

BERMÚDEZ VALVERDE, Cristina y otros (2012) *Los cuentos de hadas y su simbología*. En http://diposit.ub.edu/dspace/bitstream/2445/33690/1/Los%20cuentos%20 de%20hadas

BETTELHEIM, Bruno (1980) *Psicoanálisis de los cuentos de hadas*. Barcelona: Grijalbo Mondadori.

BION, W. (1980) *Aprendiendo de la experiencia*. Buenos Aires: Paidós.

BOLLAS, C. (1987) *La sombra del objeto: psicoanálisis de lo sabido no pensado*. Buenos Aires: Amorrortu.

— (1989) *Fuerzas del destino: psicoanálisis e idioma humano*. Buenos Aires: Amorrortu.

— (1992) *Ser un personaje: psicoanálisis y experiencia del sí-mismo*. Buenos Aires: Paidós.

BRINGAS, Zamira Cintya (2006) "Un estudio arquetipal de los cuentos de hadas *Barba Azul* y *La bella y la bestia*". En http://www.ametep.com.mx/aportaciones/2006_abril_cuentos.htm

CALVINO, Ítalo (1982) "Las andanzas de un pícaro de madera", Revista *Correo de la Unesco*, París.

CAMPBELL, J. (1998) *El héroe de las mil caras. Psicoanálisis del mito*. México: FCE.

CHEVALIER, J. (1999) *Diccionario de los símbolos*. Barcelona: Herder.

CHIOZZA, Luis (2001) *Enfermedades y afectos*. Buenos Aires: Alianza Editorial.

— (2010) *Cáncer: ¿por qué a mí, por qué ahora?* Buenos Aires: Libros del Zorzal.

CIRLOT, Juan-Eduardo (1991) *Diccionario de símbolos*. Barcelona: Labor.

COOPER, Jean C. (1886) *Cuentos de hadas. Alegorías de los Mundos Internos*. España: Sirio.

COROMINAS, Joan (1987) *Breve diccionario etimológico de la lengua española*. Madrid: Gredos.

CYRULNIK, Boris (2002) *Los patitos feos. La resiliencia: una infancia infeliz no determina la vida.* Barcelona: Gedisa.

— (2005) *Bajo el signo del vínculo. Una historia natural del apego.* Barcelona: Gedisa.

— (2005) *El amor que nos cura.* Barcelona: Gedisa.

DAHL, Roal (1985) "Cenicienta", en *Cuentos en verso para niños perversos.* Madrid: Alfaguara, Altea.

DARNTON, Robert (1987) "Los campesinos cuentan cuentos: el significado de 'Mamá Oca'. Variaciones de un cuento", en *La gran matanza de gatos y otros episodios en la historia de la cultura francesa,* México: FCE.

DEL CASTILLO, Paola (2013) *La psicogenealogía aplicada. Cómo una saga puede esconder otra.* Barcelona: Obelisco.

DOWNING, Christine et al (1993) *Espejos del Yo.* Barcelona: Kairós.

EIGUER, A. y otros (1997) *Lo generacional.* Buenos Aires: Amorrortu.

ENRÍQUEZ, M. (1986) "El delirio en herencia", en *Transmisión de la vida psíquica entre generaciones.* R. KAËS y otros. Buenos Aires: Amorrortu.

— (1988) "Incidencia del delirio parental sobre la memoria de los descendientes", en *Transmisión de la vida psíquica entre generaciones.* R. KAËS y otros. Buenos Aires: Amorrortu.

EURÍPIDES [2005] "Medea", en *Tragedias I,* Madrid: Cátedra.

FAIMBERG, H. (1985) "El telescopaje de las generaciones. Acerca de la genealogía de ciertas identificaciones", en *Transmisión de la vida psíquica entre generaciones.* R. KAËS y otros. Buenos Aires: Amorrortu.

— (1988) "A la escucha del telescopaje de las generaciones: pertinencia del concepto", en *Transmisión de la vida psíquica entre generaciones.* R. KAËS y otros. Buenos Aires: Amorrortu.

FINN GARNER, James (1994) *Cuentos infantiles políticamente correctos.* Barcelona: Circe Ediciones. Disponible para ser leído completo en: algundiaenalgunaparte.wordpress.com/.../caperucita-roja-politicamente-correcta

FLÈCHE, Christian (2013) *Descodificación biológica. Protocolos de retorno a la salud.* Madrid: Gaia.

FREUD, Sigmund (1975-1989) *Obras completas,* Edición en 24 volúmenes. Buenos Aires: Amorrortu.

FROMM, Erich (2012) *El lenguaje olvidado,* Buenos Aires: Paidós.

GARCÍA GUAL, Carlos (1994) *Introducción a la mitología griega.* Madrid: Alianza.

GARZO, Gustavo Martín (2013) *Una casa de palabras. En torno a los cuentos maravillosos.* México (DF): Océano Travesía.

GINZBURG, Carlo (1991) *Historia nocturna. Un desciframiento del aquelarre*, Barcelona: Muchnik Editores.

GOÑI, Carlos (2001) *Cuéntame un mito*. Barcelona: Ariel.

GONZÁLEZ MARÍN, Susana (2005) *¿Existía Caperucita Roja antes de Perrault? Monográficos*. España: Salamanca.

GRAVES, Robert (1983) *La diosa blanca*. Madrid: Alianza Editorial.

GREEN, A. (1986) "La madre muerta", en *Narcisismo de vida, narcisismo de muerte*. Buenos Aires: Amorrortu.

HIGONNET, Anne (1993) "Mujeres, imágenes y representaciones", en *Historia de las mujeres en Occidente. Tomo 5: El siglo XX*, Georges DUBY y Michelle PERROT (eds.), Madrid: Taurus.

JACOBI, J. (1983) *Complejo, Arquetipo y Símbolo*. México: FCE.

JUNG, Carl (1997) *El hombre y sus símbolos*. Barcelona: Caralt.

— (1998) *Símbolos de transformación*. Barcelona: Paidós.

— (2001) *Recuerdos, sueños y pensamientos*, Barcelona: Seix Barral.

— (2002) *Los arquetipos y lo inconsciente colectivo*. Madrid: Trotta.

— (2004) *La dinámica de lo Inconsciente*. Madrid: Trotta.

LACAN, Jacques (1992) "Más allá del Complejo de Edipo. VII. Edipo, Moisés y el padre de la horda", en *El Seminario, Libro 17, El reverso del psicoanálisis* (1969-1970). Buenos Aires: Paidós.

— (1994): "El objeto fetiche. XI. El falo y la madre insaciable", en *El Seminario, Libro 4, La relación de objeto* (1956-1957). Buenos Aires: Paidós.

— (2002) "Del significante y del significado. XIII. La pregunta histérica (II): '¿Qué es una mujer?'", en *El Seminario, Libro 3, Las psicosis* (1955-1956). Buenos Aires: Paidós.

— (2006) "Introducción a la estructura de la angustia. V. Lo que engaña", en *El Seminario, Libro 10, La angustia* (1962-1963). Buenos Aires: Paidós.

LARRAHONDO ARANA, Mónica Patricia (s/f), "La mujer y la madre en la teoría psicoanalítica lacaniana", en http://www.comunidadrussell.com/cursos/curso_descripcion.asp?CursoID=82

LEMA, Sebastián (2014) *La maternidad como exceso: clínica contemporánea del estrago materno. Un estudio psicoanalítico*. Tesis de investigación. Disponible en https://www.colibri.udelar.edu.uy/bitstream/123456789/4379/1/Lema,%20Sebastian.pdf

LEPRINCE de BEAUMONT, J. (2000-2005) *La Bella y la Bestia*. (On line). Disponible en: http://www.hadaluna.com/populares/mlpdb-bella.htm

LESSANA, Marie Magdeleine (2010) *Entre mére et fille: un ravage*. París: Pluriel.

LIPTON, Bruce (2007) *La biología de la creencia*. Madrid: Palmyra.

LLUCH, Gemma y SALVADOR, V. (2000) "La Cenicienta, un mito vigente", Revista *CLIJ*, 130, septiembre. Disponible en http://www.fundaciongsr.org/documentos/5850.pdf

LÓPEZ SALAMERO, Nunila y CAMEROS SIERRA, Myriam (2009) *La Cenicienta que no quería comer perdices*, Barcelona: Planeta. Disponible en http://www.mujeresenred.net/IMG/pdf/lacenicientaquenoqueriacomerperdices.pdf

MARUSO, Stella Maris (2009) *El laboratorio del alma*. Buenos Aires: Ediciones B.

MILLER, Alice (2009) *Salvar tu vida*. Buenos Aires: Tusquets.

— (2015) *El drama del niño dotado. Y la búsqueda del verdadero yo*. Barcelona: Tusquets.

MILLER, Jacques-Alain (2006) "Clínica de la posición femenina" (1999), en *Introducción a la clínica lacaniana. Conferencias en España*, Barcelona: RBA.

NORTHRUP, Christiane (2006) *Madres e hijas. Creando un legado de salud física y emocional*, Barcelona: Urano.

OBISSIER, Patrick (2014) *Descodificación biológica y destino familiar*. Barcelona: Obelisco.

ORESTEIN, Catherine (2002) *Caperucita al desnudo*. España: Ares y Mares.

PARIS, Diana (2014) *Secretos familiares, ¿decretos personales?* Buenos Aires: Del Nuevo Extremo.

PEARSON, Carol (1992) *Despertando a los héroes interiores*. Madrid: Mirach.

PENNAC, Daniel (1993) *Como una novela*. Barcelona: Anagrama.

PERRAULT, Charles (1983) *Cuentos de antaño*. Madrid: Ediciones Generales Anaya.

PINKOLA ESTÉS, C. (2002) *Mujeres que corren con los lobos*. Barcelona: Zeta.

READING, Chris (2006) *La salud revelada por sus genes*. Buenos Aires: Nutral Health LTD, Triskel Press.

Revista *CLIJ* (2003) "¿Existía Caperucita Roja antes de Perrault?", Número 158 (marzo).

Revista *Correo de la Unesco* (1982) "El universo de la literatura infantil", París.

ROBERTSON, Robin (2002) *Introducción a la Psicología Junguiana*. Barcelona: Ediciones Obelisco.

ROTH, Geneen (2014) *Cuando la comida sustituye al amor*. Barcelona: Urano.

SALMERÓN JIMÉNEZ, Angélica (2008) "Las mujeres y la ciencia: la historia que faltaba por contar", en http://www.uv.mx/cienciahombre/revistae/vol21num3/articulos/mujeres/index.html

SANTOS, Armando (2012) http://armandosantosu.wordpress.com/2012/09/03/los-cuentos-infantiles-tal-como-solian-ser/

SAVATER, Fernando (1982) "Aventura y paisaje en los cuentos", Revista *Correo de la Unesco*, París.

SEGOVIANO, M. (2008) "Transmisión Psíquica Escuela Francesa". *Psicoanálisis e intersubjetividad No. 3* Recuperado de: http://www.intersubjetividad.com.ar/website/articulo.asp?id=202&idd=3

SHINODA BOLEN, J. (2000) *Las diosas de cada mujer.* Barcelona: Kairós.

SOLER, Colette (2006) "La madre en el inconsciente", en *Lo que Lacan dijo de las mujeres. Estudio de Psicoanálisis.* Buenos Aires: Paidós.

SCHÜTZENBERGUER, Anne Ancelin (2008) *¡Ay! Mis ancestros.* Buenos Aires: Taurus.

— (2012) *Ejercicios prácticos de Psicogenealogía,* Buenos Aires: Aguilar.

SELLAM, Salomón (2003) *El síndrome del yacente. Un sutil hijo de reemplazo.* París: Editions Bérangel.

TATAR, María (2004) *Los cuentos de hadas clásicos anotados.* Barcelona: Ares y Mares.

TENÈZE, Delarue (1957) *Le conte populaire français.* París: Erasme.

TISSERON, S. y otros (1995) *El psiquismo ante la prueba de las generaciones. Clínica del fantasma.* Buenos Aires: Amorrortu.

TOLKIEN, J. R. R. (1988) *Sobre los cuentos de hadas.* Barcelona: Minotauro.

TOURNIER, Michael (1982) "¿Existe la literatura infantil?", Revista *Correo de la Unesco*, París.

VON FRANZ, M. (1990) *Símbolos de redención en los cuentos de hadas.* Barcelona: Luciérnaga.

WASSERZIEHR, Gabriela (1997) *Los cuentos de hadas para adultos. Una lectura simbólica de los cuentos de hadas recopilados por J. W. Grimm.* Madrid: Endymion.

WERBA, Alicia (2002) *Transmisión entre generaciones. Los secretos y los duelos ancestrales,* en http://www.apdeba.org/wp-content/uploads/werba.pdf

WOODMAN, M. (1990) *Los frutos de la virginidad.* Madrid: Luciérnaga.

YAFAR, Raúl (2007) "Los visitantes nocturnos en la pesadilla". En http://www.imagoagenda.com/articulo.asp?idarticulo=196

ZAPATA RUIZ, Teresa (2007) *El cuento de hadas, el cuento maravilloso o el cuento de encantamiento.* Universidad de Castilla-La Mancha.

ZWEIG, C. et al (1998) *Encuentro con la sombra.* Barcelona: Kairós.

— (2001) *Ser Mujer.* Barcelona: Kairós.